本教材第3版为"十四五"职业教育国家规划教材
国家卫生健康委员会"十四五"规划教材
全国高等职业教育专科教材

供临床医学专业用

医学伦理学

第4版

主　审　王柳行

主　编　傅伟韬

副主编　邓　蕊　刘一凡

编　者 （以姓氏笔画为序）

邓　蕊（山西医科大学）

冯　巍（吉林医药学院）

任玲艳（山西医科大学汾阳学院）

刘一凡（南阳医学高等专科学校）

张　棐（哈尔滨医科大学大庆校区）

胡　娜（山东医学高等专科学校）

聂春莲（广东江门中医药职业学院）

傅伟韬（吉林医药学院）

新形态教材

人民卫生出版社
·北京·

版权所有，侵权必究！

图书在版编目（CIP）数据

医学伦理学 / 傅伟韬主编. -- 4 版. -- 北京 ：人民卫生出版社，2025. 2（2025. 11重印）. --（高等职业教育专科临床医学专业教材）. -- ISBN 978-7-117-37563-4

Ⅰ. R-052

中国国家版本馆 CIP 数据核字第 2025TX1682 号

| 人卫智网 | www.ipmph.com | 医学教育、学术、考试、健康，购书智慧智能综合服务平台 |
| 人卫官网 | www.pmph.com | 人卫官方资讯发布平台 |

医学伦理学
Yixue Lunlixue
第 4 版

主　　编：傅伟韬
出版发行：人民卫生出版社（中继线 010-59780011）
地　　址：北京市朝阳区潘家园南里 19 号
邮　　编：100021
E - mail：pmph @ pmph.com
购书热线：010-59787592　010-59787584　010-65264830
印　　刷：人卫印务（北京）有限公司
经　　销：新华书店
开　　本：850×1168　1/16　印张：9
字　　数：254 千字
版　　次：2009 年 6 月第 1 版　　2025 年 2 月第 4 版
印　　次：2025 年 11 月第 2 次印刷
标准书号：ISBN 978-7-117-37563-4
定　　价：45.00 元
打击盗版举报电话：010-59787491　E-mail：WQ @ pmph.com
质量问题联系电话：010-59787234　E-mail：zhiliang @ pmph.com
数字融合服务电话：4001118166　E-mail：zengzhi @ pmph.com

以习近平新时代中国特色社会主义思想为指导,全面贯彻党的二十大精神,落实《国务院办公厅关于加快医学教育创新发展的指导意见》等文件要求,更好地发挥教材对临床医学专业高素质实用型专门人才培养的支撑作用,进一步提升助理全科医师的培养水平,人民卫生出版社在教育部、国家卫生健康委员会领导和支持下,由全国卫生健康职业教育教学指导委员会指导,依据最新版《高等职业学校临床医学专业教学标准》,经过充分的调研论证,启动了全国高等职业教育专科临床医学专业第九轮规划教材修订工作。经第七届全国高等职业教育专科临床医学专业规划教材建设评审委员会深入论证,确定了教材修订的整体规划,明确了修订基本原则:

1. **落实立德树人根本任务** 坚持将马克思主义立场、观点、方法贯穿教材编写始终。坚持"为党育人、为国育才",全面落实立德树人根本任务,深入挖掘课程教学内容中的思想政治教育元素,加工凝练后有机融入教材编写,发挥教材"培根铸魂、启智增慧"作用,培养具有"敬佑生命、救死扶伤、甘于奉献、大爱无疆"医学职业精神的时代新人。

2. **对接岗位工作需要、符合专业教学标准** 教材建设突出职教类型特点,紧紧围绕"三教"改革,以专业教学标准为依据,以助理全科医师岗位胜任力培养为主线,体现临床新技术、新工艺、新规范、新标准,反映卫生健康人才培养模式改革方向,将知识、能力、素质培养有机结合。适应教学模式改革与教学方法创新需要,满足项目、案例、模块化教学等不同学习方式要求,在教材的内容、形式、媒介等多方面创新改进,有效激发学生学习兴趣和创造潜能。按照教学标准,将《中医学》改名为《中医学基础与适宜技术》,新增《基本公共卫生服务实务》。

3. **全面强化质量管理** 履行"尺寸教材、国之大者"职责,成立第七届全国高等职业教育专科临床医学专业规划教材建设评审委员会,严格编委选用审核把关,主编人会、编写会、定稿会强化编委培训、突出责任,全流程落实"凡编必审"要求,打造精品教材。

4. **推动新形态教材建设** 突出精品意识,聚焦形态创新,进一步切实提升教材适用性,打造兼具经典性、立体化、数字化、融合化的新形态教材。根据课程特点和专业技能教学需要,《临床医学实践技能》本轮采用活页式教材出版。

第九轮教材共29种,均为国家卫生健康委员会"十四五"规划教材。

傅伟韬

教授

吉林医药学院马克思主义学院副院长，兼任吉林省伦理学会常务理事、吉林省科学社会主义学会常务理事。吉林省社会科学院专家库专家，吉林省高等教育学会专家库专家，吉林省A类精品在线开放课程负责人，校级医学伦理学课程思政教学改革负责人。近年来主持教育部重难点问题解答专项课题1项，吉林省教育厅重点课题2项，省级课题3项，主编国家级教材1部，发表论文20余篇。

凡为医之道，必先正己，然后正物。医学是科学，更是"人"学，医学不仅有对疾病的治疗，还有对病人的关怀和照护。医学生要坚定理想信念，坚守初心。希望同学们能牢记健康中国的责任与担当，在守护人民生命健康的使命中刻苦学习，精进医术。

　　医学伦理学是用伦理学的理论、方法研究医疗卫生实践和医学科学发展中医学道德现象及其发展规律的一门学科。医学的发展与进步需要医学伦理学的导航,医学伦理学为医学生医学研究和临床实践奠定了价值观基础。根据《国务院关于印发国家职业教育改革实施方案的通知》(国发〔2019〕4号)、《国务院办公厅关于加快医学教育创新发展的指导意见》(国办发〔2020〕34号)等文件要求,本教材依据高等职业教育专科临床医学专业培养目标,为满足课堂教学需要而编写。

　　本教材编写的指导思想是深入贯彻习近平总书记关于职业教育的重要指示,落实全国职业教育大会精神,充分发挥教材对新时代临床医学专业学生医学人文素养与职业素质教育的支撑作用,以学生为中心,强化质量意识,注重教材的针对性和实践性,力争做到让教师好用、学生好学。

　　本教材在编写过程中力求知识性与价值性相统一、学理性与政治性相统一,深入挖掘和恰当呈现医学伦理理论中蕴含的唯物史观、科学精神、以人民为中心的思想以及社会主义核心价值观等,使教材立德树人的价值功能得到充分彰显。注重医学伦理理论对相关法律法规的理论支撑和法律法规对医学伦理理论的指导作用,落实法治中国和健康中国建设的要求。

　　在上版教材基础上,内容与新的教学标准保持一致,更新知识点,对重点、难点问题深入浅出地阐述透彻,注重教材的科学性、启发性和适用性,有机融合医学伦理学学科研究的最新成果,体现时代发展的水平和需要。坚持做到实用为本、够用为度。提高学生运用伦理学理论分析、解决临床伦理问题的能力。注重医学伦理学知识在医疗卫生实践和医学科学发展中的实际应用。

　　本教材的编写体例也体现为教服务、为学领航的理念。每章都有明确的教学目标及思维导图;每章开篇设情境导入模块,引导学生思考本章核心知识点相关的实际问题。本教材力求做到融思想性、科学性、学术性、可实践性于一体,成为体系更为严谨、内容更加规范、结构更加合理的新形态教材。

　　本教材出版过程得到编者们所在学校的大力支持,在此深表感谢!由于编者们能力、理论水平有限,教材难免有不足之处,恳请读者们批评指正。

傅伟韬

2025 年 7 月

目　录

第一章

绪论　1

第一节　道德、职业道德、医学道德　1
第二节　伦理学、医学伦理学　4
第三节　医学伦理学的研究对象和内容　6
第四节　学习医学伦理学的意义与方法　9

第二章

医学伦理学的历史发展　11

第一节　中国医学伦理学的历史发展　11
第二节　国外医学伦理学的历史发展　16

第三章

医学伦理学的基础理论与规范体系　20

第一节　医学伦理学的基础理论　20
第二节　医学伦理学的基本原则　26
第三节　医学伦理学的基本规范　29
第四节　医学伦理学的基本范畴　31

第四章

医疗人际关系伦理　35

第一节　医患关系伦理　35
第二节　医际关系伦理　43
第三节　医社关系伦理　45

第五章

临床诊疗伦理　49

第一节　临床诊疗伦理概述　50
第二节　临床诊断伦理　55
第三节　临床治疗伦理　58
第四节　临床急救伦理　62
第五节　特殊科室诊疗伦理　63

第六章

临床实习伦理　67

第一节　临床实习概述　67
第二节　临床实习的伦理要求　71

第七章

健康与公共卫生伦理　75

第一节　概述　76
第二节　生态环境伦理　83
第三节　疾病防控伦理　86
第四节　突发公共卫生事件伦理　89
第五节　社区卫生服务伦理　91

第八章

卫生管理伦理　96

第一节　卫生管理伦理概述　96
第二节　卫生资源配置和使用伦理　100
第三节　医学伦理委员会与医学伦理审查　101

第九章

医学科研伦理　105

第一节　医学科研伦理概述　105
第二节　临床试验伦理　108
第三节　尸体解剖和动物实验伦理　113

第十章

生命与死亡伦理　115

第一节　生命与死亡伦理概述　115
第二节　人类辅助生殖技术伦理　118
第三节　安宁疗护与安乐死伦理　120

第十一章

现代医学科学发展中的伦理问题　122

第一节　基因工程中的伦理道德　122
第二节　器官移植的伦理道德　124
第三节　克隆技术的发展及其伦理道德　125
第四节　人体干细胞研究的伦理道德　126

第十二章

医学伦理素养的培育　129

第一节　医学伦理教育与修养　130
第二节　医学伦理评价与监督　133

参考文献　138

第一章 | 绪 论

教学课件

思维导图

学习目标

1. 掌握：医学道德的特点；医学伦理学的研究对象、内容及学习意义。
2. 熟悉：医学道德的作用；医学伦理学的主要任务和新进展；医学伦理学的学习方法。
3. 了解：道德的要素、特征和主要功能；职业道德的特点；伦理学的价值和意义。
4. 学会通过医学道德的特点和作用认识医学伦理学学科特点和主要任务；宏观了解医学伦理学学科并善于运用正确的学习方法。
5. 确立正确的医学职业价值观，树立成为德才兼备、服务社会的医学人才的职业理想。

情境导入

　　林巧稚是中国妇产科的主要开拓者、奠基者之一，著名的医学家。她一生未婚，亲手接生了5万多名婴儿。1941年因战乱协和医院被迫关闭，林巧稚大夫并未放下医生的职责，在胡同里开办了私人诊所。在那里，她给穷人看病，不仅不要钱，还给极为困难的病人送钱。那时，她有一个特别的出诊包，不仅装了必备的医疗工具，还放了些钱。这些钱就是为困顿的病人准备的，能及时施以援手。在她对病人诊断治疗过程中，在处方和医嘱书写中，处处都能看到她丰富的医疗经验和智慧，能感受到她对病人的怜惜。病人们对林大夫心怀感激，不断传扬着林大夫的好。胡同里的小诊所开办了6年，却存留了8 887名病人的病历，在当时林巧稚的名字传遍了北京城。

请思考：
结合这个故事，请你谈谈如何理解"医乃仁术"？

　　医学伦理学是伦理学的分支学科，是研究医学道德的一门学科。面对医学高度社会化的挑战和多元文化背景下的道德价值冲突，系统地学习、研究和应用医学伦理学，对于培养和提高医学职业精神，调节医务工作者与他人和社会之间的关系，提高医疗服务的质量，促进医学科学的发展以及建设和谐社会，都具有重要的作用和意义。

第一节　道德、职业道德、医学道德

一、道德

（一）道德的概念

　　人们生活在社会上，结成一定的社会关系，进行各种生活和生产活动，必定会产生各种矛盾，这些复杂的、多方面的矛盾就导致人们对彼此之间的关系，经常自觉地进行必要的调整，对个人行为加以必要的约束。这样就会产生如何处理人们之间错综复杂的社会关系、解决这些矛盾的态度和行为,以及对这些态度和行为的看法和评价等一系列问题。因此,道德是人类社会的一种重要的意识形态,是由人们在社会生活实践中形成并由经济基础决定的,是依靠社会舆论、传统习俗和人们的内心信念,以善恶评价的方式来调节人与人、人与社会、人与自然之间关系的心理意识、原则规范和行为活动的总和。

(二) 道德的要素

道德是由道德意识、道德规范和道德活动构成的有机整体。道德意识是指在道德活动中形成并影响道德活动的各种具有善恶价值的思想、观点和理论体系,如道德观念、道德情感、道德理论观点、道德原则等;道德规范是指在一定社会条件下评价和指导人们行为的准则,如道德格言、道德要求等;道德活动是指在道德意识支配下,体现利益追求并可以用善恶加以评价的群体活动和个人行为的客观表现,如道德教育、道德评价、道德修养等。在以上三者之间,道德活动是形成一定道德意识的基础,并能使已经形成的道德意识巩固、深化和提高。道德意识一旦形成,又起着指导和制约道德活动的作用。道德规范是人们在一定道德活动和道德意识的基础上形成和概括出来的,同时作为一种社会的特殊规范又约束和制约着人们的道德意识和道德活动,它集中体现了道德意识和道德活动的统一。

(三) 道德的特点

1. 阶级性与全民性的统一 道德的阶级性指在阶级社会或有阶级存在的社会中,道德反映各个阶级不同的经济地位和阶级利益,各阶级有不同的善恶意识和行为规范,为本阶级的利益服务。道德的全民性是指即使在阶级社会或有阶级存在的社会中,道德也反映全社会所有成员的共同利益,具有某些统一的善恶意识和行为规范,以此来调节全民参与的社会公共生活,比如古今中外都用扶老携幼、见义勇为、不偷盗、遵守公共秩序等道德规范来调节人们的社会公共生活。在阶级社会,道德的阶级性处于支配地位,道德的全民性要受到阶级性的制约,即道德的阶级性与全民性是统一的。

2. 变动性与稳定性的统一 道德的变动性是指不同的历史时代,由于经济关系的性质不同,生产力发展水平、文化背景及社会的具体条件也不同,因而具有不同性质的道德。道德的稳定性是指道德除了随人类社会的发展变化外,还具有继承性和保守性。道德变动性中蕴含着相对的稳定性,稳定性中孕育着变动性,传承中有发展并不断地完善,道德的变动性与稳定性是辩证统一的。

3. 自律性与他律性的统一 道德的自律性是指道德的本质、功能和内在要求最终以主体自我道德教育、评价、修养等方式实现,具有将外在的规范内化为自己的信念,从而养成高尚人格的性质。道德的他律性则是指通过外部的道德教育或道德影响、客观的道德评价标准等形式,来提高人们道德素质的过程。对于一个人来说,自律是基础,他律是条件,缺一不可,道德的自律性与他律性是统一的。

4. 现实性与理想性的统一 道德的现实性是指道德产生于社会生活实践,由现实经济关系决定和制约,受政治、法律、宗教、文化等上层建筑、意识形态的影响,而且必须适应社会的现实需要和大多数人的觉悟程度。道德的理想性是指道德反映社会的发展趋向,引导人们积极向上并达到人格完善。道德的现实性是道德理想性的基础,而道德的理想性又是道德现实性的升华,两者是统一的。

(四) 道德的主要功能

道德的功能主要体现在它是处理个人与他人、个人与社会之间关系的行为规范及实现自律完善的一种重要的精神力量。道德的主要功能包括认识功能、规范功能和调节功能。道德的认识功能是指借助于道德观念、道德标准和道德理想等特有方式,帮助人们正确认识社会道德生活的规律和原则,正确认识自己与他人、社会的关系以及对家庭、社会、民族、国家和环境应负的责任或义务,使人们的道德选择、道德行为建立在明辨善恶的认识基础上,从而正确选择自己的道德行为,积极塑造自身的善良道德品质。道德的规范功能是指在正确善恶观的指引下,规范人们在职业领域、社会公共领域和家庭生活领域的行为,并规范个人品德的养成。道德的调节功能是指通过评价、示范和劝诫等方式,指导和纠正人们的行为,从而协调社会关系和人际关系,使其逐步完善和谐。

道德的三大功能中,认识功能是基础,规范功能是认识功能的发挥和体现,调节功能是主导。道德的积极功能如果能充分释放出来,就会对社会及人们的全面发展产生重大的推动作用。

二、职业道德

(一)职业道德的内涵

职业道德是指从事一定职业的人们在特定的工作环境中或劳动中的行为规范的总和。人类的职业生活属于历史范畴,它是在历史过程中产生并随着历史条件的变化而不断发展变化的。职业道德也可以称为行业道德,如医学道德、商业道德、教师道德、司法道德等。

(二)职业道德的特点

1. 在范围上,职业道德具有行业性。 从社会整体看,社会对各行业有共同的职业道德要求,如爱岗敬业、公正廉洁等。但就某种职业道德的核心内容而言,则是在特定的职业生活中形成的,并在一定的范围内发挥着调节作用,如教书育人是对教师的职业道德要求,救死扶伤是对医务工作者的职业道德要求。

2. 在内容上,职业道德具有稳定性。 世代沿袭的职业传统会形成比较稳定的职业心理和职业习惯,每一种职业的社会责任和义务,如职业服务的对象、手段、方式等,在不同时代大体是相同或相似的,并被下一代人继承和完善,以确保职业活动的顺利进行。

3. 在形式上,职业道德具有多样性。 职业道德为了适应各种职业活动的内容、交往形式的要求、职业活动的环境和具体条件而形成原则性的规定或具体要求,可表现在规章制度、工作守则、生活公约甚至漫画标语中,使从业人员易于接受、践行和形成习惯。

三、医学道德

(一)医学道德的概念

医学道德是职业道德的一种,简称为医德,是指医务人员在医疗、保健等医疗卫生服务的职业活动中应遵循的道德规范和应具备的道德品质,是在医疗卫生工作实践中形成的,并依靠社会舆论和内心信念指导的,用以调整医疗卫生人员与服务对象之间、医疗卫生人员之间相互关系的行为规范的总和。

(二)医学道德的特点

1. 医学道德的实践性 医学道德形成于长期的医学实践活动过程中,它的发展和完善与医学职业活动本身紧密结合,不可分割。医德的各种原则、规范体系是对医学实践活动的具体要求和反映。医德教育、医德修养的内容、形式和目的既源于医学实践需要,又归于医学实践需要。实践性是医学道德最基本、最重要的特征。

2. 医学道德的继承性 医学在其知识和技术运用的长期实践中,逐步形成并积累了大量的医学道德的思想精华,在发展过程中,医德的内在本质、基本精神、基本原则伴随着稳定的医学职业传承下来,为后世医家所遵循和继承。如治病救人、关心病人的疾苦、尊重病人的人格、实行医学人道主义等自古至今都是医学道德的宗旨和要求。因此,继承传统医学道德精髓、完善当今医学道德体系是医德思想发展的显著特点。

3. 医学道德的全人类性 健康利益是人类最一致的合理诉求,医学是人类同疾病作斗争的通用手段,医德是人类追求和实现健康利益的共同保障。即使在有阶级存在的社会里,医德活动、医德关系、医德意识虽然不可避免地受到阶级道德及其意识形态的影响,但都具有更多、更显著的人类共同性。《日内瓦宣言》里写道:"在我对病人履行医疗职责时,我将不允许把宗教、国籍、种族、政党、经济的因素掺杂进来。"医德的全人类性表现为敬畏生命、恪守人道、不伤害病人等通用、通行于世界的医学职业"金规则"。

(三) 医学道德的作用

1. 维护作用　医学服务的目的是维护人的健康。医德水准的高低直接影响到人的生活质量和生命的安全。医德高尚、医术精湛、关心病人、爱岗敬业、有高度负责精神的医务人员,会真正起到守护人类健康的作用。

2. 协调作用　医务人员在医疗服务的过程中,通过医学道德的原则和规范,协调与病人、同行及社会的关系,在医学服务中发挥团队精神,调节各种关系,战胜疾病,维护人类健康。

3. 约束作用　医务人员具备高尚的医学道德修养,会把救死扶伤作为个人义务、内心信念,形成一种自觉的、自我约束的医学行为。

4. 促进作用　医学道德作为一种特殊的意识形态,既是医学实践的产物,又可以能动地促进医疗质量的提高、医院管理的改善、医学科学的发展,甚至推动整个社会的道德风尚和社会精神文明建设的提高。

第二节　伦理学、医学伦理学

一、伦理学

(一) 伦理学的含义及与道德的关系

伦理学(ethics)又称道德哲学,是研究社会道德现象及其规律的科学。从词源学上看,"伦理"与"道德"两个概念的基本意义大体相同。两者均突出了行为准则在人们行为中的重要性,强调社会生活和人际关系要符合一定的准则和次序。但是从严格的意义上讲,伦理与道德是两个既相互联系又有所区别的概念。"伦理"更侧重于社会,更强调客观方面,主要指社会的人际"应然"关系,这种关系概括为道德规范;"道德"则侧重于个体,更强调内在操守方面,指主体对道德规范的内化和实践,即主体的德性和德行。

(二) 伦理学及其思想发展

伦理学是一门古老的学科。两千多年来,它以各种不同的形式在人类文化史上发展着。伦理学思想早在奴隶社会就开始出现。古希腊著名的哲学家苏格拉底曾阐述过当时社会流行的道德规范,提出了"美德即知识"的著名论断。苏格拉底的再传弟子亚里士多德被称为"伦理学之父",以其讲义加以整理而成的《尼各马可伦理学》,探讨了道德行为发展的各个环节和道德关系的各种规定等问题,此书为西方近现代伦理思想奠定了基础,成为西方近现代伦理学思想的主要渊源之一。在中国,尧舜禹时期就有了伦理思想的萌芽。春秋时期,儒家学派的创始人孔子开始讲授伦理思想,此后,伦理思想经诸子百家争鸣立著,各成体系,但并未形成严格意义上的伦理学。作为一门学问的称谓,"伦理学"一词在我国最早出现于清代末年。

伦理学包括中国传统伦理思想、埃及及印度伦理思想、西方伦理思想三个不同的体系。它们经过长期的交汇融合、发展演变成为当代伦理学。马克思主义伦理学在批判地吸收了历史上伦理学的优质成果的基础上,以马克思主义原理和方法来研究人类社会的道德生活,揭示出道德的本质和发展规律。

(三) 伦理学的价值和意义

伦理学的价值和意义可概括为五个方面:一是道德通过社会舆论、风俗习惯、榜样感化和思想教育调整人们的道德关系,这是道德的最基本功能;二是一定社会或阶级依据其道德原则和规范,有目的、有计划、有组织地对人们施加系统的道德影响,使人们在内心形成某种善恶、荣辱等道德观念;三是使人们认识客观存在的道德关系以及处理这种关系的原则和规范;四是促使每个人在社会生活中自觉或不自觉地根据自己的道德观点和政治观点,运用善恶概念去评价别人的行动,权衡自己的行为;五是引导人们通过公正制度的理想模式,借助道德预想,预测历史的进步趋势。

二、医学伦理学

(一)医学伦理学的含义

医学伦理学(medical ethics)是指以医德为研究对象的一门科学,是人类尤其是医者认识道德生活的产物;是运用一般伦理学原理和主要准则,解决医学实践中人与人之间、医学与社会之间、医学与生态之间的道德问题而形成的学说体系,是医学与伦理学相互交叉的学科。

(二)医学伦理学的学科性质

医学伦理学属于医学和伦理学的交叉学科,它既是伦理学的重要分支,也是现代医学不可缺少的组成部分。

关于伦理学的分类,西方伦理学界主流认为伦理学分为描述伦理学、规范伦理学和元伦理学三大类型。描述伦理学主要对道德进行经验性描述和再现,又称记述伦理学。元伦理学又称分析伦理学,主要对道德语言(即道德概念和判断)进行研究。规范伦理学一直是伦理学的代表,主要是围绕着道德价值、道德义务和道德品质展开其理论形式,确定其道德原则、准则等行为规范。规范伦理学涵盖理论伦理学和应用伦理学的内容。理论伦理学研究普遍的道德理论、原则、规范;应用伦理学则研究上述理论、原则和规范在各行业的运用。据此而言,医学伦理学归属于应用伦理学。

随着医学科学与实践的发展,现代医学已形成庞大的体系。过去人们通常认为医学由基础医学、临床医学、预防医学三足鼎立支撑,而现在许多人都赞成把医学的构成分为四个部分:基础医学、技术医学、应用医学和理论医学。医学伦理学与医学心理学、医学法学、医学社会学等都是理论医学的组成部分。

(三)医学伦理学的特点

医学伦理学作为一门学科,除了具有医学道德的特点之外,还具有以下特点:

1. 哲理性 它从哲学的高度,运用分析、综合、归纳、演绎、从具体到抽象等思维方式对医德进行全面深入的探讨。

2. 综合性 它与医学、伦理学等诸多人文社会学科和医学人文学科相互渗透、相互融合。

3. 人道性 人道主义是医学伦理学的永恒主题,在医学伦理的历史发展中,不管是义务论、公益论,还是生命价值论,都体现着医学人道主义思想的深化和发展。

4. 时代性 医学伦理学伴随着医学发展和社会进步而不断发展。医学的发展,不仅表现为诊治疾病手段的进步,而且表现为医学道德的进步。与新的预防、诊断、治疗方法相对应的伦理原则的制定是医学道德进步的重要标志。医学伦理学的内容、原则、规范以及医德评价、医德修养、医德教育等也是随着时代变迁而不断变化的,伴随着医学实践的发展而发展。

(四)医学伦理学的主要任务

医学伦理学的主要任务就是研究医德基本理论、构建医德规范体系、指导医疗卫生实践,通过医德教育、医德修养和医德评价,更好地发挥医学效益,为人民的健康服务,即反映社会对医学的需求,为医学导向和符合道德的医学行为辩护。

1. 研究医德现象,阐述医德关系 医学伦理学通过对医德现象的全面研究,揭示医德现象所表现的医德关系的各种矛盾及变化发展的规律性。医德现象是医德关系的外在表现,医学伦理学通过揭示医学道德产生的原因、医学道德的本质特点及社会作用,总结医学道德发展的规律,正确阐述医德关系,来确立医德的基本原则、规范和范畴,确立医德评价标准、途径和方法,推动医学科学及社会文明的进步。

2. 发展医德基本理论,构建医德规范体系 医学伦理学的基本理论直接影响着建立什么样的医疗模式,确立什么样的医德关系。医学科学的发展也需要医德理论进一步发展,因此研究医德理论的任务也颇显迫切。医学伦理学应当构建起适应时代要求的医德原则和规范体系,帮助医务人员树立明确的道德意识,形成个人的道德信念和习惯。

3. 指导医学实践,倡导医德 医学伦理学作为一门应用伦理学,力图通过对所有的医学实践领域和实践环节的伦理道德问题进行探讨,揭示医疗实践活动中诸多的本质、特点,指导医学实践,在明辨是非、善恶的基础上,利用有效的手段和方式,贬抑不良的医德医风,褒扬优良的医德医风。这是医学伦理学的直接目标。因此,医学伦理学的宗旨就是在医务人员医学实践的基础上,由阐述医德——对医德进行感性认识,上升到研究医德——构建起医德规范体系,最终上升到倡导医德——回到医学实践,指导医务人员的思想和行为。

第三节　医学伦理学的研究对象和内容

一、医学伦理学的研究对象

医学伦理学的研究对象包括医学实践中所有的医德关系及其所反映出来的医德现象,即以医患关系道德为核心的医疗、预防、科研、健康等方面的医德意识、医德活动、医德关系等。

(一) 医德意识

医德意识是医务人员医学道德的观念、思想和理论,即构成医德关系的主观方面,其表现形式就是医务人员所应共同遵守的医德原则和医德规范。医务人员的医德意识是有差别的,它是以医务人员的个体医德意识存在的,但它也反映了一定社会和阶级的道德意识,既包含着一定社会的公共道德意识,也包含着反映医学职业目标和道德责任的普遍的统一的道德意识。医德意识主宰着医学道德活动,对医德意识进行研究意义重大。

(二) 医德活动

医德活动是医学道德的行为和医学道德的评价、教育、修养,这些内容构成了丰富多彩的医德关系的客观活动。医务人员在医学领域中的道德关系,不仅表现为医务人员的医德意识,体现在一定的医德原则和医德规范中,而且还体现在医务人员的医德实践中。医学伦理学在研究医德意识的基础上研究医德活动,进行全面的、历史的、具体的考察和研究,从而揭示医学道德的发展规律和本质。

(三) 医德关系

医德关系是指由经济关系决定的,并且按照一定的医德观念、医德原则和医德规范构成的一种特殊的社会关系。在医疗卫生活动中无时无刻不发生着医务人员与病人及其家属、与同行、与社会、与医学科学发展的各种复杂关系。这些关系主要包括四种:

1. 医务人员与病人及其家属的关系 这是医疗关系的核心,也是医疗活动中最基本的关系,即医患关系。在诸多研究对象中,医患关系是现代医学道德中的基本内容,也是现代医学伦理学主要的研究对象。这种关系是否协调、密切、和谐,将直接关系医疗质量和病人安危,影响医院的工作秩序和社会的精神文明。医务人员尽职尽责地为病人服务,是正确处理医患关系的根本医德准则。如何正确地评价和分析这些现象,并合理地协调这种关系,促进其健康发展,已成为医学伦理学研究的核心问题。

2. 医务人员相互之间的关系 医务人员相互之间的关系包括医生、护士、医技人员、行政管理人员及后勤人员之间的关系与相互之间的关系,即医际关系。在现代医疗条件下,医学出现高度分化的同时,还出现了高度综合的趋势,独立的、单人的医疗活动已不适应医疗技术的发展要求。在医疗活动中,医务人员相互之间有着广泛的联系,彼此之间是否相互尊重、相互支持和密切协作,将直接影响医疗活动的开展,直接关系到集体力量的发挥和医疗质量及行政、后勤管理质量的提高,从而也影响医际关系的性质及水平。因此,医学伦理学把医务人员相互之间的关系作为重要的研究对象。

3. 医务人员与社会之间的关系 这是医学和医德价值日益社会化的产物。医疗和预防实践总是在一定的社会关系中进行的,并对整个社会产生直接或间接的影响。在医疗和预防实践中,医务人员对许多问题的处理,不仅要考虑某个病人、某个健康人的局部的利益,而且还要顾及对他人、后代及社会的责任。诸如卫生资源分配、传染病的控制和卫生防疫等问题,如果不从整个社会利益着眼,医务人员就很难进行行为的选择,也很难确定其行为是否合乎道德。因此,医务人员与社会的关系也必然成为医学伦理学研究的对象。

4. 医务人员和医学科学发展的关系 随着医学科学的迅速发展以及医学高新技术的临床应用,出现了许多道德难题,临床试验、人类辅助生殖技术、基因的诊断和治疗、器官移植等,都涉及许多伦理问题。因此,医务人员与医学科学发展之间的关系也成为医学伦理学研究的对象。

二、医学伦理学的研究内容

(一)医学伦理学内容体系

1. 医学伦理学的基本理论 医学伦理学基本理论是医学伦理学得以构建的理论基石。现代医学伦理学基本理论包括两部分的内容:一是支撑整个医学伦理学体系的基础理论,主要有生命神圣论、生命质量论、生命价值论、功利论、公正论、美德论等;二是医德客观规律性基本理论,主要有医德的产生、发展规律的理论,医德的本质、特点及其社会作用的理论,医学模式的转变,医学伦理学与相关学科的关系等。

2. 医学伦理学的规范体系 医学伦理学作为规范伦理学,总结、归纳医学活动中的行为规范和准则并为医务工作者的医学实践提供指导是其主要任务。作为医学伦理学的核心内容,医学伦理学的规范体系由分工互补的三个层次构成:阐明医务人员对病人、社会以及医务人员之间应承担的道德责任,指出医务人员在行医过程中应遵循的医德的基本原则、规范;揭示医德原则和规范在不同领域、不同学科及医院管理中的特殊要求;对医学伦理学的范畴作出必要的阐释。

3. 医学伦理学的教育、评价和修养 阐述医学道德评价的标准,研究医务人员在医疗卫生实践中如何进行医德教育和医德修养,指出进行医德教育和医德修养的正确途径和方法。

4. 医学伦理学的现实问题 随着人类文明程度的提高和医学科学的发展,一些传统的医学伦理道德观念受到挑战,新的医学伦理观念必然产生。人们在应用高新科学技术的同时,人类生命的奥秘不断地被揭示,传统的医学伦理道德观念与新的医学伦理问题相互冲撞,产生了一系列新的医学伦理观念。

(二)医学伦理学的新进展

随着社会经济、文化和医学科学技术的发展,尤其是近几十年生命科学异军突起,医学伦理学经历了传统的医德学—近代和现代医学伦理学—生命伦理学几个发展阶段,进展趋势有以下特点:

1. 医学伦理学研究范围不断扩大 由于医学科学的发展,当今的医学职业活动已从主要由医患之间的个体交往,变为医院及整个医药卫生事业和整个社会的群体活动;医学职业活动由主要面向单个病人,扩大为面向整个社会。因此,医学伦理学研究的视野已经超出单纯医学价值的圈子,应着眼于整个人类的健康及整个社会的利益和发展。

2. 医学伦理学研究内涵不断加深 随着人类文明程度的提高和医学科学的发展,一些原来被认为是天经地义的传统观念正面临新的挑战或被新的观念所取代。

随着人类社会的发展和科学技术的进步,在生命科学和医学的各个领域中广泛采用了先进的科学技术,人们在享受高科技成果的同时,思想观念与传统伦理观点发生了冲撞。一系列伦理、法律和社会问题需要进行深入的探讨,这就促成了生命医学伦理学的诞生。

知识拓展

人工智能在医疗领域的应用

人工智能的迅速发展将深刻改变人类社会生活、改变世界。新一代人工智能发展规划中,重点任务之一:建设安全便捷的智能社会,在智能医疗方面,推广应用人工智能治疗新模式新手段,建立快速精准的智能医疗体系。探索智慧医院建设,开发人机协同的手术机器人、智能诊疗助手,研发柔性可穿戴、生物兼容的生理监测系统,研发人机协同临床智能诊疗方案,实现智能影像识别、病理分型和智能多学科会诊。基于人工智能开展大规模基因组识别、蛋白组学、代谢组学等研究和新药研发,推进医药监管智能化。加强流行病智能监测和防控。

——《国务院关于印发新一代人工智能发展规划的通知》(国发〔2017〕35号)

三、医学伦理学与相关学科的关系

医学伦理学是一门交叉学科,它与许多相关学科有着广泛的联系。医学伦理学的发展离不开这些学科提供的理论成果,而医学伦理学的研究成果又对这些学科有重要的影响,它们之间相互渗透、相互促进,推动着科学不断地向前发展。

(一)医学伦理学与医学

1. 医学伦理学与医学密不可分　首先,医学的进步推动了伦理学的发展,丰富了医学伦理学的思想内容。其次,医学道德是医务工作者实现为人类健康服务的保障。如果医务工作者不熟知医学伦理学理论在当代的变化和发展,就很难去面对医学及科技发展给人类带来的伦理困惑和挑战。

2. 医学伦理学与医学在研究对象上有着明显的区别　医学主要研究人类的生命活动,特别是研究疾病的发生、发展、转归及防治的规律,为增进人类健康福祉服务。而医学伦理学则是研究医学道德的学科,通过调整医学活动中人与人、医学与社会的关系,提高医务人员的道德水平,为推动医疗卫生保健事业的发展服务。

(二)医学伦理学与生物学

生物学是研究生命现象的一门科学。在分子生物学迅速发展的今天,医学与生物学的界线越来越模糊。当人们审视医学领域一切新的进展和新的成就时,不难发现如基因组学、克隆技术、胚胎干细胞等,已经超越了传统的医学领域而涉及整个生命科学领域,再如人类社会在家庭、生与死等问题上都受到新的生物学和伦理学观念的影响。面对这些矛盾和冲突,我们只有扩大自己的科学视野,与时俱进地更新观念,从大卫生、大健康的角度,把医学及医学伦理学置于生命科学这一更大的范畴中来考察,从人的自然属性和社会属性的双重属性出发,去研究和处理医学问题。

(三)医学伦理学与医学心理学

医学伦理学和医学心理学既有严格的区别又有紧密的联系,两者常互相影响和配合。医学伦理学是研究医务人员应遵循的行为规范的总和,目的是使医患关系和谐,不断提高医务人员的道德修养,为心理治疗提供道德前提和保证。医学心理学是研究疾病中的心理学问题及其对疾病病理过程的影响,并应用心理学的理论和实验手段,为医学提供诊断、治疗和预防的方法,使医务人员提高对医学心理学的认识,为医学心理学的研究和医务人员选择美的语言、良好的行为,为和谐医患关系提供丰富的心理学知识。医学伦理学和医学心理学相得益彰,必将共同促进医学科学的发展、医德医风的建设、医学人才的培养及病人的康复。

（四）医学伦理学与卫生法学

1. 医学伦理学与卫生法学的联系 医学伦理学与卫生法学的研究对象同属于行为规范的范畴,共同具有意识形态的特征,两者都用于调整医学领域中的人际关系。医学伦理学的研究为卫生立法提供伦理依据,从一定意义上来说,法律就是对公认的社会基本道德的确认。器官移植、人工辅助生殖技术等同属于医学伦理学与卫生法学的研究内容,但能否上升为法律制度,伦理上的论证是其必要条件。另外,医学伦理学可以弥补卫生法学调整范围的不足,为卫生法学的实施提供精神支撑。反过来,卫生法学的研究可以强化人们的医德观念,增强医德的约束力和权威性,推动医学伦理学的道德建设,两者相辅相成,互相促进。

2. 医学伦理学与卫生法学的区别 医学伦理学侧重于道德教化,启发医德主体的道德自觉与自律,运用社会舆论、内心信念和传统习惯的方式来调节医学领域中人与人、人与社会、人与自然的关系;而卫生法学侧重于通过国家权威及强制力来对卫生主体的行为和生命科学技术带来的风险进行规制。两者在功能上存在着互补,共同维护医学领域的和谐秩序。

（五）医学伦理学与医学社会学

医学伦理学与医学社会学都以医学人际关系中的某些问题作为研究对象。两者的共同使命是通过医学人际关系的研究,建立医学领域的正常秩序及其与社会之间的和谐关系。然而,两者又是有区别的,他们以不同的理论、方法,从不同的角度去研究医学人际关系,并以各自的研究方法和成果来实现上述使命。医学社会学运用社会学的一般原理,着重探讨医学人际间的社会关系,把医务人员和病人作为不同的社会角色。医学社会学采用社会调查法、非社会调查法和统计等手段,提示医务人员、病人、医疗保健机构这些社会人群、社会机构之间,以及他们与其他社会现象之间关系的特点和规律,协调他们之间的关系。医学伦理学则以伦理学的一般原理,着重研究医学活动中的人际关系和行为规范,并以历史与逻辑、批判与继承等方法,提示医学道德的意识现象与活动现象的特点和规律,协调各种医学道德关系。随着现代医学的发展,在医学伦理学的研究中出现了许多具有深刻社会性的问题,需要医学社会学、医学伦理学及其他相关学科的协同研究。

此外,医学伦理学还与医学哲学、医学史、卫生经济学、卫生管理学、行为科学、环境科学等诸多学科有着内在的联系。探讨上述相关学科之间的关系,有利于界定医学伦理学的独特研究内容、对象和学科地位。通过相关学科之间知识的交叉与融合,医学伦理学的研究范围不断延伸,医学伦理学的新领域、新成果不断涌现,医学伦理学的社会影响和作用越来越深远。

第四节　学习医学伦理学的意义与方法

一、学习医学伦理学的意义

（一）有利于推动社会主义精神文明建设

学习和研究医学伦理学的过程就是促进精神文明进步的过程。道德建设是精神文明建设的重要内容,而医学道德作为一种职业道德,是整个社会道德体系中的一个重要组成部分。因此,医德水平的高低是衡量医疗卫生部门精神文明程度的试金石。随着医疗卫生工作社会化程度的提高,医德医风与社会成员的联系也更趋紧密,其社会影响也越来越大。一方面医德医风受社会道德水平的制约;另一方面医德医风又影响着整个社会的道德风气。良好的医德医风能使病人获得安全感、信任感和温暖感,从而有助于病人早日康复,并且病人和家属还可以从医务人员高尚的医德、优质的服务中得到启迪,受到感染,产生感情上的共鸣,并通过他们将温暖传递到家庭、单位和社会,促进社会良好风气的形成。相反,不良的医德医风,常常引起医患关系的紧张,这不仅影响医院的管理和医疗工作的正常进行,而且还会影响病人的生命安危及其家庭的幸福和社会的安定。所以,医务人员高尚的医德医风起着形象上的道德示范作用,使病人在享受医疗服务的过程中受到精神文明的熏陶,并通过他们放大到社会,为整个社会创造良好的道德环境,产生积极的社会效果,有利于发挥医疗卫生单位精神文明建设的窗口作用,推动社会主义精神文明建设的发展。

(二)有利于提高医疗质量和管理水平

医疗质量是医院管理工作的永恒主题。医疗质量的高低,不只限于医务人员的知识和能力。许多医疗差错、事故的发生,不是因为医院设备或条件简陋和医务人员技术水平不高,可能是由于医德方面的因素造成的。所以加强医务人员责任伦理的教育,有利于培养医务人员的道德责任感、道德情感和道德意志,使医务人员不仅要把热爱医学科学、掌握医学科学知识和技术看作自己的权利,而且应当看作自己义不容辞的光荣义务,把刻苦钻研业务、在技术上精益求精以及严谨求实的医疗作风等作为重要的职业道德规范去遵循,从而实现在医疗服务工作中技术与伦理的统一,不断提高诊疗行为的效率和效果。

(三)有利于培养合格的医学人才

医学是科学,更是人学,需要人文精神的滋养。社会主义医学教育的目的是培养为社会主义建设服务的德才兼备的新型医学人才。医学生和医务工作者学习医学伦理学,掌握有关医德的知识和规范,就能从思想上重视并加强医德修养。特别是对医学生来说,今天所学的专业同明天所从事的职业是直接联系的,如果只重视专业知识和技术的学习,而忽视医德修养,那么,再高的医术也会失去它的价值。党的二十大报告指出,培养造就大批德才兼备的高素质人才,是国家和民族长远发展大计。因此,要求医学生和医务工作者在提高医术的同时,认真学习医学伦理学,促进自身职业道德修养,不断提高自己的道德水准,做一个德才兼备的医务工作者。

二、学习医学伦理学的方法

正确的学习方法是取得成效的重要手段。学习和研究医学伦理学,应当注意坚持以下基本方法:

(一)坚持辩证唯物主义和历史唯物主义的方法

医学伦理学作为社会道德的组成部分,既受经济基础的影响,又受意识形态的影响。无论何种社会形态,医德观念是一定社会经济关系的反映,同时反作用于社会物质生活条件,医德的发展又受当时科学技术和医学发展水平的影响。因此,在学习和研究医学伦理学的整个过程中,只有坚持辩证唯物主义和历史唯物主义的世界观和方法论,才能对医德意识、医德现象和医德关系作出正确的结论,才能正确认识社会主义医德的本质和发展规律,掌握社会主义医德的真谛。也只有批判地继承我国医德的丰富遗产和国外医学伦理学的有益思想,从病人、社会的利益和我国医疗实践的需要出发,对医德遗产以及表现于个人的医德思想和医德品质进行清理、检验,取其精华、去其糟粕,才能真正掌握和发展社会主义医学伦理学。

(二)坚持理论联系实际的方法

理论联系实际是学习马克思主义的基本方法之一,也是学习医学伦理学的基本方法之一。理论联系实际就是要始终坚持理论与实践、知与行的统一。一方面要认真学习医学伦理学理论;另一方面要坚持从实际出发,密切联系医学科学实际,密切联系医药卫生事业改革发展的实际。

(傅伟韬)

思考题

1. 结合思想实际,谈谈为什么要学习医学伦理学?你打算做一名什么样的医生?
2. 简述医学伦理学的研究对象。

ER 1-3

练习题

第二章 | 医学伦理学的历史发展

教学课件　　思维导图

学习目标

1. 掌握:中国古代传统医德思想;国外古代医德思想。
2. 熟悉:社会主义医学伦理学的发展;国外当代医学伦理学的发展。
3. 了解:中国近代医学伦理学思想;国外近代医学伦理学思想。
4. 学会通过中外医学伦理学的形成和发展来了解学科内容体系,传承古代中外医德优良传统,来指导当下的医学实践。
5. 具备良好的医德观念,培养全心全意为人民群众服务的医学美德。

情境导入

　　清代黄凯钧所著的《友渔斋医话》记载:乾隆、嘉庆年间,浙江嘉善县的名医唐介庵,因善用中药大黄,被大家誉为"大黄先生"。他胸怀仁慈,性情厚道。他给穷人治病,只要请一次,下次就自己登门。他出诊时,经常带着纸墨笔砚和一些钱,为的是写药方时不再让病人向邻居求借笔墨等。对于实在贫穷的病人不仅不收费,他还会搭上药费。

　　有一个病人深秋季节还睡在竹席上。唐介庵说:"现在睡竹席太冷,为什么不换上暖和些的草席呢?"那病人说没有钱买。唐介庵回到家里就派人送去了草席。又有一个病人,依靠手艺生活,好不容易积攒了十两白银,怕人偷去,时常放在睡处。有一天发现白银不见了,由此忧愁得病。家人请唐介庵给他医治,竟毫无效果。后来,唐介庵了解了内情,就在自己衣袖里带去了十两白银,借诊病之机,悄悄放在病人枕头底下。早晨,病人发现白银还在,喜出望外,病也随之好了。唐介庵为人治病,任劳任怨,不辞劳苦,还能舍药舍钱,救济贫苦病人,所谓人品至上、医德高尚。

请思考:

古代医者的优良医德和作风给当今的医务人员哪些启示?

　　医学伦理道德思想是伴随着人类的医疗实践活动而产生和发展的,从医学道德思想演变为医学伦理学学科的历程,也是逐步地将人类的医学道德思想理论化和系统化的过程,是现代医学发展带来的必然结果。历史是最好的教科书,也是人类最好的老师。我们当下研究和考察医学伦理学产生和发展的历史,可以帮助我们循着医德的本源,寻求医学伦理的真谛,继往开来,促进今天的医疗实践,更好地担负起社会伦理责任和使命。在推进中国式现代化进程中,只有坚定文化自信、秉持开放包容、坚持守正创新,方能擦亮文化传承的"金名片"。

第一节　中国医学伦理学的历史发展

　　我国医德思想源远流长,与祖国悠久的历史和灿烂的文化分不开。在漫长的医疗活动历史中,我们的祖先不仅积累了丰富的医疗经验,而且建立和发展了传统的医德规范,对保障中华民族的繁荣昌盛作出了重要的贡献。中国医学伦理学的发展可以分为古代、近代和现代三个阶段。

一、中国古代传统医德思想

(一) 起源和萌芽时期

原始人类出于生存需要从事各种生产劳动,在防御自然灾害及与毒蛇猛兽的斗争中摸索治病或疗伤,出现了医疗行为。原始人对待疾病的表现有三方面:一是出现了本能,用手按摩以解疼痛,或用手止血,用手挤压脓液,还有蔽荫降温,喝水止渴、降温,曝晒和烤火取暖、消炎;二是在生产劳动中摸索治疗疾病的方法,总结积累医药知识,比如,原始人类用植物茎上的刺或石器刺激躯体的不定部位,形成了原始的医疗用具;三是在劳动中原始人还熟识了动植物,在进食中又逐渐熟悉了它们的药性,这应该是最早的医药学的起源。这种行为受到当时社会实践所制约,形成早期的医疗道德的互助思想观念。

原始医药学产生之时,就是医学道德的萌芽阶段。这一职业因为面对的是人的生命和健康,需要同情心、不为名利和牺牲的精神,也就是有职业道德的人。在我国古代传说中,有"神农尝百草之滋味,水泉之甘苦,令民知所避就……一日而遇七十毒"(《淮南子·修务训》)和"伏羲画八卦……百病之理得以类推,乃尝味百药而制九针"(《帝王世纪》)的记载。这些虽然是传说,却也反映了人类早期医疗保健活动的一些事实。神农、伏羲他们均是氏族部落的首领,又是医药的最早实践者,为了各自部落的繁衍,他们以自身试验的目的是疗民疾、拯夭亡,他们的行为表现出为爱护人民而仁者爱人、自我牺牲和勇于探索的精神,表明了远古时代已出现医德思想的萌芽。

(二) 形成和发展时期

奴隶社会末期到西汉,生产力不断发展,文化思想进一步繁荣,出现了百家争鸣。许多思想家致力于人性和自然的探讨,为医学伦理思想注入了活力。

1. 奴隶社会 奴隶社会包括夏、商、周三个朝代,到周朝时,随着经济、文化的发展,医疗已经作为一种独立的社会行业被人们所承认。据《周礼》记载,那时医学已经分科,即食医、疾医、疡医和兽医。人们对医生不仅提出了严格的道德和医术要求,而且当时的统治阶级对医生实行了全面的考核制度,并把考核结果同医生的物质待遇联系起来。《周礼·天官·医师》记载:"使医务而治之,岁终则稽其医事,以制其食。十全为上,十失一次之,十失二次之,十失三次之,十失四为下。"德才兼备的医生则享有"十全为上"的荣誉和物质待遇,而"十失四为下"者,享受最低待遇,这说明奴隶社会医德思想有了规范性要求。

2. 封建社会 春秋战国时期是奴隶制向封建社会过渡的时期,生产力进一步发展,思想文化进一步繁荣,各种学术观念层出不穷,我国进入了百家争鸣的时期。当时的思想家们侧重于人性、自然方面的探讨,为医学伦理思想注入了活力,其中尤以儒家、道家、墨家的影响最大。在医德中体现儒家人文主义精神的主要是孔子的仁学思想。"仁"是儒家伦理思想的结晶,也是儒家医德的核心,其总的观点是爱人、行善、慎独。"医乃仁术"被普遍信奉为职业伦理原则,贯穿于全部医德的内容之中。医术是"仁术","济世活人"是行医的宗旨,"普救含灵之苦"是医学的目的。儒家强调"仁"是自我修养过程,爱人是一种美德,体现为中国传统医学重视伦理价值,更多地强调医生自身的道德修养和自我规范的要求。

战国时期形成的《黄帝内经》是我国第一部医学典籍,也是我国第一部阐述医德的典籍,它分为《素问》和《灵枢》两大部分,其中在"疏五过论""征四失论"和"师传篇"等文中对医德作了专门的论述。如"征四失论"中指出,医生之"所以不十全者。精神不专,志意不理,内外相失,故时疑殆"。这就是说医疗事故或差错的产生,除了与技术水平的高低有关之外,还决定于"精神不专,志意不理"的思想作风和工作态度,其实质就是医德问题。"疏五过论"结合整体观念的要求,论述了诊治疾病五种过错的原因,尤以对忽视情志变化的情况更应警戒。《素问·金匮真言论》对中医带徒弟提出了严格的要求:"非其人勿教,非其真勿授"。不是适合学医的对象,绝对不教;不是准确无误的医学知识,也绝不传授。《黄帝内经》要求人们要顺应四时气候的变化,预防为主,"不治已病治未病",要求医生在诊察疾病时全面观察,认真负责,"凡治病必察其下,适其脉,观其志意与其病也"。这些论述总结了西汉以前的医德实践,对后世产生了深远的影响,是我国医德初步形成的标志。

东汉名医张仲景生活在战乱频繁的年代,由于疫病流行,民众大批死亡,张氏家族两千多口人竟死去了三分之二,这使张仲景认识到医学的重要性。他"留神医药,精究方术",写下了《伤寒杂病论》一书,其序言主张医生应以救人活命为己任,以仁爱救人为准则,提出医生治病应不分贫富贵贱。他在做长沙太守期间坚持为平民百姓治病,被尊称为"坐堂大夫",有"医圣"之名。其"上以疗君亲之疾,下以救贫贱之厄,中以保身长全,以养其生"等思想,对当时社会及后世医德的发展作出了不朽的贡献,为后世留下了宝贵的精神遗产。

魏晋时期的医家继承了医德传统并逐步形成了与辨证施治相适应的医疗行为规范。以《脉经》和《褚氏遗书》为代表,褚澄在《褚氏遗书》中全面论述了当时的医学知识、诊病治病方法和医疗行为规范,融医理与伦理于一体。这一时期的医学活动、著述思想及行为规范说明祖国传统医德模式已经形成。

隋、唐是我国封建社会发展的繁荣时期,名医辈出,医德更加规范化,其中孙思邈堪称我国传统医德的集大成者。他既是一个具有丰富临床经验的医家,又是一个精通诸子百家知识的学者。他淡泊名利,终身为民除疾治病。孙思邈撰著的《备急千金要方》,就是以"人命至重,有贵千金,一方济之,德逾于此"的意义而命名的。其中的《大医习业》和《大医精诚》,主张医家必须具备"精"和"诚"的精神。"精"是医生技术要精湛,精益求精,必须要有广博的知识,"博极医源""精勤不倦"。"诚"是医生品德要高尚,对待病人应坦诚忠诚,明确指出学医的人首先要具有仁爱的"大慈恻隐之心""好生之德",要廉洁正直,不得追求名利,对病人要"普同一等""一心赴救",认真负责,不得浮夸自吹,诋毁别人等。只有具备"精"和"诚"的医家才是"大医",即高尚而优秀的医家。他全面论述了医生品德、专业学习、对病人的态度、与同道的关系等方面的医德准则,对后世医德发展产生了深远的影响。

(三)进一步完善时期

宋元时期,中医学进一步发展,涌现了一大批受人爱戴、医德高尚的医学家,如"金元四大家"的李杲、刘完素、张从正、朱震亨,他们在医学实践中继承了孙思邈的医德思想,并进一步加以丰富和完善。

宋代医家林逋所著《省心录·论医》中批判庸医贪图私利,误人性命,指出"无恒德者,不可以作医"。南宋《小儿卫生总微论方》告诫医家"疾小不可言大,事易不可云难,贫富用心专一,贵贱使药无别"。

明代的陈实功是著名的外科学家,医术高超,医德高尚。他所著的医书《外科正宗》中提出的医家"五戒十要"闻名于世,在世界医德史上被称为东方的"希波克拉底誓言"。"五戒"指医生出诊治疗不论贫富差异,对待女性病人的态度要尊重,不可假借药物配制索取病家珍贵物品等。"十要"鲜明指出"先知儒理,然后知医理"。医家要勤于学习,谨慎工作,对待同道要谦和,拒绝病人馈赠,贫困病人要赠药,个人生活要节俭等,是对我国古代医德思想规范的系统总结。

清代对医德的论述较多,喻昌《医门法律》首次提出医生对病人要"笃于情"的医德核心思想,结合临床"四诊"、辨证施治等行为阐述了诊治的规律为"法",诊治中易出现的错误作为"律",提出了医德评价的具体标准,标志着我国传统医德理论体系得以确立。张石顽在《张氏医通》中的"医门十戒"篇中告诫医者,切不可被世上的各种庸俗所左右,沾染不良习气;不可恃才妄作、不可任性偏执、不可同流合污、不可因名误实、不可师事异端、不可贵贱混治、不可贫富易心、不可乘危苟取、不可诋毁同道。夏禹铸在《幼科铁镜》中的"十三不可学"篇中指出十三种人不应学医。这些理论都在继承前人思想的基础上,对医生的行业品德与规范提出了具体要求。

知识拓展

中国古代医疗事故处理制度

中华民族历史悠久,在医疗事故处理法律制度方面同样源远流长。西周时期,尚礼的周人就已规定了对医师的管理制度和对医疗失误的处理办法。《周礼·天官》记载:"凡民之有疾病者,分而治之。死终,则各书其所以,而入于医师"。这是世界上最早的关于病历书写和死亡报告的制度。周代还建立了对医师实行年终考核的制度。秦汉时期的法典如《秦律》《汉律》就有关于医疗卫生的规定。如秦代宫廷设有太医、侍医;汉代则设太医令,其下设员医、员吏、药丞、方丞等职。唐朝的《唐律疏议》第十卷《杂律》中,专门规定了医疗事故的处罚原则,即"诸医为人合药及题疏、针刺,误不如本方,杀人者,徒二年半";还规定了医生不能欺诈病人等,如"诸医违方诈疗疾病而取得财物者,以盗论"。自唐代以来,我国建立了选拔医官的科举制度,强调医学教育、医师执业和法治管理的重要性等。这些医事法治思想对后世影响深远。

我国古代医德思想发展也有其历史局限性。古代医学以经验医学为主,医巫并存,受封建礼教束缚,人为设定了许多禁区。清代王清任为研究人体结构,解剖尸体写成《医林改错》。这种敢于冲破禁区、大胆探索的科学精神值得我们继承和发扬。

二、中国近代医学伦理学

中国近代医学伦理思想是伴随着中国人民反帝反封建革命斗争与实践,伴随着西方医学和西方医学伦理学的传入,伴随着中国传统社会的现代化转型,伴随着中国近代医疗实践活动而逐渐形成与发展起来的。

1926年中华医学会制定了《医学伦理学法典》,涉及对一般医疗行为的论述等,这在20世纪早期全世界的医德规范中是少有的,体现了当时中国所特有的医学伦理观。这表明中国近代医学伦理思想已开始与国际接轨。

中国近代医学伦理学的先驱是现代知名医学教育家宋国宾(1893—1956),他早年留学巴黎,获医学博士学位,鉴于当时"国道之争论,医病之纠纷,日充而不休"著成《医业伦理学》,此书于1932年6月在上海出版。书中指出:"医业伦理一言以蔽之曰仁义而已矣。博爱之谓仁,行而宜之谓义。不为广告自炫,不授害人之方法。不做无益于病人之试验,不徇私情"等,系统阐述了医师人格及医生与病人、与同道、与社会的关系等内容,既体现了中华民族文化传统,又使用了当时国际医学伦理学的理论形式,标志着我国传统医德学进入现代医学伦理学阶段。

新民主主义革命时期,中国共产党领导革命军队和人民继承我国医德优良传统,在艰苦的战争年代,在根据地创建红色医院和卫校,培养了大批忠诚于党和人民革命事业的医务人才。他们艰苦奋斗、自力更生,在缺医少药的恶劣医疗条件下,常常冒着枪林弹雨抢救伤员,紧急时献出自己的血液乃至生命救助战士,为人民解放事业作出了巨大贡献。在二万五千里长征途中,红军医务人员奋不顾身地抢救伤病员,争先恐后地为伤病员抬担架;用自己的身躯挡住敌人的轰炸、扫射以保护伤病员;带头给受伤病员输血,自称是"集体血库"。在抗日战争期间,后方医院设在窑洞里,战地医院设在老百姓的炕头上、土庙里、芦苇荡中。在设备简陋、药物奇缺的艰难条件下,完成了救护伤病员的繁重任务。

在新民主主义革命时期,有一大批包括加拿大、印度、英国等国家的外国医务人员来到中国陕北等革命根据地和战争前线,为中国人民的抗日战争和解放事业作出了重要的贡献。像加拿大医生白求恩毫不利己、专门利人的精神,对工作极端认真负责、对同志对人民极端热忱的高尚品质,不仅永远载入中国人民卫生事业的史册,也永远是我们每个医务人员学习的榜样。印度援华医疗队的柯棣华医生在抗日前线夜以继日地忘我工作,救活了无数伤员。英国医生哈里森在凛冽的寒冬为抗日军民运送医药物资。他们最后都为我国解放事业献出了宝贵的生命。他们是国际主义战士,中国人民永远都不会忘记,他们用行动诠释了全心全意为人民服务的深刻内涵。

1941年毛泽东同志在给延安医大题词时概括了这一时期的医德思想:"救死扶伤,实行革命的人道主义"。这是一种为共同的伟大事业凝聚起来的集体主义精神,是同志式的平等医患关系,是不畏艰险、忠实履行自己职责的大无畏革命精神。新民主主义革命时期的医德既有别于传统医德,又为社会主义现代医德奠定了基础。

三、社会主义医学伦理学

1949年中华人民共和国建立,在中国共产党的领导下,医疗卫生事业进入了新的发展时期,经历了三个阶段,同时社会主义医学伦理学也得到了相应发展。

第一阶段,1949—1966年,是社会主义医学伦理思想和基本原则形成和广泛发展的时期。中华人民共和国的成立,特别是社会主义制度的确立,极大地激发了医务人员的主人翁责任感和为人民服务的工作热情,新民主主义革命时期的革命人道主义精神进一步升华,社会主义医学人道主义开始形成和发展。防病治病、救死扶伤、全心全意为人民服务的思想原则在医务人员中被普遍认可和践行。

这一时期,党和政府着手制定了一系列医疗卫生工作方针,明确规定医疗卫生工作必须为广大人民群众服务。1952年制定了"面向工农兵,预防为主,团结中西医,与群众运动相结合"的方针,组织医务人员普查治疗常见病、多发病、地方病。1966年明确提出了新时期卫生工作方针:"以农村为重点,预防为主,中西医并重,为社会主义现代化建设服务",涌现了一大批农村基层医疗保健人员,他们普及宣传卫生保健知识,保障和促进了广大人民群众的身体健康。

第二阶段,1966—1976年,医疗卫生工作受到了影响,在一定程度上阻碍了我国医学伦理道德的发展。但不可否认,这一时期还有许多医务人员坚守医德原则,始终以救死扶伤为己任,恪尽职守,忠于医业,是值得我们学习的楷模。

第三阶段,1976年至今,社会主义医学伦理学取得了长足发展,我国卫生事业逐步步入法制化轨道,医学伦理学作为一门学科得到了快速发展,主要体现在以下三个方面:

首先,医学伦理学学科理论体系不断完善。1981年,全国首次医学伦理学学术会议在上海召开,翻开了我国医学伦理学理论研究新篇章。1983年人民卫生出版社出版了我国第一部医学职业道德教材《医德学概论》。1988年10月,全国第五次医学伦理学研讨会及中华医学会医学伦理学分会成立大会在西安召开,这是中国医学伦理学发展的新起点,同年,我国第一本医学伦理学专业学术期刊《中国医学伦理学》杂志发行。汉译出版了多部国外学者的相关著作,如比彻姆与丘卓斯的《生物医学伦理学原则》、波特的《生命伦理学》、恩格尔哈特的《生命伦理学基础》、维奇的《医学伦理学》、彭斯的《医学伦理学经典案例》、库格林等著的《公共健康伦理学案例研究》等,推动了我国医学伦理学与国外的学术交流,为借鉴国际相关研究成果提供了条件。

其次,医学伦理规范不断制定出新,与时俱进。如《医务人员医德规范及实施办法》(1988年,已废止)、《人类辅助生殖技术和人类精子库伦理原则》(2003年)、《涉及人的生物医学研究伦理审查办法》(2016年)、《药物临床试验质量管理规范》(2020版)、《中华人民共和国医师法》(2022年)、《涉及人的生命科学和医学研究伦理审查办法》(2023年)等。这些医学伦理规范的制定有效指导了医学伦理学的学科发展,对提高医务人员的道德水平,推动医学科学与医疗卫生事业的进步有重要的意义。

最后,医学伦理教育手段不断更新。我国医学高等教育院校均开设了医学伦理学或生命伦理学课程,在各级各类医师资格考试中,医学伦理学相关内容都是必考部分。国内许多学者在医学伦理学教育的重要性、教育内容与方法、教育效果评估等方面都进行了积极探索,医学伦理教育逐渐增强了实效性,主要目标是培养医学生与医务人员的医学人文精神,以及对临床实践中医学道德问题的分析、判断与抉择能力。

第二节　国外医学伦理学的历史发展

崇尚医德是中外医学的共性内容。国外医德思想与各国社会状况、文化传统等密切联系在一起,大致可以划分为古代、近代和现代三个发展阶段。

一、国外古代医德思想

国外古代医学道德是指文艺复兴以前包括传统医学为特点的医学道德,其中具有代表性的是古希腊、古罗马、古阿拉伯及古印度的医学道德。

(一)古希腊医学道德

古希腊是西方文明的发祥地,公元前6世纪—公元前4世纪西方医学也在这里产生。当时的一般医德观认为医生收取报酬是合理的,但对过分贪婪者会予以谴责。

希波克拉底以其自有的医学观念和道德思想成为古希腊医学和医德的代表人物。在医学领域,他提出了"体液学说"和"整体机能说"。其代表作《希波克拉底全集》中的《希波克拉底誓言》被后世奉为古希腊医德思想的经典文献,该文献为西方医德思想奠定了基础,对中世纪和近代医学伦理学都产生了深远的影响,成为许多国家制定医德规范的标准及医学生毕业宣誓的内容。希波克拉底也成为西方医学伦理学的奠基人。

(二)古罗马医学道德

古罗马人继承了古希腊的医学和医德思想,并在希波克拉底的医学和医德观点上有所发展。古罗马时期著名医生盖伦继承了希波克拉底的"体液学说",发展了机体的解剖结构和器官生理概念,创立了医学和生物学知识体系。盖伦在医德方面也很有建树,他在《最好的医生也是哲学家》一文中指出:"医生应力求掌握哲学及其分支逻辑学、物理学和伦理学。"他强调"作为医生不可能一方面赚钱,一方面从事伟大的艺术——医学。"

古罗马医学道德规范形式多见于法典或法令。公元160年安东尼奥颁布的法令及公元533年《查士丁尼法典》都有劝告医生力戒侍奉富贵者之阿谀谄媚,要求医生救治贫民的条文。

(三)阿拉伯医学道德

中世纪的欧洲处于宗教统治之下,医德观依附于宗教道德,没有独立形态。公元6—13世纪,阿拉伯医学出现并开始发展,它继承了古希腊医学,成为世界医学史上的重要发展阶段。阿拉伯医学家迈蒙尼提斯(Maimonides,1135—1204)在医学道德方面有很大的建树。

（四）古印度医学道德

古印度医学源于古印度及其古老的文明,最早的医学著作是公元前 600 年的《阿输吠陀》。公元前 5 世纪的《妙闻集》和公元前 1 世纪的《阇罗迦集》是古印度医学的两部巨著,他们对医学本质、医师职业和医学伦理做了精辟论述,阐述了丰富的医德思想。印度外科鼻祖妙闻提出了医者的"四德",即正确的知识、广博的经验、聪明的知觉和对病人的同情,思想深刻,概括精练,得到后世医家的认同和赞赏。阇罗迦是印度的内科始祖,较早提出反对医学商品化思想,他认为"医生治病既不为己,亦不为任何利欲,纯为谋人类幸福,所以医业高于一切",并提出"使人健康者即正确的医学,除人病痛者即为最好的医生",这些体现医学人道主义的精神和思想在今天仍有其现实意义。

二、国外近代医学伦理学

欧洲文艺复兴运动以后,医学的发展进入到实验医学阶段。比利时医学家维萨里发表了《人体构造》,英国的哈维医生发现了血液循环,西班牙医生塞尔维特发现了肺循环。随之而来的魏尔啸创立的细胞病理学的出现,微生物学和免疫学等生命科学体系的形成,使人们从生物学角度明确了疾病原因,形成了生物医学模式,医生个体行为走向群体合作。医学模式的转变和研究方法的进步影响着人们医学伦理观念的改变,他们的探索和奉献精神也带来了医德的复兴,促进了古典医德学向近代医学伦理学的转变。

知识拓展

医学模式的历史演变

医学模式的形成和演变是一个历史过程,不仅同医学自身的发展密切相关,而且与社会政治、经济、科学、科技、文化密切相关。它的核心是医学观,包括人体观、生命观、健康观、疾病观、诊断观、治疗观、预防观和医学教育观。它是由各个时期医学发展水平、医学研究的主要方法和思维方式决定的,与各个时期社会、经济和科学发展的总体状况及哲学思想紧密联系。

随着社会经济、文化、科学、哲学和医学的发展,医学模式经历了一系列的转变,从远古时代的神灵医学模式到古代的自然哲学医学模式,近代的机械论的医学模式和生物医学模式,再到 20 世纪 50 年代以后才逐步形成的生物-心理-社会医学模式。

1977 年由美国罗切斯特大学教授恩格尔(G.L.Engel)首先提出生物-心理-社会医学模式。他指出:"为了理解疾病的决定因素,以及达到合理的治疗和卫生保健模式,医学模式必须考虑到病人、病人生活在其中的环境以及有社会设计来对付疾病的破坏作用的补充系统,即医生的作用和卫生保健制度。"

也就是说,人们对健康和疾病的了解不仅仅包括对疾病的生理(生物医学)解释,还包括了解病人(心理因素)、病人所处的环境(自然和社会因素)和帮助治疗疾病的医疗保健体系(社会体系)。

---

18 世纪德国名医胡弗兰德所著《医德十二箴》是近代医德的经典文献之一,对医务人员在会诊、查房、医治病人过程中应遵循的行为规范、道德原则进行了系统全面的论述。他提出:"医生活着不是为了自己,而是为了别人,不要追求名誉和个人利益,而应忘我工作。"医生在病人面前要考虑的是病人的病情,绝不能敷衍病人,要用言语和行动取得病人的信任。在查房、会诊和处理病人与其经治医生之间关系时要讲究道德,慎重仔细,不要随便议论和评价其他医

生。他说过："一次慎重仔细的检查与查房,比频繁粗疏的检查好得多;一次会诊不要请很多人,最多三名,可选合适的人参加,讨论中应该考虑的是病人的安全,不必做其他的争论。""当一个病人离开他的经治医生来和你商量时,你不要欺瞒他。应叫他听原来医生的话,只有发现那名医生违背原则并确信在某方面的治疗有错误时,再去评论他,这才是公平的,特别是涉及对他的行为和素质的评论时更应如此。"《医德十二箴》在西方医学界广为流传,为后世医家所赞同。

1791 年,英国医生托马斯·帕茨瓦尔为曼彻斯特医院起草了《医院及医务人员行动守则》,后针对医院内部人员关系等问题撰写了《医学伦理学》一书,该书在 1803 年出版。该书作为世界上第一部《医学伦理学》,阐述了医患关系、医际关系和医院管理等内容,突破了医生个体形式的自我行为规范的传统医德阶段,而走向系统的群体规范。这本书淡化了医学道德的宗教色彩,使医学伦理学建立在一定的哲学和伦理学的理论基础之上,成为一门独立的学科。

1847 年,美国医学会成立,以帕茨瓦尔的《医院及医务人员行动守则》为基础,制定了医德教育标准和医德守则。内容包括:医生对病人的责任和病人对医生的义务;医生对医生及其他同行的责任,医务界对公众的责任,公众对医务界的义务等。1864 年 8 月,由瑞士发起,在日内瓦召开会议,签订了《日内瓦国际红十字会公约》。这个公约拟定了在战争中医护人员如何救护战地伤病员,如何以人道主义精神对待已经放下武器的战俘。公约规定:用白底红十字标志;改善战场伤病者境遇的国际通则;各国的伤兵救护组织有保护和使用红十字标志的特权,战时应保护有关战地救护和战俘救护工作组织机构,医务人员在敌对双方的中立性。红十字会原是一种志愿的、国际性的救护救济团体,开始只从事战时救护工作,后来扩展为包括平时的自然灾害救济、社会福利、输血、急救和护理等内容。

18—19 世纪英美等国先后制定了医德规范或守则,19 世纪红十字国际委员会成立,医学人道主义精神得以确立。

三、国外当代医学伦理学的发展

进入 20 世纪,伴随现代医学的迅猛发展,医学国际交往与合作日益增多,医疗行为的国际规范和法律相继产生,生命伦理问题受到了广泛关注。

1946 年国际法庭通过了《纽伦堡法典》,规定了关于人体医学研究的基本原则:一是必须有利于社会,二是应该符合伦理道德和法律观点。

世界医学大会在探讨医师道德行为和准则方面取得了一系列重要成果。1948 年颁布了《医学伦理学日内瓦协议法》,1949 年通过了《国际医德守则》,1964 年通过的《世界医学大会赫尔辛基宣言》进一步规范人体医学研究的原则,1968 年的《悉尼宣言》规范了死亡确定的道德责任和器官移植道德原则,1975 年通过的《东京宣言》规定了医师在对待拘留犯和囚犯时的行为准则,1981 年世界医学大会制定了《病人权利宣言》,2024 年 10 月 19 日,在芬兰赫尔辛基召开的第 75 届世界医学会全体大会正式通过了最新修订的《赫尔辛基宣言》,加强指导涉及研究参与者的医学研究的伦理原则,更全面地保护研究参与者的权利。

此外,1953 年国际护理行业颁布了《护士伦理学国际法》,1972 年齿科医学会议通过了《齿科医学伦理的国际原则》,1977 年的《夏威夷宣言》通过了关于精神病医生道德原则等。世界各国也相继制定了医德规范和文件,涉及一些特殊群体如残疾人的医疗道德日益得到关注。这些都标志着医学伦理学无论在规范体系方面还是在理论基础和实践方面更加完善和成熟。

但是,现代生物技术的发展,尤其是基因工程、生育控制、器官移植与死亡标准、克隆技术、卫生资源分配等领域的研究,使传统的医德观念受到了较大的冲击,在生命科学发展应用过程中遇到了伦理难题,它预示着医学伦理学发展进入了生命伦理学阶段。医学伦理问题涉及人类利益,需要世界各国医学、伦理学、哲学、社会学、法学等各领域广泛合作,积极探索。

(张　樑)

思考题

    1. 中国医学伦理学的形成和发展经历了几个阶段? 各阶段的主要内容是什么?

    2. 国外医学伦理学的形成和发展经历了几个阶段? 各阶段的主要内容是什么?

ER 2-3

练习题

第三章 | 医学伦理学的基础理论与规范体系

教学课件　　思维导图

学习目标

1. 掌握:医学伦理学基本观点、基本理论的内容;基本原则和具体原则的内容;基本规范和基本范畴的内容。

2. 熟悉:医学伦理学的基本观点、基本理论的含义和地位;基本原则和具体原则的含义;基本规范和基本范畴的含义。

3. 了解:医学伦理学的基本观点的意义和局限性;基本理论、具体原则的意义;基本规范的本质和形式;基本范畴在医疗实践中的意义。

4. 在医疗实践中,能够运用医学伦理学的原则、规范和范畴指导医疗行为,具有正确的临床伦理决策能力。

5. 具有良好的医学职业精神,树立以病人为中心的理念,以仁爱同情之心、高度负责的态度及严谨科学的作风,践行"学医为民"的宗旨,做一名新时代的"有为"青年。

情境导入

产妇范女士,39 岁,怀孕四次,生育过一次。因过去有习惯性流产,第四次妊娠保胎至 31 周早产,新生儿体重 1 850g,而且出生后呼吸多次暂停,最长一次达 20 分钟。B 超检查发现新生儿有颅内出血,后来又发生吸入性肺炎、硬肿病。

医生向产妇及家属交代新生儿病情危重,经过抢救可能存活,但未来的智力可能较差。产妇和家属商定:即使孩子长大后智力有问题,也要不惜一切代价地抢救。

请思考:

此时,医务人员应如何作决策?

任何一门学科发展到一定程度都会形成一个比较完整的理论体系,医学伦理学也不例外。医学伦理学基础理论与规范体系共同构成了医学伦理学基本理论体系,这也是医学伦理学的核心内容。其中,医学伦理学规范体系包括原则、规范与范畴三个部分。医学伦理学基础理论是医学伦理学规范体系的理论基础,医学伦理学的基础理论和规范体系都源于医疗实践,又是指导和评价医疗实践行为的根本依据和标准,正确理解和把握医学伦理学的基础理论和规范体系是全面培养医务工作者医学伦理素质的根本要求,对于加强医德教育、提高医务工作者医德修养具有十分重要的意义。

第一节　医学伦理学的基础理论

医学伦理学作为一门学科体系有一定的基本观点和基本理论。医学伦理学的基本观点和基本理论有很多,其中基本观点有:生命神圣观、生命质量观、生命价值观。其中基本理论有:人道论与权利论;美德论与义务论(道义论);功利论、公益论和公正论。医学伦理学基础理论为医学伦理学原则和规范的形成、为医学实践提供强大的理论支撑。

一、医学伦理学的基本观点

(一) 生命神圣观

1. 含义 生命神圣观是强调人的生命至高无上、神圣不可侵犯的医学道德观点。人的生命神圣是一种古老的观念,是古今中外长期普遍存在的伦理思想。

人的生命是宝贵的,人类对自身生命的认识经历了漫长的过程。任何社会意识的形成都离不开社会实践,生命神圣观也是如此。它是在人类社会发展到一定阶段,生产力发展达到一定水平之后,人类自身价值实现的产物,最终成为医学伦理学的重要理论观点。

2. 意义 第一,生命神圣观促使人们珍重生命,有利于人类的生存和发展。《黄帝内经》中记载:"天覆地载,万物悉备,莫贵于人。"孙思邈在《备急千金要方》中说:"人命至重,有贵千金。"生命对于人是第一重要的,每个人在这个世界上都具有唯一性和不可重复性。第二,生命神圣观促进了医学发展。它强调尊重和维护人的生命,而促进病人健康是医务工作者的神圣职责,这使医学的社会使命及宗旨从道德的角度得到进一步强化,激励医务人员热爱和珍惜生命,努力钻研和掌握医学知识和技术,竭尽全力救死扶伤,延长人的生命。

3. 局限性 第一,传统的生命神圣观缺乏人类成熟的理性基础,它重视和尊重生物学意义上的生命存在,片面地强调生命的数量和生物属性,忽视了人的生命质量和人的社会学属性,把生命绝对化,容易出现片面追求人口数量,导致人口的数量与质量、个体生命维系与社会卫生资源分配的矛盾等问题。第二,生命神圣观强调个体生命的意义而忽视人类整体利益,造成实践标准的模糊和矛盾,导致大量医学伦理难题的出现。随着医学的发展,社会伦理道德观念也在演变,人们对生命的认识发生了质的飞跃。生命神圣的观点增加了相对性和辩证性,主张尊重人的生命神圣,不仅是尊重生物学生命的存在,而且还要尊重生命的社会存在,即生命的质量和价值。

(二) 生命质量观

1. 含义 生命质量观强调人的生命存在质量状态,强调从人的生物学角度即体能和智能方面判断是否具备作为人的基本要素,作出生命质量高低、优劣的评价和判断的医学伦理观念。体能是生命存在的生理基础,智能是人区别于其他生命体的本质,是否具有意识和实践能力,能否实现社会化是衡量人区别于其他动物的生命质量的根本标准。随着医学的发展和社会的进步,人们已经不能满足只维持生命和延长生命,而是更加重视生命的质量。这对医疗决策和卫生工作产生了直接影响,也使生命质量观成为医学伦理学理论的重要观点。

2. 意义 第一,生命质量观的提出是人类思想观念的一次巨大进步。人们认识到人口素质事关人类命运、民族兴衰和国家前途,表明人类追求自身完美的认识已进入自觉阶段。第二,生命质量观为高新技术的使用和推广,为医务工作者面对不同生命质量的病人采取治疗决策提供了理论依据,帮助医务工作者为追求高质量的生命作出抉择。第三,生命质量观为提高人口质量,制定人口、环境和生态政策提供了重要的理论依据。

3. 局限性 首先,生命质量观只把病人当作自然人和抽象人而忽视人的社会性。单纯强调高质量的生命个体对自身存在的意义,忽视了低生命质量存在的某些病人对家人和社会所具有的精神激励作用。其次,生命质量观采用的生物医学判断标准,在实践中会遇到道德和法律的阻碍。如对没有质量的生命放弃保护义务,这明显带有偏颇,单纯凭生命质量决定个体生命是否延长、维持、结束或缩短是缺乏道德依据的。

(三) 生命价值观

判定人的生命存在不仅是生物体生命的客观物质存在,而且还取决于两个要素——生命的内在价值和外在价值。内在价值是指这个生物体生命的自我感知的存在,也就是生命的自然状态即生命质量,能够满足个体自身生理和生存的基本需要;外在价值是指这个生物体生命存在对他人和社会的意义。一个人生命存在的过程能被他人需要,给他人带来幸福,为社会创造价值越大,生命的价值也越大。

1. 含义 生命价值即生命存在的社会价值。生命价值观是主张以某一个体生命的存在对他人和社会的价值大小为标准作出相应取舍的伦理观念,是对人生命存在的社会学意义判断。

生命价值观包括三方面的内容。

(1)**尊重人的生命**:强调把尊重生物学生命与尊重社会学生命有机地结合起来。

(2)**尊重生命的价值**:即尊重人的生命的内在价值与外在价值的统一,既要重视其生物学生命的存在,也要重视其社会学生命的意义。

(3)**人的生命是有价的**:衡量一个人的生命价值大小必须依据某一生命对他人、对社会和对人类的意义。

2. 意义 第一,生命价值观的问世标志着人的生命理论更加全面和深刻。生命价值观是对生命神圣观和生命质量观的扬弃和升华,是从人的自然属性和社会属性相统一的辩证立场出发,实现了生命神圣观、生命质量观与生命价值观的有机统一,从而构成了现代生命伦理学的核心理念。生命价值观和生命质量观一起弥补了生命神圣观的不足,为全面认识人的生命存在的意义提供了科学的依据。第二,生命价值观使人类的生命观和伦理观发生了历史性转变,使医学伦理学的研究方法和理论基础更进步、更科学。生命价值观将传统医学伦理学单纯强调维护生命的理论格局拓展到完整的伦理境界,它把个体生命利益与群体及人类的生命利益联系起来,把珍惜生命与尊重生命质量和价值联系起来,使医学伦理学体系更加科学化、完善化。在视野上更加开阔,在情感上更加理智,在思维上更加辩证。第三,生命价值观为化解当代医学伦理难题提供了理论基础,并作出比较正确的生命伦理论证和结论。就现实意义而言,生命价值观为医学新技术的推广和应用提供了新的思路。

二、医学伦理学的基本理论

(一)人道论与权利论

就医疗实践对象——病人而言,医务工作者应本着人道主义精神,充分尊重病人的尊严和权利。人道论和权利论的产生是社会发展的必然结果,也是医学伦理学适应医学实践需要在理论上的进步表现。

1. 人道论 人道论亦称人道主义论。人道主义论源于人道主义,是欧洲文艺复兴时期新兴的资产阶级反对封建主义、反对宗教神学的一种思想文化运动。它主张维护人的尊严、权利和自由,重视人的价值,要求人能得到充分的自由发展。

(1)**医学人道主义**:是研究医学领域中的人道主义的一种道德理论,是古今中外医家从长期的医疗实践中概括和总结出来的医德思想准则。它要求医务工作者以人道主义的态度对待病人,尊重病人的生命和人格,同情和关心病人的痛苦,并以为病人解除这些病痛的仁爱思想为特征。

(2)**医学人道主义内容**:医学人道主义核心内容是尊重病人,具体表现为以下三方面:

第一,尊重病人的生命及生命价值,这是医学人道主义最基本的思想内容。医学是以挽救人的生命为己任的高尚的职业。生命对于人只有一次,医务工作者应当尊重病人的生命,既要尊重病人的生命质量,又要尊重病人的生命价值,尽全力挽救病人的生命。

第二,尊重病人的人格和尊严,这是提高医疗质量、保证医疗效果的必然要求。医生要尊重和维护病人的人格尊严,同情、关心、爱护病人。

第三,尊重病人平等的医疗权利,这是医学人道主义的基本主张和重要目标。平等待患,一视同仁。医务工作者在医疗实践中,应尽力排除非医疗因素的干扰,让每位病人都能获得人道的救助和平等的医疗权利。

(3)**医学人道主义的伦理意义**:首先,医学人道主义打破了宗教的束缚,促进了医学伦理学的发展。人道主义在与封建迷信、宗教神学的斗争中更新了人们的道德观念,使医学面向自然,面向真正的人,为生命科学和医学伦理学的研究揭开了崭新的篇章。其次,医学人道主义对保证医学为人类健康服务的性质,推动医学科学的发展起到了积极的作用。医学人道主义体现了医学的道德价值,代表了全人类的共同价值,驱动着医学为人类社会造福;医学人道主义也体现了医患之间的平等关系和医疗事业的公益性质,规定了医疗行为的方向,医务工作者也以人道主义的崇高形象赢得了社会的尊重。

(4)**医学人本论**:随着社会的进步和医学科技的不断发展,医学受到高度技术化、高度社会化的影响,"以人为本"的思想理论得到关注,传统的医学人道主义向医学人本主义转化。21世纪以后医学人本论已成为我国当代医学伦理学理论体系的基本理论之一。

第一,含义:医学人本论是以人为本的理论在医疗活动领域的必然体现,也是对医学人道主义理论中对关于人的价值观的继承和发展。它是关于在医学利益关系中以病人为本的医学伦理学理论。它研究和回答的是为什么应将病人的生命和健康放在首位,为什么要同情、关心病人并尊重病人的人格和权利等问题。

第二,内容:明确提出医学是人学,医学是属于人的,医学的目的是治病救人,医学是服务全人类的事业;明确强调人性化的医学服务,坚决反对利用医学残害人类、伤害人性;明确强调尽可能充分地满足人类的健康需求。以病人为本是医学人本论的核心与本质。

第三,意义:现代医学的人本论是医学伦理学理论在新的时代发展需求中的自我完善与提升。以病人为本是坚持"医乃仁术"和医疗保健服务公益性质的理论渊源;是将传统生物医学模式转变为现代医学模式的前提条件,也是判断医学行为善恶的根本依据。现代医学在社会变革的转型期陷入多元价值的追求与多元主体利益的满足,坚持医学人本论就是强调以病人为本,只有病人的健康利益才是第一位的,以此反思和克服医疗重市场化、技术化等弊端。我国于2023—2025年在全国实施改善就医感受、提升病人体验主题活动,就可以从医学人本论中找到理论支撑。

知识拓展

改善就医感受,提升病人体验

2023年5月,国家卫生健康委、国家中医药管理局印发了《关于开展改善就医感受提升病人体验主题活动的通知》,于2023—2025年在全国实施改善就医感受、提升病人体验主题活动,进一步解决人民群众看病就医的急难愁盼问题,改善全过程就医感受,提升病人体验,保障人民群众享有公立医院高质量发展成果。

本次主题活动从病人视角出发,以习近平新时代中国特色社会主义思想为指导,全面贯彻落实党的二十大精神,坚持以人民为中心,以切实改善人民群众看病就医感受为目标,围绕看病就医全流程,提出6方面共20条具体举措,力争用3年的时间,将"以病人为中心"贯穿于医疗服务各环节,整体提升医疗服务的舒适化、智慧化、数字化水平,推动形成流程更科学、模式更连续、服务更高效、环境更舒适、态度更体贴的中国式现代化医疗服务模式,人民群众就医获得感、幸福感、安全感进一步增强。

2. 权利论 权利论特指病人的权利论。在医学活动中,特别是在医患关系中,病人有权要求医方珍视自己的生命价值和质量、同情和关心自己、尊重自己的人格、维护自己的利益的伦理思想和权利观念。

(1)**病人权利理论的来源**:病人权利产生于法国病人权利运动,理论上来源于医学人权观。世界许多国家颁布法律规定病人权利,美国等国家还有专门的《病人权利法案》。病人权利包括法律权利和道德权利。我国宪法、民法典等法律明文规定了病人享有物质帮助权和生命健康权。

(2)**病人权利理论的内容**:在我国,立足我国国情和医疗实践,医学伦理学归纳的病人基本权利包括生命权、健康权、平等的医疗保健权、疾病认知权、知情同意权、保守个人医疗秘密和隐私权、免除一定的社会责任和义务权、监督医疗过程权、医疗诉讼权、医疗索赔权。

病人权利论并不否认病人的义务,并且认为病人权利的实现是以病人应尽相应义务为保障的,医务工作者要正确处理病人权利与病人义务的关系。

(二)美德论与义务论

美德论与义务论是对医疗实践的主体医务工作者的素质要求,强调医务工作者的品德修养和行为的自觉自律。

1. 美德论 美德是指人应当具有的完美品德。美德论又叫德性论或品德论,是研究人应该具有的完美道德品质以及如何培养和形成完美道德品质的伦理学理论。美德论是传统伦理学中最古老又最权威的基本理论,不同国家、不同社会及其不同发展阶段对美德的理解会有不同。我们的医务工作者要继承中华民族的传统美德,以服务病人为本,不断提高自身的道德水平和境界。

(1)**医学美德**:医学美德是医务工作者应当具备的完美品德。

仁慈,就是仁爱慈善,有同情心和关心病人。这是医务工作者首要的伦理素质,只有具备仁慈素质的医务工作者才能提供人性化的医疗服务。

公正,就是公平正直。医务工作者对待病人要一视同仁,不徇私情,刚正不阿。

忠诚,就是忠于职守,诚实守信。医务工作者要忠于医学事业,忠于病人,对病人以诚相待,真诚无欺。

审慎,就是周密而慎重。医务工作者在分析病情时要仔细思考,反复分析,尤其对待危重病人,更要小心谨慎地作出判断。

廉洁,就是清清白白,光明磊落。医务工作者在工作中要清廉正派,不谋私利。

进取,就是努力上进,力图有所作为。医务工作者要在工作中不断学习,不断提高医疗技术,为我国医药事业的发展添砖加瓦。

奉献,就是默默付出,心甘情愿,不图回报。医务工作者要在工作中培养不计较得失、全心全意为病人服务的精神。

(2)**医德品质的培养**:医务工作者优秀的道德品质是在长期的医疗实践中培养而形成的,是基于他们对医学道德原则和规范的认识,经过培养和锻炼,在行为中表现出来的具有稳定性的行为习惯和倾向。要通过医德理论的学习,美德情感的陶冶,医德意志的锻炼,医德信念的确立,逐渐养成良好的医德行为习惯。

(3)**医学美德论的意义和局限性**:医学美德论是医学伦理学理论体系的重要组成部分,它揭示了医学伦理素质养成的规律,为医务工作者塑造完美职业人格提供了直接的理论指导。但是医学美德论是个体经验性的自律标准,存在理想化缺陷,在应用中会遇到社会医德问题的挑战,需要不断地加以完善。

2. 义务论 义务论又称道义论,是关于责任的理论,以道义、义务和责任作为行动的依据,以行为的正当性、应当性作为道德评价标准的伦理学理论。通过规范或准则的形式确定应该做什么、不应该做什么,以及如何做才是道德的。

（1）**医德义务论**：以医德义务和医德责任为中心，研究医务工作者的行为准则和规范，回答什么是医务工作者的道德责任，把医务工作者的行为限于合理范围内的道德理论。医德义务论强调医务工作者对义务的敬重和无条件地服从。通过医德的培养和训练，医务工作者将医德义务规定变成自己的医德义务感，再将这种义务感转化为医德行为，使医务工作者的行为达到他律与自律的统一，履行对病人应尽的职责。义务的实现最终靠医务工作者的良心和自律，在承担、履行医德义务的时候，医务工作者主观动机上不能以对方能否给予自己相应的好处或回报来决定是否尽医德义务或尽何等程度的医德义务，而且在必要时还应作出或多或少的奉献甚至自我牺牲。

（2）**医德义务论的历史意义和局限性**

第一，医德义务论对医德建设发挥了指导作用。医德义务论是最早形成的医学伦理学基本理论之一，在相当长的历史时期，义务论是指导医务工作者认识并履行自己的医德责任的理论依据。它强调对病人的道德责任感，有助于医务工作者加强道德修养，注重养成良好的动机和行为谨慎，对改善医患关系和医际关系、促进医学科学的发展发挥了积极的作用。

第二，医德义务论也存在一些局限性。首先，它单纯强调以对病人个体负责为中心，忽视了对病人的尽责任与对他人、社会尽责任的统一；其次，强调医务工作者对病人尽义务的绝对性和无条件性，忽视了病人在诊疗活动中的主动性和积极性，以及尽义务的相对性；最后，它强调医务工作者的主观动机，不重视医疗行为本身的价值及其导致的后果，疏忽了动机与效果的统一性。在市场经济条件下，义务论会遇到功利论、效果论的挑战。

（三）功利论、公益论与公正论

功利论、公益论与公正论是侧重以结果或效果来判断和评价医疗行为道德与否的伦理学理论。功利论强调个体的直接利益；公益论会考虑到集体利益和长远利益，个人行为对他人和社会的利益；公正论则是强调追求公平正义的伦理理论。

1.功利论 功利论也叫功利主义，主张利益是道德的基础，是以人们行为的实际功效和利益作为判断行为善恶标准的一种伦理学理论。功利论源于 19 世纪以边沁和穆勒为代表的欧洲功利主义思想，主张"最大多数人的最大幸福"为功利原则，因其只强调行为的后果，极易把人们的行为引向极端，不能适应现代科学的发展和社会现实的急剧变化，如环境污染、人口老龄化、资源短缺以及新技术推广应用等大量社会问题，迫使人们重新考虑效用和利益问题，从而推进了功利论的不断发展。

（1）**医德功利论**：主张以医务工作者的行为是否满足病人和社会大多数人的利益为标准的一种伦理观。医务工作者医疗措施的选择要考虑行为后果对病人个人的健康利益，如痛苦小、见效快等短期利益，还要兼顾病人的长远利益和社会群体利益。把满足病人健康利益与医务工作者的功利、医疗单位的功利、社会的功利统一，坚持经济效益与社会效益统一，从而使医德功利论成为调整医患关系及医务工作者个人利益、集体利益和社会利益之间关系的道德准则。

（2）**功利论的意义**：功利论与义务论相对立，它避免了义务论单纯强调动机与责任而忽视行为效果的评价方式带来的现实矛盾，为解决生命科学和医学新技术应用条件下生与死、资源的有效利用、医疗保健制度的选择等现实问题提供了理论依据。但是我们也必须认识到功利主义的本质是利己主义。功利论容易导致偏重行为效果而忽视主观动机，强调经济效益而忽视社会效益等错误。由于功利、效益价值标准的不唯一性，功利论在实践中还有待完善。

2.公益论 公益论是强调以社会公众利益为原则的，社会公益与个人利益相统一的一种伦理理论。该理论主张以社会、人类和后代的利益，从整体和长远利益角度评价人们的行为。

（1）**医德公益论**：以符合公共利益即大多数人的利益作为医疗选择的依据，主张从社会、人类和后代的利益出发,公正合理地分配医疗卫生资源,解决医疗实践冲突。该理论要求医务工作者把对病人的责任与对社会、人类及后代的责任统一起来,在医疗服务中,坚持经济效益与社会效益并重、社会效益优先于经济效益的原则。

（2）**公益论的意义**：医德公益论的应用更好地适应了医学社会化趋势的要求,有助于解决医疗工作中病人个人利益与社会利益、卫生资源有效利用与公平合理分配等矛盾,克服了义务论的不足,弥补了功利论可能导致的片面性,有助于加强医务工作者及医疗卫生部门的社会责任感,对环境的改善、人类及其后代的长远利益,以及医学科学的发展产生积极的影响。在实践中公益论思想已成为世界共识,但由于受到物质条件和医学水平的限制,还需要努力创造条件,不断地把公益思想转化为现实。

3. 公正论　公正论是一种强调医疗卫生领域的社会服务要体现公平、均衡与效益的伦理理论。

（1）**医学公正论**：是强调健康公益,主张合理地兼顾医疗卫生领域中多元主体的健康利益、坚持医疗卫生资源分配的正义性、医疗卫生服务公平性的医学伦理学理论。这是现代医学及医患关系发生深刻变化在医学伦理学理论上的必然表现。

（2）**主要内容**：一是医学事业的公益性。医学公正论认为医学事业是由人类所创造、由人类美德所维持的具有社会性的公正、公益事业。该理论追求多元健康利益的合理兼顾,坚持病人与其他病人、病人群体、健康人群、社会整体的健康利益统一;坚持社会公正与人际公正统一,公平与效率合理统一;坚持社会效益与经济效益的辩证统一;强调健康利益实现的全局理念,把公正的医患关系扩展到群体之间、人类与生态之间的全面公正。二是医疗卫生服务的公平性。公平就是坚持医疗服务平等性、均衡性,肯定人人享有平等的健康权利,个人健康权利与义务相对应。

（3）**公正论的意义**：医学公正论是当代卫生事业蓬勃发展、医学服务高度社会化的产物,是现代医学伦理学的基本理论之一,在卫生政策伦理、医疗卫生资源分配伦理、医院管理伦理等领域中的作用不断凸显,也必将在医疗保健、基本医疗、医院公益性改革实践中不断完善。

第二节　医学伦理学的基本原则

医学伦理学的基本原则是具体原则、规范和范畴的总纲和精髓,在医学伦理学规范体系中居于主要地位,起指导作用。医学伦理学的具体原则、规范和范畴是医学伦理学基本原则的表现和细化。

一、社会主义医学伦理学的基本原则

（一）医学伦理学基本原则的含义和地位

1. 含义　医学伦理学的基本原则是指被同行和社会认可的、比较具体的医德观念和行为准则,是专门的研究者抽象和概括出反映医学道德基本精神、统率一系列医学伦理准则的基本原则。

2. 地位　医学伦理学的基本原则是医学伦理学规范体系的核心,居于主要地位,起指导作用。原则分为基本原则、具体原则和应用原则。

（二）社会主义医学伦理学基本原则的内容

我国医学伦理学的基本原则是 20 世纪 80 年代中期提出的,是指导医务人员行为的根本规则。

1981 年,在上海举行的全国第一届医德学术讨论会首次明确提出了我国的"社会主义医德基本原则",其内容表述为："防病治病,救死扶伤,实行革命的人道主义,全心全意为人民服务。" 80 年代中期,经修改,把上述提法确定为："防病治病,救死扶伤,实行社会主义的人道主义,全心全意为

人民身心健康服务。"

1. 防病治病、救死扶伤 防病治病、救死扶伤是医务工作者的基本职责。防病治病体现了预防为主、防治结合的医学道德精神。在现代医学发展中预防和保健职能已经成为医学不可分割的一部分,对于健康人群和亚健康人群的预防措施和健康宣教,既有利于提高人口素质,又有利于节约资源。预防与治疗相结合指明了医学所承担的完整的医学道德责任。要求每一位医务工作者及医疗卫生单位,都要正确地认识和处理对病人、对健康人群、对生态环境、对社会等多重义务关系,承担起防病与治病的使命。

救死扶伤是医务工作者的天职,也是古今中外医家的共识。医圣张仲景以"救人活命"为己任,以"仁爱救人"为准则,指导自己的医疗实践。《希波克拉底誓言》中也明确指出"为病家谋幸福"。在当代中国对救死扶伤更是赋予了全面、深刻的意义。医务工作者应以仁爱、同情之心,高度负责的态度,严谨科学的作风对待每一位病人;加强医德修养,刻苦钻研医学技术,不断提高医疗服务的水平和质量。

2. 实行社会主义的人道主义 实行社会主义的人道主义是医务人员工作的最普遍和最现实的要求。人道主义一词起源于欧洲 14—16 世纪的文艺复兴时期,资产阶级在反对封建特权、宗教神学过程中提出了人性自由、人格尊严、平等博爱等人道主义的思想,推动了人类社会的思想解放,促进了社会进步,同时这些思想主张因其与医学精神的一致性而成为医务工作的指导原则。我国古代传统医学虽然没有提出人道主义的概念,但自古以来医学大家都是医学人道主义精神的倡导者和践行典范。孙思邈在《大医精诚》里提出,"华夷愚智,普同一等"的人格平等的思想,并且提出"人命至重,有贵千金"的尊重生命的伦理主张,这些先进理念一直影响着历代医家潜心医学,尊重生命,平等待患,以维护病人利益为自己的终身职责。

3. 全心全意为人民的身心健康服务 全心全意为人民的身心健康服务是医德的最高境界,也是对医务人员行为的最高要求。这一原则充分体现了医学伦理学原则的社会主义性质。人民是社会主义国家的主人,医学事业是人民的事业,"学医为民"是医学事业的宗旨,它要求每一位医务人员在职业活动中热爱人民,关心人民,把人民的健康利益放在第一位,不仅满足病人的生理健康需求,还要照护病人心理的、社会的健康;正确处理个人利益与病人利益、集体利益和国家利益的关系,恪尽职守,敢于奉献和牺牲。

知识拓展

医学专业精神的三项基本原则

医学专业精神的三项基本原则是 2000 年由欧洲内科联合会、美国内科协会、美国内科医师协会、美国内科理事会等共同发起和倡议的医师宪章,它将医学专业精神归纳为三条基本原则。

1. 病人利益至上原则 尊重病人的权利,维护病人的利益,把病人的利益放在首位。
2. 尊重病人自主原则 尊重病人及其家属在充分知情条件下对诊疗决策的决定权。
3. 社会资源公平原则 正确处理各种利益关系,努力消除不利于医疗公平的各种障碍。充分利用有限的医疗资源,为病人提供有效适宜的医疗保健服务。

这三条原则与"防病治病,救死扶伤,实行社会主义的人道主义,全心全意为人民身心健康服务"具有共通性。

二、医学伦理学的具体原则

医学伦理学的具体原则是基本原则的表现和细化。我国目前比较通用的"四原则"源自美国生命伦理四原则,引入的同时赋予了中国文化的内涵和特质,称为尊重原则、不伤害原则、有利原则和公正原则。

(一)尊重原则

1. 含义 尊重作为医学伦理学的原则是指医患交往中要尊重对方的人格和尊严。广义地讲,医务工作者不仅要尊重病人的人格,还要尊重病人的自主权。这是医务工作的职业特点决定的,也是医学人道主义的必然要求。尊重原则的实现是保障病人根本权益和建立和谐医患关系的必要条件和可靠基础。

2. 内容 尊重原则的内容主要包括尊重病人的人格权和自主权。

(1)人格权:人格权是法律赋予公民的基本权利,是一个人与生俱来的权利。医学伦理学主张病人的人格权应该包括物质性人格权和精神性人格权两个方面。在医疗实践中物质性人格权有自然人的生命权、健康权、身体权及其死后的遗体权等;精神性人格权指姓名权、肖像权、名誉权、荣誉权、隐私权、尊严权、人身自由权及具有人格象征意义的财产权等。尊重病人的人格权利,也包括对病人家属人格权的尊重,同时病人及其家属也要尊重医务工作者及其劳动,这是医患交往的前提和基础,是建立和谐医患关系的保障,有利于医患沟通和协调。

(2)自主权:尊重病人自主权是尊重病人人格权的延伸,是指尊重病人在理性状态下对诊疗措施独立作出的决定,包括尊重病人及其家属的自主性,从自主选择医生到对诊断治疗的知情同意,以及要求医务工作者保守病人的隐私秘密等。因此病人自主权不是病人单方面意愿就能实现的,需要医疗单位以及医务工作者的充分认知和有效工作提供保证。首先,医务工作者尊重病人的知情权,提供病人能够理解的、正确的并且足够病人作出理性决定的医疗信息;其次,确定病人具备自主能力,身体、智力或精神状况正常;再次,还要明确病人是在理性状态下,不受外界环境干扰或胁迫,与他人及社会利益不冲突。满足以上条件,病人的自主决定方能有效。

3. 正确运用医疗干涉权 对病人权利的尊重绝不意味着放弃医务工作者自己的责任,必须正确处理病人自主与医务工作者作主之间的关系,正确使用医疗干涉权。当病人处于昏迷状态又急需采取抢救措施,来不及征得家属知情同意,"无主"病人的紧急抢救,当自主的决定明显不利于病人的健康和利益,当自主的决定对他人、社会利益有危害时,医务工作者有权实施干预,采取必要的医疗措施或进行必要的劝导、纠正。坚决反对借助尊重原则推卸医务工作者的责任。同时也要防止随意滥用干涉权,切实保障尊重原则的有效实施。

(二)不伤害原则

1. 含义 不伤害原则是指在医疗诊治活动中不使病人身心受到损伤。这一原则强调的是医务工作的主观过失应当通过努力加以避免,医务工作者应该最大限度地降低对病人的伤害。

2. 分类 依据伤害与医务工作者主观意志的关系,可分为故意伤害和无意伤害、可知伤害和不可知伤害、可控伤害和不可控伤害、责任伤害和非责任伤害等类型。那些医疗上必需的,属于适应证范围的医疗行为是符合不伤害原则的。不伤害原则不是绝对的,医疗伤害在临床实践工作中是客观存在的。人们已经认识到绝大多数医疗行为在客观上都会给病人带来生理上或心理上的损伤,例如药物治疗的毒副作用,某些检查、手术也伴有不同程度的身心损伤。

3. 意义 不伤害原则的意义并不在于消除任何医疗伤害(这是不现实的),而是针对那些怀有主观恶意或不负责任、应该预见而未预见、能够控制却放任伤害发生的行为而提出的,目的在于强化医务工作者的主观动机,树立以病人为中心的观念,以高度的责任意识把维护病人健康利益放在第一位。要求医务工作者刻苦学习,钻研技术,审慎工作,胆大心细,恪尽职守。坚决杜绝有意伤害和责任伤害,加强防范无意但可预知的伤害及意外伤害的发生。

当不伤害原则与其他原则发生冲突时,在利害并存的情况下,要权衡大小,尽力减小伤害程度,不给病人造成不必要的伤害和损失。

(三) 有利原则

1.含义　有利原则也称行善原则,是指医务工作者在医疗实践活动中把对病人健康有利放在第一位,并为病人谋利益的伦理原则。有利既包括医务工作者的主观动机,也包括客观结果;既有利于病人的身心健康,也有利于病人的经济利益等。

2.表现　有利原则在实践中表现为两方面的要求:一是低层次的有利,是指医务工作者自觉维护病人的利益,努力做到自己的每一个行为对病人确有益处,不对病人施加伤害,也就是不伤害病人原则;二是高层次的有利,要求医务工作者在医疗实践中积极为病人谋取利益,追求最优化决策原则。医务工作者要树立全面的利益观,每一项医疗措施的选择都能经过深思熟虑,考虑病人的各方面利益需求,对利害得失全面权衡,争取以最小的投入获得最大的效果,努力做到疗效最好、伤害最小、痛苦最轻、费用最少,为病人提供最优化的服务,使病人多受益。

3.意义　第一,有利原则是人类优秀道德思想的传承。第二,有利原则要求医务工作者要尽可能减轻或消除病人的痛苦。第三,在医疗活动中,有利原则也不是绝对的,会遇到有利原则与不伤害原则、有利原则与公正原则的冲突,需要医务工作者权衡利害大小,权衡对他人和社会的利益,坚持公益原则,把对病人有利与对社会有利相统一。当医务工作者的行为对病人利害共存时,有利原则要求医务工作者的行为能给病人带来最大的益处和最小的危害。

(四) 公正原则

1.含义　所谓公正是指公平、正义、不偏不倚。公正原则是指在医疗实践中对于有同样医疗需要的人给予同样的待遇。公正原则一般包括形式公正原则和内容公正原则两个方面。形式公正原则主张在分配医疗资源和收益时,对同样的情况应给予同样的对待,不同的情况给予不同的对待。内容公正原则是指根据某些因素分配资源和收益,如依据个人能力、贡献大小等。

2.要求　公正原则要求基本医疗需求人人享有,努力做到绝对公正,特殊医疗保健需求相对公正,有同样条件的病人给予同样的待遇。反对在医疗实践中不顾及病人条件差异医疗方案一刀切,也要正确理解市场经济条件下满足病人多种医疗需求的必要。

3.形式　医疗实践中公正原则体现为人际交往公正和资源分配公正。

(1) **人际交往公正**:要求医患交往中医务工作者平等待患,一视同仁,不能因为病人千差万别的医疗需求而导致医疗服务态度和质量有差别。

(2) **资源分配公正**:要求公平优先,兼顾效率,优化配置和使用医疗卫生资源。我国是发展中的人口大国,在医疗卫生资源的宏观分配中努力做到统筹兼顾,优化配置,确保人人享有基本医疗基础上满足人们多层次医疗保健需求。微观卫生资源分配,尤其是稀有卫生资源的分配要权衡医学标准、社会价值标准、余年寿命、家庭角色、科研价值等综合作出选择。在实践中尚存在许多矛盾需要根据基本原则作出具体的判断,从而解决矛盾。

第三节　医学伦理学的基本规范

一、医学伦理学基本规范概述

(一) 含义和本质

1.含义　规范一词可以分解为规则、范围,所以又解释为行为标准。医学伦理学规范是指医务工作者在医疗实践活动中应遵守的行为标准或准则。它是依据一定的医学伦理学理论和原则制订的,用以调整医疗人际关系、约束和控制医疗行为的道德规范的总和。

2. 本质 医学伦理学基本规范从本质讲是医务工作者的医德意识和医德行为的具体标准,是医学伦理学基本理论、基本原则的具体化。它一方面把理论和原则具体体现为医务工作者的行为要求,另一方面又是评价和判断医务工作者行为的标准。

（二）形式

医学伦理学的基本规范是对人们在长期医疗实践中的道德行为的总结和概括,与当时社会的道德理念、风俗习惯相适应,规定"哪些应该做""哪些不应该做",早期在医家之间约定俗成,一般采用书面条文形式表达。如我国明代陈实功的"五戒十要";古希腊的《希波克拉底誓言》、德国胡弗兰德的《医德十二箴》;还有法典、法规、守则、公约等形式,如《医务工作者工作守则》《护士伦理学国际法》《临床医师公约》等。

二、医学伦理学基本规范的内容

我国医学伦理学规范主要表现为医疗机构从业人员行为规范,它规定了医务人员的职业道德,是医务人员进行医疗活动应遵循的基本行为准则。

（一）医疗机构从业人员行为规范的依据

为了加强医务人员的道德素质,提升医疗机构从业人员的职业素养,提高医疗服务水平,改进医疗服务质量,2012年6月26日,卫生部、国家食品药品监督管理局、国家中医药管理局颁布的《医疗机构从业人员行为规范》对医务人员道德行为作出了规定。

（二）医疗机构从业人员行为规范的内容

1. 救死扶伤,发扬人道主义精神 这是医务人员工作的基本职责。无论身在哪一个具体岗位,医务人员的工作都关系到病人的生死安危,这就要求医务人员在工作中把病人的利益放在首位,急病人之所急,想病人之所想,忠于职守,尽职尽责,时刻为减轻病人的病痛、挽救病人的生命努力工作。

2. 尊重病人,一视同仁 尊重病人的人格与权利,对待病人不分民族、性别、职业、地位、财产状况,都应尽心尽责。尊重原则的具体要求是尊重病人和平等交往。尊重病人的人格与权利,要求医务人员做到平等对待每一位病人,资源分配公正。医患交往双方处于同等的地位。

3. 文明礼貌,注重仪表 举止端庄,语言文明,态度和蔼,同情、关心和体贴病人。这些在临床诊疗中主要体现在医疗工作的作风和工作态度上。举止端庄、语言和蔼是对医务人员言行的素质规范。一个人的举止言谈也代表着一种内在的精神风貌。医务人员衣着整洁、规范,举止大方,语言和蔼,有利于医患沟通交往,有效传达出一种积极向上的正能量,促进病人战胜疾病。

语言可以治病,也可以致病。语言对病人心理有重要的影响作用。语言和蔼是要求医务人员用语文明礼貌,善于使用安慰性的语言、鼓励性的语言和保护性的语言。这也是医务人员具有良好道德素质的行为表现。

4. 廉洁自律,恪守医德 弘扬高尚医德,严格自律,不索取和非法收受病人财物,不利用执业之便谋取不正当利益。廉洁自律,恪守医德,是对医务人员道德品质的要求,也是衡量医德医风状况的重要内容。医务人员因其掌握特有的专业知识,这些专业知识关系到人的生死安危,使得其手中的医疗权力尤显重要。但是医生的医疗权力是为了更好地开展医疗工作,是最大限度地实现病人利益而获得的。作为医生,绝不允许以医谋私。这既有悖医德良知,也为法律所不容。医务人员加强医德教育和修养,廉洁自律,恪守医德,时时处处以病人利益为中心,增强法制观念,自觉抵制不正之风。

5. 诚实守信,保守医密 诚实守信、保守医疗秘密和病人隐私是对医务人员职业道德品质的基本要求。诚信是社会普遍的道德要求,而对于医疗服务行业又有其特殊性,它是与保守医疗秘密联系在一起的,使医务人员处于讲真话与保密双重责任之中。诚实守信、讲真话是医务人员建立医生和病人之间信任、和谐关系的必要条件,也是实现病人知情同意、选择医疗决策、积极配合医疗工作的保障。讲真话就是要如实告知,但出于保护性医疗的需要,在实践中把明显不利于病人的医疗信息避免本人知道,而采取向病人家属告知的方法是可以接受的。此外,讲真话也有讲话方式、表达方法等艺术要求,需要医务人员学习和研究。保守医疗秘密与诚实守信相关联,它承载着病人对医务人员的一份信任和责任,是医务人员对病人的职业承诺和使命。由于诊疗工作的特殊性而了解到的病人隐私和秘密在不影响他人和社会利益的情况下,医务人员不得予以公开,这是医疗职业的道德准则,也是法律规范。

6. 互学互尊,团结协作 同事之间相互尊重,相互学习,团结友爱,共同进步。互尊互学、团结协作是建立医际关系、正确处理同行或同事间关系的行为准则。尊重师长、敬重同道是古今中外医疗行业的传统美德。我国《临床医师公约》倡导"敬业尊师,积极扶植后学",医务人员之间、医务人员与病人之间团结合作,以维护病人利益为重。

7. 严谨求实,精勤不倦 刻苦钻研医术,精益求精,不断提高专业知识和技术,是医务人员做好医疗服务工作的前提条件。随着现代医学的迅猛发展,医学知识和技术以惊人的速度推陈出新,医学的社会责任更加多面,要求医务人员知识全面、素质精良、技术精湛,刻苦钻研医术,精益求精,活到老学到老,不断更新知识,提高技能。

8. 乐于奉献,热心公益 随着社会的进步,人们期望医学不仅仅能治疗疾病,更能成为社会文明和人类幸福的重要支柱。医务人员在认真完成本职工作的前提下,应积极参加政府安排的抗灾救灾、应对突发性卫生事件等医疗任务和扶贫、义诊、助残、支农、援外等社会公益性医疗活动,主动开展公众健康教育及社区保健服务,促进和改善公众的健康状况。

第四节　医学伦理学的基本范畴

医学伦理学的基本范畴是医学伦理学理论体系的重要组成部分,也是构成医学伦理学理论体系的基石,是医德基本原则和规范发挥作用的必要前提。

一、医学伦理学基本范畴概述

(一)医学伦理学基本范畴的内涵

1. 范畴的含义 范畴是指概括性最高的基本概念。它是一个学科领域具有特定内涵的专门用语,是人的思维对客观事物本质的一般概括和总结。

2. 医学伦理学基本范畴的含义 医学伦理学基本范畴是医学道德实践普遍本质的概括和反映,是医学道德及其特征、现象和关系等普遍本质的基本概念,可为分广义和狭义两种类型。从广义上说,医学伦理学这个学科所使用的基本概念都可以看成是医学道德范畴。狭义的医学道德范畴主要有权利与义务、良心与荣誉、情感与理智、审慎与胆识。

(二)医学伦理学基本范畴的意义

1. 阐述医学伦理原则,分析医学伦理问题的出发点 医学伦理学基本范畴是以医学伦理学原则、规范为基础,在原则、规范指导下形成的;医学伦理学基本范畴又是对医学伦理学原则、规范的补充和具体化。没有确定的医学伦理学基本范畴,就无法明确表达医学道德原则和规范。

2. 指导医疗实践,进行医德教育和培养的基础内容 医学伦理学的原则和规范是表达社会对医务工作者的外在、客观的道德要求,体现道德的他律性;医学伦理学基本范畴反映的是医务工作者内在的自我要求,体现道德的自律性。所以医学伦理学基本范畴是把医学伦理学原则、规范要求从外在的他律约束转化为内在的自觉行为,有助于医务工作者在实践中把握医德要求,开展医德教育,不断地提高医德修养。

二、医学伦理学基本范畴的内容

(一) 权利与义务

1. 权利 是公民依法享有的权能和利益,医学伦理学范畴的权利包括两个方面的内容:一是病人在医学关系中所享有的权利;二是医务工作者在医学关系中所享有的权利。

(1)病人的权利:是病人在患病就医期间所拥有的而且能够行使的权利和应该享有的权利。在实践中,病人权利主要包括法律权利与道德权利。根据相关法律法规规定,病人法律权利主要有生命权、健康权、身体所有权、平等医疗权、疾病认知权、知情同意权、保护隐私权、因病免除相应社会责任权、诉讼索偿权等。其中,平等医疗权、自主权、知情同意权是医学伦理学中经常讨论的权利。

(2)医务工作者的权利:①在注册的执业范围内,按照有关规范进行医学检查、疾病调查、医学处置,出具相应医学证明文件,选择合理的医疗、预防、保健方案等的权利(不得出具与自己执业无关或者与执业类别不相符的医学证明文件)。②获取劳动报酬,享受国家规定的福利待遇,按照规定参加社会保险并享受相应待遇的权利。③获得符合国家规定标准的执业基本条件和职业防护装备的权利。④从事医学教育、研究、学术交流的权利。⑤参加专业培训,接受继续医学教育的权利。⑥对所在医疗卫生机构和卫生健康主管部门的工作提出意见和建议,依法参与所在机构的民主管理的权利。⑦法律、法规规定的其他权利。

2. 义务 指人们意识到的、自愿承担的对社会、集体和他人的道德责任。

(1)病人的义务:①如实提供病情和有关信息。②在医师指导下接受并积极配合医生诊疗。③避免将疾病传播给他人。④尊重医务工作者和医务工作者的劳动。⑤遵守医院规章制度。⑥支持临床实习和医学发展。

(2)医务工作者的义务:医学道德义务主要是指作为一名医务工作者在道德上应该履行的职责。不以享有某些权利和报偿为前提;不是外部强制,而是建立在对社会和他人利益的正确理解、对病人怀有深厚情谊的基础上,自觉自愿履行义务。《中华人民共和国医师法》规定,医师在执业活动中履行下列义务:树立敬业精神,恪守职业道德,履行医师职责,尽职尽责救治病人,执行疫情防控等公共卫生措施;遵循临床诊疗指南,遵守临床技术操作规范和医学伦理规范等;尊重、关心、爱护病人,依法保护病人隐私和个人信息;努力钻研业务,更新知识,提高医学专业技术能力和水平,提升医疗卫生服务质量;宣传推广与岗位相适应的健康科普知识,对病人及公众进行健康教育和健康指导;法律、法规规定的其他义务。

(二) 良心与荣誉

1. 良心 是人们在履行义务过程中所形成的一种自我道德意识,是人们对自身行为是否符合社会道德准则的自我认识和评价。

(1)医学道德良心的含义:医学道德良心的实质就是自律,是医务工作者内心的道德活动机制,是发自内心深处的情感呼唤、道德律令,是自我选择、自我监督、自我调节、自我评价的自律过程。

(2)医学道德良心的作用

第一,导向作用。医务工作者在诊疗开始之前,良心需依据道德价值和道德责任的要求,对自身行为动机进行检查。符合道德要求的,予以肯定;不符合道德要求的,予以否定,并按照道德要求,做出正确的选择。

第二,监督作用。医务工作者在诊疗过程中,一旦产生异常的情感、欲念,行为主体通过"良心发现"及时地发现问题,从而调整自己的行为,改变行为方向,避免不良行为的发生。

第三,评价作用。医务工作者在诊疗之后,对自己的诊疗行为进行反思和审视,对符合道德要求的行为感到满意,并给予鼓励;对不符合道德要求的行为感到愧疚和羞耻,且受到良心的谴责。

2. **荣誉**　是指由于成就和地位而得到广为流传的名誉和尊荣。一定的社会或集团对人们履行社会义务的道德行为的肯定和褒奖,是特定人从特定组织获得的专门性和定性化的积极评价。个人因意识到这种肯定和褒奖所产生的道德情感,通称荣誉感。

(1) **医务工作者的荣誉**:是医务工作者理性上自尊的表现,在社会层面表现为对医务工作者道德行为及其价值的肯定和褒奖。在中国,孟子最早从伦理方面使用荣辱概念:"仁则荣,不仁则辱。"所以古代医家多把"医乃仁术"作为约束自己行为规范的准则。

(2) **荣誉对医务工作者的作用**

第一,评价作用。通过社会舆论来判断社会赞成什么、反对什么,以促进医务人员注意自己言行的社会效果,对自己的言行负责。

第二,培养荣誉感。培养医务工作者以诚实劳动和辛苦付出获得荣誉为荣,以弄虚作假、骗取个人荣誉为耻的思想。

(三) 情感与理智

1. **情感**　指在一定社会条件下,人们根据社会道德观念和准则,去感知、评价个人和他人行为时的态度、体验。

(1) **医学道德情感**:是指医务工作者在医疗活动中,对自己和他人行为之间关系的内心体验和自然流露。

(2) **医学道德情感内容**:包括同情感、责任感和事业感。

同情感是医德情感中最基本的内容,是医务工作者对病人的遭遇和不幸产生的共鸣,并对病人表现出的怜悯和同情。在临床诊疗中,面对受疾病折磨、盼望救治的病人时,医务工作者会产生一种对病人遭遇的同情以及愿为其解除病痛的愿望,其实质就是对他人痛苦的认知和理解,也是医务工作者为病人服务的原动力。

责任感是医德情感中的重要内容,它已经上升到了职业责任的高度,是一种自觉的道德意识。在临床诊疗中,医务工作者会把病人利益放在首位,以减轻病人痛苦、挽救病人生命为己任,满腔热忱,千方百计地提高医疗技术水平和服务质量。

事业感是同情感和责任感的升华,也是最高层次的道德情感,表现为医务工作者自觉地把本职工作与医学科学发展及人类健康联系在一起,产生崇高的情感动力,忘我投入工作,把全心全意为人民的身心健康服务作为一种崇高的价值追求。

2. **理智**　是指一个人用来认识、理解、思考和决断的能力,或辨别是非、利害关系以及控制自己行为的能力。

(1) **医学道德理智**:是指作为医务工作者必备的医学道德理性修养,包含较低层次的医学道德认知素质和自制能力,以及较高层次的医学道德决疑能力。

(2) **医学道德理智的体现**:在医疗实践中,医务工作者热爱病人的情感并不是盲目冲动的,而是建立在医学科学基础之上的,必须在医学科学允许的范围内去满足病人及其家属的要求。比如,当待产孕妇分娩出现难产时,如果家属坚持顺产,医生应该用理智加以判断。

(四) 审慎与胆识

1. **审慎**　指人们在行为之前的周密思考与行为过程中的谨慎认真。

(1) **医德审慎的含义**:医务工作者在为病人服务的过程中,处事慎重、严谨、周密、准确、无误。

(2) **审慎的作用**:审慎能保障病人的身心健康和生命安全;能保证及时作出正确的诊断;能选择最优化的治疗方案;有利于建立良好的医患关系。

2. **胆识**　指人们在事物处理过程中敢于承担风险和善于化解风险的勇气和能力。

(1) **医德胆识的含义**:医务工作者在病人面临风险和难题而自己可以有所作为的时候,能为病人预见到风险,敢于承担风险,并善于化解风险。胆识的深层本质是关心病人和尊重科学。

（2）**胆识的价值**:胆识可以帮助医务工作者把握住有效抢救危、重、急、险病人的时机;可以帮助医务工作者在病人损伤不可避免时,做出争取最大善果和最小恶果的合理选择;可以帮助医务工作者尽快对疑难病症及时进行正确诊断和处理。

（刘一凡）

思考题

1. 简述生命神圣观的意义。
2. 简述医学伦理学的具体原则。

ER 3-3

练习题

第四章 | 医疗人际关系伦理

教学课件

思维导图

ER 4-1　ER 4-2

学习目标

1. 掌握：医患关系的基本模式；医患关系的内容；影响医患关系的因素；医患沟通的伦理准则。

2. 熟悉：医患关系的含义；医际关系的含义和模式；医社关系的含义；医患沟通的伦理意义。

3. 了解：医际关系的基本类型；建立良好医际关系的意义；医学的社会责任和社会化趋势；医患沟通的伦理目标。

4. 学会通过医患沟通的准则和目标解决医疗实践中的医疗纠纷；学会处理好医际关系，进而为医学的社会责任作出更大的贡献。

5. 学生能够从伦理视角审视医疗人际关系，重视医患沟通，努力构建社会主义新型医际关系和医社关系，为我国人民身心健康服务。

医疗人际关系是指在医疗活动中医务人员产生的一种特殊的社会关系。和谐的医疗人际关系依赖于道德的规范和制约，改善医疗活动中的人际关系已经越来越受到人们的重视。医疗人际关系包括医患关系、医际关系和医社关系。

第一节　医患关系伦理

一、医患关系概述

（一）医患关系的含义

医患关系是指医方与患方在医疗实践活动中基于病人健康利益所构成的一种医学人际关系。医患关系是医学人际关系中最基本、最核心的关系。著名医史学家西格里斯特（H.E.Siegrist）曾精辟地表述过医患关系："每一种医学活动始终涉及两类当事人——医生和病人，或者更广泛地说，医学团体和社会。医学无非是这两群人之间多方面的关系。"因此，医患关系有广义和狭义之分。广义的医患关系，既是指医师与病人之间构成的医学人际关系，又是医方与患方群体之间构成的医学人际关系。其中"医方"并不简单地指医生，而是包含医疗卫生机构、医务人员、医疗卫生行政管理部门和关于医学的知识和意识（包括医学知识、医疗知识、预防知识、医务知识等）。"患方"从存在论角度讲是人（病人）和病的总和，具体包括病人，病人的家属和亲朋好友，病人的病情、病势及心理活动等。特别是当病人失去或无行为判断能力时（如昏迷病人、精神病病人和儿童），与病人相关的人群往往会代表病人，充当其监护人。病人这个群体可以涵盖社会的每个成员。狭义的医患关系是指医疗活动中医生或医务人员和病人之间构成的医学人际关系。

（二）医患关系的性质

医患关系是基于特定的医疗活动而建立的人际关系。这种人际关系以医疗活动为前提，在医

疗活动中医患双方的目的是一致的,都是为了使病人恢复健康。这种人际关系具有以下两种性质:

1. 信托关系 医患关系的本质是一种信托关系。信任在先,托付在后。病人看病求医,本身就隐含着对医生的信任,相信医生会把病人的利益放在优先地位,运用其掌握的医学知识和技术努力维护病人的生命健康,完成病人赋予的托付,在此前提下,病人才敢放心地把生命托付给医生。医患信托关系建立的基础是双方的信任,医务人员应注意医德修养,提升医术水平,不辜负病人的信任。

2. 契约关系 医患关系是建立在平等基础上的契约关系。医患之间是平等关系,即医生尊重病人的医疗权利,一视同仁地提供医疗服务,病人尊重医生的劳动,并密切配合诊治,医患共同完成维护健康的任务。医患关系是服务与被服务的契约关系,即医生以救死扶伤、防病治病为己任,国家赋予医生某种特权(对疾病诊治权和特殊干涉权等)并要求医生以医疗技术为病人提供服务;病人出于信任或与医生充分协商,接受医生的服务。医生具有医学知识,处于主动地位并具有某种特权,这就要求医生恪守职责、钻研技术,以高尚的医德、精湛的医术全心全意为病人服务。

由于医学服务的专业性和疾病发展过程中的复杂性和动态性,医患之间的契约关系不同于一般民事上的契约关系。国家为保障病人的身心健康,在相关法律法规中对医务人员的行为作出了一些强制性的规定。例如《中华人民共和国医师法》第二十七条规定,对需要紧急救治的病人,医师应当采取紧急措施进行诊治,不得拒绝急救处置。医务人员签订契约并不表明只是简单地履行签字程序,而是真正地树立敬业精神,遵守职业道德,履行专业职责,在病人生命处于危险之中时,能够切实地为病人的健康负责。

二、医患关系的基本模式

医患关系的模式随着社会进步、医学科学的发展和社会制度的变化而发展变化。医患关系模式是医学模式在人际关系中的具体体现,国内外学者对医患关系的模式都有不同的看法,主要有维奇模式、布朗斯坦模式、萨奇曼模式和萨斯-荷伦德模式四种,其中萨斯-荷伦德模式已被医学界广为接受。

(一)维奇模式

美国学者罗伯特·维奇(Robert Veatch)提出医患关系三种模式。

1. 纯技术模式 纯技术模式又称工程模式。在这种模式中,医生从事医疗工作只管技术,仅充当纯粹科学家的角色。维奇认为,这种模式中医生将所有与疾病、健康有关的事实提供给病人,使病人接受这些事实,然后医生根据事实解决相应的问题。随着新的医学模式的出现,这种把病人当成生物体变量的生物医学阶段的医患关系已被淘汰。

2. 权威模式 在这种模式中,一切均由医生决定,医生具有很大的权威性,不仅可以作出各项医疗决定,而且还具有作出道德决定的权利。病人缺乏自主权,不利于调动病人的主观能动性。

3. 契约模式 这种模式是指医患双方是一种非法律性的关于医患双方责任和利益的约定关系。虽然医患双方不感到彼此之间完全平等,但却感到彼此之间有一些共同的利益,同时分享道德权利和履行道德责任。

(二)布朗斯坦模式

布朗斯坦(Braunstein)在《行为科学在医学中的应用》一书中,提出了传统模式和人道模式两种医患关系的模式。

1. 传统模式 在这种模式中,医生拥有绝对权威,可以为病人的诊疗作出决定,病人则听命服从,执行医生的决定。

2. 人道模式 在这种模式中,医生不仅要给予病人医疗技术方面的帮助,而且要体现对病人关切和负责的态度。人道模式体现了对病人意志和权利的尊重,在诊疗过程中,病人可以主动参与医疗过程,并在医疗决策中承担责任。这是一种具有优越性的模式。

以上医患关系模式在特定的适用范围内是正确的、有效的。在现实医疗实践中,医生应根据不同的病人和不同的疾病类型选用相应的医患关系模式。

(三)萨奇曼模式

社会医学家萨奇曼(Edward Allen Suchman)通过对病人求医行为的研究,把病人从体验疾病症状到痊愈康复的求医过程分成了五个阶段。一是体验症状阶段;二是接受患病角色阶段;三是接触医疗照顾阶段;四是依靠医生的患病角色阶段;五是痊愈或康复阶段。他认为,每一阶段都是病人寻求帮助或在疾病行为过程中作出一个新的重要决定的时候,在每个阶段,病人都进行不同的决策并采取不同的行动。

萨奇曼强调,这只是一种理想化的模型,并非每一位病人必然经历这五个阶段,个人感觉是决定个人对健康和疾病状态作出反应的关键因素。由于这种模式适用于那些有严重症状的、最终接受了医疗照顾的求医者,我们可以以此为依据来分析门诊病人和住院病人的角色差异。

(四)萨斯-荷伦德模式

美国学者萨斯(Szasz)和荷伦德(Hollender)在1976年发表的题为《医患关系的基本模式》的文章中,根据医生和病人的主动性大小将医患关系分为三种基本模式,即主动-被动型、指导-合作型和共同参与型。萨斯-荷伦德模式现已被医学界广泛接受。

1. 主动-被动型　这种模式是一种古老的医患关系模式。在这一模式中,医生主动进行医疗活动,病人被动接受治疗。在现代医学实践中,这种模式主要适用于急诊治疗,例如发生严重创伤、昏迷、休克的病人,也适用于严重精神病病人。这种模式与生活中父母与婴儿之间的关系相似。

2. 指导-合作型　这种模式是最广泛存在的一种医患关系模式。在这种模式中医患双方在医疗活动中都具有一定程度的主动性。医生仍然具有权威性,起技术指导作用;病人接受医生指导,忠实执行医嘱,配合治疗,并可以对治疗措施提出意见和要求。这种关系适用于能够表达自己主观意愿的病人,特别是急性病的病人。这种模式与生活中父母与青少年之间的关系相似。

3. 共同参与型　在这种模式中,医生与病人具有近似同等的权利,病人与医生配合,双方相互尊重,共同参与治疗方案的决定和实施。这种关系适用于有一定教育水平的病人或大多数的慢性病病人,几乎所有的心理治疗也属于这种模式。这种模式与生活中成人与成人之间的关系相似。

三、医患关系的内容

医患关系的内容是指医患关系主体所享有的权利和负有的义务,包括法律权利和法律义务、道德权利和道德义务。

(一)医生的权利与义务

医生是医疗活动的主体,承担着救死扶伤、防病治病、实行人道主义的义务和全心全意为人民的身心健康服务的重任。医生素质的全面提高对于提高医疗质量具有重要的意义。医生素质的提高与其对自身权利和义务的自觉意识有直接关系。

1. 医生的权利　医生的权利主要是指法律和道德上所赋予医生的权利。《中华人民共和国医师法》第二十二条对医师在执业活动中享有的权利做了具体的规定。

医生权利的行使是为了更好地实现救死扶伤的义务,如果偏离了此目的追求个人私利,就是不道德的行为。在特定情况下,医生为保证病人自身、他人和社会的利益,可以行使特殊的医疗干涉权。比如精神病病人等,如果拒绝治疗会带来严重后果或不可挽回的损失时,医生有权在认真解释的前提下行使干涉权。当病人了解病情及预后有可能影响治疗过程,甚至对病人造成不良后果时,医生有权对其隐瞒病情真相。

2. 医生的义务　《中华人民共和国医师法》第二十三条对医师在执业活动中履行的义务也做了

明确的规定。概括来说,医师在执业活动中履行的义务有以下三方面:

(1)**诊疗疾病和减轻痛苦的义务**:医疗执业的特点决定医生必须用所掌握的全部医学知识和治疗手段尽最大努力为病人服务。医生所从事的职业要以病人的利益和健康为前提。同时医生不仅要用药物、手术等医疗手段解除病人躯体上的痛苦,还要同情和理解病人,做好心理疏导,让病人摆脱心理上的痛苦。医生只有全面了解病人,才能取得好的治疗效果。

(2)**解释、说明的义务**:医生有义务向病人说明病情、治疗过程及预后情况。这种说明是为了让病人了解有关情况,并不是要去增加病人的心理负担,体现了医生对病人的尊重。

(3)**保密的义务**:医生不仅不能随意泄露病人的隐私,有为病人保守秘密的义务,而且还有对病人保密的义务,如对某些病人的病情及预后需要保密,对孕妇进行 B 超检查时,不能向孕妇透露胎儿的性别等,这既是医务人员应履行的义务,又是拒绝孕妇和家属不合理要求的权利。

此外,医生在对病人尽义务的同时,还必须对社会尽义务,如宣传、普及医学科学知识,发展医学科学等。一般来说,对病人和对社会尽义务是统一的,但是由于利益的基点不同和指向不同,也会发生矛盾和冲突。当产生矛盾时,应首先考虑社会利益,以社会利益为重,再考虑病人的个人利益。

(二) 病人的权利与义务

1.病人的权利　病人的权利一般是指病人在患病期间应有的权利和必须保障的利益。病人权利的内容虽然也涉及法律范畴,如隐私的保护和知情同意等,但它不同于法律上的权利,它的实现有一定的社会和医疗卫生背景。参照国际上的有关规定,基于我国的国情,病人应享有以下的权利:

(1)**平等医疗权**:平等医疗权是指法律保障每一位公民都享有生命健康权,当其生命健康受到疾病的威胁时,病人有权利获得救治。任何病人都有权享受到基本的医疗对待,以恢复自身健康。医生对待病人则应该一视同仁,不应因民族、性别、年龄、职业等因素有所差别。

(2)**知情同意权**:知情同意是病人自主性的具体体现。知情同意权包括知情权和同意权两个方面。知情权是指病人在接受医疗服务时有权知晓自己所患疾病的相关情况及作出合理决定。医生在不损害病人利益和不影响治疗效果的前提下,应尽量提供有关疾病方面的知识、拟采取的诊治措施和方案、诊断结果、疾病预后以及医疗费用等方面的信息。同意权是指在充分知情的基础上,病人对医生的医疗过程作出同意或不同意的表示。病人有权拒绝一些治疗手段和各种类型的医学试验,不管是否有益于病人。

(3)**保护隐私权**:为了诊治的需要,病人有义务将自己与疾病有关的隐私如实地告知医务人员,但是病人也有权维护自己的隐私不受侵害,对于医务人员已经了解的病人隐私和有关生理、心理的情况,病人享有个人隐私等不被公开的权利。《中华人民共和国医师法》第二十三条规定,医师应尊重、关心、爱护病人,依法保护病人隐私和个人信息。《中华人民共和民法典》第一千二百二十六条规定,医疗机构及其医务人员应当对病人的隐私和个人信息保密。泄露病人的隐私和个人信息,或者未经病人同意公开其病历资料的,应当承担侵权责任。泄露病人隐私或者未经病人同意公开其病历资料,造成病人损害的,应当承担侵权责任。然而,如果病人的"隐私"涉及了他人或社会的利益,对他人或社会具有一定的危害性,例如患有甲类传染病,则医务人员有疫情报告的义务,应当如实上报,但应对无关人员保密。

(4)**医疗监督权**:医疗监督权是指病人有权在医疗实践过程中监督自己的基本医疗权利是否得到实现。当自己的生命和健康利益受到影响时,病人有权对医疗机构提出批评和意见。

(5)**休息与免除社会责任权**:疾病使病人承担社会责任和义务的能力降低。经医生诊断,病人有权暂时或长期免除一定的社会责任和义务,有权休息和享受相关福利。

(6)**损害索赔权**:在医疗活动中,因医疗机构及其医务人员违反医疗卫生管理法律、行政法规、部门规章和诊疗护理规范、常规,造成病人人身损害、精神损害或财产损害时,病人及其家属有权提出经济赔偿的请求,并追究有关人员或单位的法律责任。对此,《中华人民共和国民法典》已作出明确的规定,这也是对道德正义的维护。

2. 病人的义务 医患关系的维系不仅需要医方正确履行自己的责任,行使自己的权利,也需要患方践行自身的义务。病人在享受社会给予权利的同时,也必须履行对他人、对社会应尽的义务。病人的义务可归结为以下内容:

(1) **保持和恢复健康的义务**:人一旦患病,社会和他人将耗费人力、物力、财力帮助其恢复健康。同时,一个人患病后,最大限度承担社会责任和义务的能力就会降低。作为病人,保持自身健康就是为社会减轻负担的表现。因此病人有义务养成良好的生活习惯,锻炼身体,保持自身健康,减少疾病发生。

(2) **配合诊疗的义务**:病人患病后要积极配合医务人员诊治,自觉接受检查,提供病情和相关信息,尊重医务人员的劳动和人格。另外,对于一些特殊疾病的病人,如传染性疾病、遗传性疾病病人,如果其不配合治疗,就会增加对社会的危害性,这也是对自己、对他人、对社会不负责任的表现。

(3) **遵守医院规章制度的义务**:病人在诊治过程中,应自觉遵守医疗卫生机构的各项规章制度,如探视制度、卫生制度和隔离制度等,还要和医务人员一起共同维护医院正常的工作秩序。同时病人有义务承担治疗、住院费用,拒付医药费用的行为是不允许的。

(4) **支持临床实习和医学科学研究的义务**:医学科学事业是造福于全人类的事业,医学科学的发展离不开医学科学的研究。为了提高医学科学水平,寻找战胜疾病的方法,医务人员有时需要对一些疑难性、罕见性疾病进行研究,需要对尸体进行解剖;医学生的临床见习、实习等都需要在病人身上实践所学习的医学理论及培养相关技能。这些都要建立在病人的知情和自愿的前提下。当然,这并非是病人的法定义务,而仅仅是道德义务,并不带有强制性。当病人履行义务与病人权利发生冲突时,应首先尊重病人的权利,不能强迫病人接受这种义务。

四、影响医患关系的因素

受一定的社会因素和医学科学发展的影响,以及医患双方道德水平和客观因素的制约,医患之间存在着一定的矛盾。医患不和谐,表面上是医患双方之间的不和谐,而实质上是医方、患方和医院、社会等多方面之间关系的不和谐,既有社会和医院管理方面的因素,又有医方和患方的因素,主要体现在以下三个方面:

(一) 医务人员因素

1. 医务人员的服务态度 医患关系紧张的最普遍问题是医务人员的服务态度,个别医务人员态度生硬,解释不耐心,使病人精神上受到伤害,这些都影响着病人对医生的信心,直接导致医患关系的紧张。

2. 医务人员的伦理素养 医学教育和医务考试注重医学知识,忽视医务人员社会学、心理学、人际交往、教育学等方面知识能力的培养。一些医务人员只重视钻研医学业务技术,与人沟通能力有限,缺乏语言和行为沟通艺术,不懂得沟通的技巧,不敢沟通或不善于沟通。由于医患沟通不够,医患之间不能建立相互尊重、理解和信任的关系,一旦有医疗差错、事故的发生,医患关系会有进一步激化的风险。

3. 医务人员的心理状态 医务人员由于道德品质和文化修养不同,形成不同的心理状态。持积极型心理状态的医务人员,会主动地尽最大努力帮助病人恢复健康,对病人尽职尽责,以病人的利益为己任。持消极型心理状态的医务人员,可能对病人关心较少,从而影响医患关系。

(二) 病人因素

1. 对健康的期望值过高 有的病人虽然缺乏医学知识,对疾病的认识较少,但是对医生及医治效果却抱有较大的期望,当结果与期望值之间差别较大时容易造成医患关系的紧张。

2. 病人的道德修养 极少数病人缺乏道德修养,不尊重医务人员,轻则指责、刁难,重则谩骂甚至动手殴打医务人员,严重损害医务人员的自尊心和人格,影响了医患之间的正常关系。

3.病人的心理状态 有些病人对医务人员不信任,只相信高年资的医生、自己熟识的医生,从而影响医患关系。同时疾病容易使病人产生紧张情绪,病人的急躁情绪可能影响到医生身上,从而造成矛盾,给医患关系带来不良后果。

(三)医院管理及社会方面因素

某些医院的规章制度不健全,管理不科学,出现交叉感染、医疗与护理差错;过多地强调经济效益,忽视社会效益;医疗设备和生活配套设施不完善等。这些都会对医患关系产生影响,这也是造成医患关系紧张的重要因素。

五、医患沟通伦理

(一)医患沟通的概念

医患沟通(doctor-patient communication)是指在医疗卫生和保健工作中,医患双方围绕疾病的预防、诊断、治疗、康复等相关问题,以医方为主导,通过各种有效的全方位信息的多途径交流,科学地指引病人及其家属进行治疗方案的认定及配合治疗,使医患双方达成共识并建立信任合作关系,达到维护人类健康、促进社会发展和社会进步之目的的过程。由于"医"和"患"都有狭义与广义的区分,因此医患沟通也有狭义与广义的内涵。

狭义的医患沟通是指医务人员在日常诊疗过程中,与病人及其家属就诊断、治疗、康复及相关因素(如费用、服务等),主要以诊疗服务与被服务的方式进行的沟通交流。它是医疗综合服务实践中十分重要的基础环节,也是医患沟通的主要方面。由于它发生在各类医疗机构的医患个体之间,面广量大,在医患关系中起着重要的作用。

广义的医患沟通是指各类医务工作者、卫生管理人员及医学科学工作者和医学教育工作者,主要围绕医疗卫生和健康服务的法律法规、政策规章、道德规范、医疗技术与服务标准、医学科研及医学人才培养等方面,以各种方式与社会各界进行交流,如制定新的医疗卫生政策、公开处理个案、健康教育等。它是在狭义医患沟通的基础上衍生出来的医患沟通,由许多未处理好且社会影响较大的医患沟通(关系)个案所引发。广义的医患沟通产生的社会效益和长久的现实意义是巨大的。它不仅有利于医患双方个体的信任合作及关系融洽,更重要的是它能促进医学和社会的进步与发展。

(二)医患沟通的伦理意义

1.实践"人是目的"的伦理价值 医患沟通倡导对人的关怀,主张以人为中心的医学价值观。病人在就医的过程中享受着知情权、隐私权等众多权利,在医疗情境中,实施"以病人为中心"的沟通模式,最大限度地保证病人应有的权利,会在某一程度上改善医患关系。

2.发挥道德情感的传递作用 随着医学社会化程度的不断提高,医学在人们生产、生活领域中的影响不断提升。医护人员在职业活动中的接触面越来越广,交往频率越来越多,交流程度日益加深,其道德感情的感染力也越来越大。因此,医生即使在高强度的压力下也应该保持自己的职业操守和道德水平,能以一种平和的态度来面对医患关系中出现的问题,有时也许医生一句温暖的问候,一种推己及人的关怀就可以消除与病人之间的隔阂,拉近与病人之间的距离。医生职业活动中的道德情感也可以感染其他社会成员。

3.推动人道主义精神的发展 医务人员的天职就是救死扶伤,人道主义的核心就是尊重人的权利,维护人的尊严。医患之间的有效沟通有利于人道主义精神的传播与发展。病人与医生具有不同的家庭背景和教育背景,因而可能导致不同的价值观和世界观,这给医生与病人的沟通带来了一定的障碍。但是只要医生能够尽量站在病人的角度去思考,主动与病人进行有效的沟通,发扬人道主义精神,在一定程度上就可以使紧张的医患关系得到一定的缓解。同时,病人不切实际的期望值与现代医学技术有限性之间的矛盾也需要医患之间有效的沟通进行缓解。

4. 促进医患双方道德境界的提升　道德境界的升华需要道德实践提供不竭动力。如果寄希望于整个社会条件的改善,寄希望于他人的帮助,没有主动、自强的精神,就永远也不会实现医德境界的升华。在就医过程中,医生应该拿出一种人道主义的关怀精神,站在病人的立场上为病人考虑,这个过程不仅是医德的提升,更是自我精神境界的一种提高。而病人在这个过程中也必定能够感受到这种道德的召唤力,使得医患之间的紧张关系得到改善。

总之,和谐医患关系的维系需要医患双方的共同努力和相互信任。提高医学服务质量,维护病人的健康利益,改善社会风气,传播与发展人道主义精神,对个人乃至整个社会的道德提升都具有重要的伦理意义。

(三) 医患沟通的伦理准则

1. 尊重　尊重是医学人道主义最基本的要求,也是医德的基础。无论医学发展如何现代化,医学的对象始终是具有尊严的人。以人为本、仁爱救人是医患沟通最基本的契合点。理解和信任是协调医患关系的基础,也是化解医患矛盾、消除彼此隔阂的基本条件。对于病人来说,受到医务人员的尊重是道德权利;对于医务人员来说,尊重病人是医生的基本医德义务。

尊重准则要求医务人员尊重病人的信仰、习惯、感情,尽力满足病人的正当要求,不能利用自己的医疗知识和经验歧视病人的认知。当然,病人也必须尊重医务人员的人格与劳动,自尊、自爱,自觉地履行自己的健康道德和责任,积极配合医生治疗。

2. 诚信　诚信是中华民族的传统美德。所谓"诚",即诚实、诚恳,强调真诚待人,反对欺骗和虚假。所谓"信",即信用、信任,强调遵守诺言和誓言,要对说过的话负责任。诚信是医患沟通必须遵守的一个基本原则。对于医方而言,诚信是立业之本。"诚信"一方面要求医务人员要言行一致,竭诚为病人服务;另一方面要求医务人员应诺而有信,自觉遵守诺言,取信于民。对患方而言,应如实告知自己的病情,严格遵守医嘱,积极配合诊治,按照规定和相关要求交纳医疗费用,才能获得医务人员的信任和有效的诊治。

3. 文明　文明原则是医务人员在医疗职业中必须遵循的基本规范。文明原则在医患沟通中主要表现为语言文明和举止文明。语言是医患双方交流信息和沟通情感的主要桥梁和纽带。由于受疾病的折磨,病人压力较大,情绪敏感,非常希望得到医务人员的同情、关心和安慰。语言文明要求医务人员多使用礼貌性语言,态度热诚,和蔼可亲,尽量满足病人的合理要求,尊重病人的人格。当病人出现焦虑、烦躁、悲伤甚至恐惧、绝望等心理时,要多使用鼓励性和安慰性语言,帮助病人树立信心、战胜疾病。同时,医务人员还要注意使用保护性语言,保护病人的隐私,调整病人的心理。

(四) 医患沟通的伦理目标

1. 注重心理治疗效果

(1) 洞察病人心理,改善病人心态:身体上的不适加上心理上的压力,使病人心身疲惫。病人的心态极为复杂,不同的年龄、不同的疾病、不同的病程都会折射到病人的心态上来。《黄帝内经》中提出:"善医者必先医其心,而后医其身。"医生在病人就医的过程中应先为病人进行合理的心理疏导,使病人对自己的病情有一个充分的了解,缓解病人不稳定的情绪,使医患之间能有一个良好的沟通,也使得医生在诊断上能更加精准,病人也能更加配合医生的治疗,使得医患关系进入一种良性的循环。西医之父希波克拉底说:药物、手术刀、语言是医生的三大宝。由此可见,古代医生就十分注意语言沟通在行医治病过程中的重要作用,而在现代社会,医患沟通的作用更应该受到广泛的关注。

(2) 从心身两个方面综合看待病人:医生的每一句话、每一个动作,甚至每一个细微表情,都会使病人产生一定的心理反应。病人心理的变化规律是每一位医生应该认真思考和把握的。一方面,医生要特别注意自己的言谈举止,以免无意中对病人造成心理伤害,加重病人的心理负担;另一方面,由于职业的特殊性,医生比较了解病人的心理,也容易帮助病人消除心理障碍,走出心理误区。所以在适当的情况下医生应该进行适当的心理缓解,帮助和引导病人正确地认识疾病,积极配合医生的治疗。通过有效的交流和沟通,帮助病人走出心理困境,树立战胜疾病的信心,已成为医生的重要责任。

2.增进医患相互信任

（1）**取得双方共识**：由于病人对医务人员的工作不是十分理解,同时由于病人对自己的病情可能存在着一些不求实际的要求,这些矛盾和不了解可能导致医患问题的出现,究其原因,主要是医务人员与病人之间的交流和沟通还存在着问题。医务人员和病人进行深入的沟通是诊疗过程中一个不可或缺的重要环节,在与病人的沟通中使病人对自己的病情发展、可能会引发的并发症、治疗过程的不良反应等有充分的了解,这样可以缩小双方在专业知识上的差距,并避免这种差距所带来的矛盾,还可以从根本上排除医患双方相互理解和相互信任的障碍,为治疗和康复营造轻松和谐的工作环境。

（2）**增进相互信任**：临床治疗的成功在很大程度上取决于医务人员与病人建立信任、同盟关系的能力。如果医务人员不善于和病人进行深入的交流,不能够对病人关心的问题给予解答,不进行积极的心理疏导,这种以相互信任为基础的同盟关系就很难建立,工作也会面临不利和被动的局面。医患双方的努力要比医务人员单方面的努力效果好得多,病人的支持和理解是医务人员工作成功的一半。所以,任何一个有经验的医务人员都深知交流和沟通的重要性,都会懂得如何争取病人的理解和配合,并获得病人的信任和支持。有效的交流和沟通能够提高病人的认知,增强病人的安全感,增加病人对医务人员的信任和理解,促进医患关系的改善,为医疗工作创造良好的环境。

3.体现人文关怀理念　医患关系是一种契约性质的法律关系,更是一种情感关系。沟通是加深医患双方感情联系的重要途径,是医疗服务人性化的重要体现。

（1）**完善医院亲情化服务方式**：医务人员关爱病人的身体状况、治疗效果等,能够使病人感到医生的关怀和理解。通过和病人进行心与心的对话,哪怕是一声叮咛、一句问候,都能使病人对医生产生亲切感,增强内心的安全感,减少思想上的忧虑,以高度的信任和坚定的信心积极配合医生的治疗。这些细节都是在当前医疗服务中必不可少的工作内容,而这也正是目前许多医院和众多医务人员所缺少的。

（2）**传递对病人权利的尊重**：有效的沟通是尊重病人权利及其人格的重要体现。医患双方应在平等的基础上交流和互动。医生以诚相待,一视同仁,发扬济世救人的精神,让病人感觉到医务人员对他的重视。特别是对一些重要的决断和治疗,一定要和病人沟通交流,保障病人的参与权。

在现实生活中,应对不同病人,也要结合病人自身的特殊性与情景化的特殊伦理要求,在实践中灵活地解决实际问题,坚守和发扬医学伦理精神,建立良好的医患关系。

六、防范医患纠纷的伦理要求和法律规范

在医患关系中,医患纠纷已经成为我国社会的一个热点问题。医患纠纷与医院管理、医务人员的技术水平以及医务人员的职业道德都有一定的关联。为了提高医疗服务质量,避免和化解医患纠纷,还必须遵循一定的伦理要求和法律规范。

（一）重视职业道德的培养

救死扶伤、全心全意为病人服务,是医务人员的无尚职责。医务人员尽职尽责为病人服务,这是医疗职业道德的要求。医务人员一方面要不断提高自己的道德修养,另一方面要刻苦钻研医术。良好的职业道德和技术水平是避免医患纠纷的关键。

（二）尊重病人并加强沟通

医务人员要尊重病人的生命、权利和人格尊严,平等地对待病人。医务人员平等对待所有病人的原因,除了基本的道德要求外,还在于医务人员的职责和病人的就医权利。为了防止医患纠纷,医患之间还要加强沟通和交流,这是建立和谐医患关系的基础。在医患沟通和交流时,要掌握医患

沟通艺术,了解病人的心理需求,善于化解医患矛盾。

(三)强化职业伦理精神

首先,要重申医学目的,培育医患共情。医务人员只有具备共情能力,才能充分理解病人并把这种理解以关切、温暖与尊重的方式表达出来。其次,要重铸职业诚信,强化互信纽带。诚信是处理各种关系、解决各类矛盾、开展各项医疗活动的基础,医患和谐交往的纽带是双方互信,互信则和谐、双赢,互疑则酝酿冲突、两败俱伤。最后,要强调爱岗敬业,坚持共同提高。医务人员必须树立整体观念,发扬协作与团队精神,宽厚包容,博采众长,积极创新,不断更新医学知识和理念,探索促进健康与防止疾病的理论和方法,努力提高医疗质量,守护健康,促进和谐医患关系的构建,铸造医学职业的崇高与至善。

(四)普及相关法律知识

医务人员要加强医疗相关法律知识的学习。如果医务人员缺乏医疗相关法律知识,就可能会忽视病人的权益或者在遇到一些医疗纠纷时不知所措。因此学习和医疗相关的法律知识,可以防止医疗纠纷的产生,维护医患双方的合法权益。医务人员应该学习关于医疗机构管理、医疗事故处理、药品管理、基本医疗卫生、医生执业等方面的法律法规。

对医务人员普及相关法律既重要又必要,是建立公平、高效、安全的医疗环境的重要突破口。通过全面的普法教育,医务人员的法律意识和法律素养会得到极大的提高,从而更好地服务于病人。

知识拓展

医疗事故分级

医疗事故是指医疗机构及其医务人员在医疗活动中违反医疗卫生管理法律、行政法规、部门规章和诊疗护理规范、常规,过失造成病人人身损害的事故。根据对病人人身造成的损害程度,医疗事故分成四级。

一级医疗事故:造成病人死亡、重度残疾的。

二级医疗事故:造成病人中度残疾、器官组织损伤导致严重功能障碍的。

三级医疗事故:造成病人轻度残疾、器官组织损伤导致一般功能障碍的。

四级医疗事故:造成病人明显人身损害的其他后果的。

第二节　医际关系伦理

一、医际关系概述

医际关系是医疗人际关系的重要组成部分。现代医学的发展使医疗机构内部的分工越来越细,医生、护士、医技人员和管理人员等逐步形成庞大的医疗卫生系统。医际关系的状况直接影响着病人的医疗活动,影响着医疗服务的质量和效果。

(一)医际关系的含义

医际关系是指医疗卫生系统内部人员之间所形成的一种关系,它有广义和狭义之分。广义的医际关系是指医务人员相互之间、医务人员与行政管理人员及后勤人员之间的关系;狭义的医际关系是指医生与护士、医技人员之间的关系。我们平时所讲的医际关系,一般主要针对狭义的医际关系而言。

(二)医际关系的模式

由于现代医院的分工较细,辅助医疗科室日益增多,因此医务人员在医疗实践中所承担的责任和分工也有所不同,从而导致医际关系产生了不同的模式。医务人员之间的关系模式归纳起来主要有以下几种类型：

1. 主从型　这是一种传统的等级关系模式，表现在不同层次医务人员之间、医生和护士之间的传统关系上。在这种关系中，一方容易处于主导地位或绝对权威地位，另一方则处于被动或服从地位。这种关系模式显示出医务人员之间地位的不平等。

2. 指导型　虽然这也是一种等级关系，但这仅是一种职业等级关系，同时带有一定的民主成分。上一级人员在知识结构、临床经验和技术水平等方面优于下一级人员，这样在双方交往中，一方处于指导地位，另一方处于接受指导的地位。指导者虽然仍具有相对权威，但并不限制被指导方发挥自身的积极性和主动性。它是一种承认权威但又不迷信权威的医际关系。

3. 互补型　这是一种最佳的医际关系，在这种关系模式中，双方完全处于平等的地位，双方既保持各自独立自主性，又相互协作、相互支持。这种关系广泛存在于不同科室、不同级别的医务人员之间、医护人员与医技人员及后勤人员之间。建立这种关系有利于双方积极性、主动性的发挥，有助于总体医疗服务水平的提高。

4. 竞争型　是医务人员之间展开竞争的关系模式。随着市场经济体制的建立和医疗卫生经济体制改革的不断深化，竞争机制也被引入了医疗卫生部门。不仅在医务人员个体之间存在竞争，医疗卫生部门之间、医疗卫生部门内部各科室之间也存在竞争。良好的竞争有利于调动医务人员的积极性，但是不正当的竞争容易引起医际关系的矛盾。因此医际之间的竞争要坚持根本利益一致的原则，通过竞争达到共同提高的效果。

二、建立良好医际关系的意义

建立良好的医际关系是发展和谐医患关系的客观需要，对于正确处理医务人员之间的关系和充分发挥医疗卫生部门的社会功能有着重要的意义。

（一）有利于现代医学的发展

现代科学技术对医学的影响越来越明显，自然科学、社会科学、人文科学的相关研究成果和技术在医学中得到了广泛应用。医学学科间以及医学与相关学科间的相互渗透、融合出现了综合趋势。学科的分化促使医学，特别是临床医学向专科、专业化发展，使得医务人员的相互关系变得越来越重要。医务人员除了要努力扩大自己的知识面，还要加强学科间的协作和互相配合。因此，除了要完善有关规章制度以保证医务人员协作配合的顺利外，还必须建立起良好的医疗人际关系，才能保证诊疗活动的正常进行和提高医疗质量。

（二）有利于发挥医院的整体效应

和谐的医际关系是医院内涵建设的重要指标。医际关系的好坏直接影响到医院群体合力的发挥。在医疗卫生部门，医务人员为了一个共同的目标和谐相处，工作积极性、主动性和创造性得以发挥，工作效率大大提高。在危重病人救治、复杂手术的操作中，医务人员之间配合默契、取长补短，整体效力得到充分发挥。良好的医际关系在增强医院凝聚力的同时也可以提升医院的社会影响力，实现医疗机构的社会效益。

（三）有利于建立和谐的医患关系

医务人员之间的相互关系是以病人为中心建立的。医疗过程中的任何一个环节，都需要医务人员的相互配合，才能有利于病人疾病的诊治与机体的康复。如果医务人员之间关系紧张，相互之间不能配合和协作，将会直接损害病人的健康利益。不良的医际关系还可能会影响医务人员在病人心中的形象，造成病人对医院的不信任，甚至引起医患间的矛盾和纠纷。

（四）有利于医务人员的培养与成才

医务人员的成长除需自身努力外，还要有良好的外部环境。和谐的人际关系可以使医务人员在工作中发挥更大的主观能动性，同时也是获得同事信任、支持和帮助的前提。相反，不和谐的人际关系会给医务人员的工作带来压力,使他们无法施展才能,影响职业理想的实现。因此,医务人员之间建立良好的人际关系是自身提高、成才的重要条件。

三、医际关系的伦理要求

1949 年世界医学会采纳的《医学伦理学日内瓦协议法》第七条强调"我的同行均是我的兄弟"。医务工作者为了救死扶伤的崇高职责走到一起,应自觉规范自己的行为,建立和谐的医际关系。

(一) 共同维护病人利益和社会公益

救死扶伤、为病人的健康服务是医务人员共同的职责和义务。在诊疗过程中,医务人员应从各自的工作职责出发,共同维护病人的利益,对于有损病人生命健康的事情应及时阻止,不能为维护医际关系而损害病人的利益。

医务人员除了共同维护病人的利益外,还应努力维护社会公益。当病人的个人利益和社会公益发生矛盾时,如稀有卫生资源的分配、传染病病人的隔离等,医务人员的意见要保持一致,并向病人或家属耐心解释、说明情况,希望他们服从社会公益、服从大局,同时使病人利益的损失降到最低程度。

(二) 彼此平等,互相尊重

医务人员在工作中虽然岗位不同、分工不同、职责权限不同,但人格是平等的,都是通过自己的劳动为病人的健康服务。

在平等的基础上,医务人员之间要相互尊重。医务人员相互尊重表现在要重视别人的意见,不妒贤嫉能,不贬低他人抬高自己。在诊治疾病时,医务人员之间会存在着不同的看法和见解,在对病人有利的情况下,应尊重他人的意见。发生医疗差错时,要互相尊重,实事求是,积极查找原因,及时采取补救措施。医务人员应在共同维护病人利益的基础上建立彼此平等、相互尊重的医际关系。

(三) 彼此独立,求同存异

医务人员为了病人的利益,应相互尊重彼此职业的独立性。由于医务人员的个人经历不同,思想性格不同,可能会按自己的标准去要求别人。医务人员之间应求大同存小异,求同就是基本方面要求一致,存异就是在非原则问题上不追究,采取宽容态度。只有这样,才能处理好医际关系。

(四) 彼此协作,互相监督

在医学实践中不论是临床医疗、教学科研还是预防疾病,都需要各个部门的医务人员共同参与和相互协作。在协作中要明确协作是相互的、互利的,不能以个人为中心,要采取积极主动的态度,才能达到实质的、持久的协作,而不是表面形式上的协作。在协作的过程中还应做到相互监督,当发现其他医生出现问题时,要及时给予忠告和提醒。对不恰当的行为要勇于批评,同时对别人的忠告、批评也应抱着虚心的态度认真对待。

(五) 互相学习,共同提高

互相学习是医务人员的美德。医务人员的年龄、资历、专业经验和技能等都不尽相同,每位医务人员都各有优势与短处,相互学习可以取长补短,有利于综合性研究和疑难危重症的攻关。同行之间相互学习、取长补短,既是相互间友善关系的表现,也是高尚医德的体现。自古以来,品德高尚的医家总是积极倡导同道之间相互学习、相互支持,这成为一种美德流传后世。

第三节 医社关系伦理

一、医社关系的概念

医社关系是指医学界、医务工作者与社会之间的关系。医社关系是在社会发展过程中,出于对人类整体健康的维护,在医务工作者、医疗卫生单位以及整个医学界与社会公众、社区乃至政府之间发生的具有道德意义的社会关系。通过这种关系,医学向社会扩展了自己的责任,社会为医学的发展提供了支持,规范了其发展方向和目标。随着社会的进步和发展,医务人员承担的社会责任也愈来愈大;同时,随着社会经济条件的好转和人们生活水平的提高,社会对医学的期望也在增加。

随着医务人员为社会服务范围的不断扩大,医务人员必须开阔自己的视野,更多地着眼于对有害健康因素的研究,而不是只执着于对恢复健康方法的探求,这就是医学的社会责任。当今社会,医务人员的医学社会责任更大、更具体。

二、医学的社会责任和社会化趋势

(一)医学的社会责任

随着社会的发展,人们越来越意识到致病因素的复杂化,人们在健康上的诉求不再局限于疾病的治疗,而是扩展至疾病甚至亚健康的预防上,而这也是生物-心理-社会医学模式的应然要求,所以医学的社会责任日益强化。

20世纪50年代以前,医学把自己的目标定位为疾病治疗,也就是人类自身机体损伤的修复。1989年,WHO将健康定义为:"健康不仅是没有疾病,而且包括躯体健康、心理健康、社会适应良好、道德健康。"这就意味着人们对医学所承担社会责任的认识越来越细化和前置化,人们也越来越意识到医学研究对象的整体性。

从根本上说,发展高新医学技术不是医学的当然目标,医学的最终目的在于增进人类的健康福祉。事实上,让人少生病或者不生病,远比让人生病后享用高新技术重新获得健康更加符合人类生活目标。因此,医学应该是事前参谋而不应是一种事后干预。这就要求医学必须深入到人们的社会生活中去,从生活的方方面面为人们的健康服务,而不能仅仅局限在医学这个有限的场所中。因此,医方必须更多地开展有害人体健康因素的研究,而不是只执着于对恢复健康方法的探求。医学的社会责任包括医务人员的社会责任、医疗机构的社会责任和医学院校的社会责任等方面的内容。

1. 医务人员的社会责任 医务人员肩负着维护人民健康的重要责任,不仅需要提供高质量的医疗服务,还要尊重病人的权益,参与社会公益活动,提升自身专业水平。只有这样,医务人员才能真正履行自己的社会责任,为社会健康事业做出更大的贡献。我们应该对医务人员的辛勤付出表示感谢,并为他们提供更好的工作环境和待遇,以激励他们更好地履行社会责任,为人民健康事业不断努力。

2. 医疗机构的社会责任 社会公共卫生服务是医疗机构不可推卸的社会责任。我国人口众多,人均收入较低,这种基本国情决定了我国的健康保障制度必须从最基本的卫生保健入手。各级医疗机构可以利用人员优势和遍及城乡的医疗网络,组织社会多方面力量一起努力,积极地有计划、有组织、有系统地广泛地开展公众健康教育活动,改善环境卫生条件,积极宣传医疗保健知识,让更多的人认识和了解疾病的预防和流行情况,培养良好的生活习惯和文明的生活方式,消除或降低生活中不利于健康的因素,做到无病早防,有病早医,进而达到预防疾病,促进人们身心健康的目的。

3. 医学院校的社会责任 大学生是国家培养的重要人才,特别作为一名医学生更应该肩负起相应的责任,医学生具有与众不同的社会责任和职业特征,因此,医学院校在教育学生时更应该注重培养其社会责任感。医学院校应增加医学生各种社会实践,培养医学生的社会责任感,同时还应提高医学生的医德和服务意识。"身不正则体不健、德不正则事不兴",医疗作为一个特殊的行业,要求我们未来的医生不仅要"精于医术",更要"诚于人品",义诊等社会实践活动能很好地培养医学生良好的医德行为,促进医学生形成"医乃仁术""仁者爱人"的思想意识,有利于培养医学生"救死扶伤"的使命感,树立为人民服务的理念。

(二)医学的社会化趋势

医学的发展,不仅关乎着一个民族和国家的未来,也关系着每个人的健康和幸福。当今社会,医学除了承载传统的医疗救助责任,还有其深远的社会责任。

党的十九大报告指出"人民健康是民族昌盛和国家富强的重要标志。"党的二十大报告进一步提出"推进健康中国建设""深化医药卫生体制改革,促进医保、医疗、医药协同发展和治理",并提出"建立生育支持政策体系""实施积极应对人口老龄化国家战略",这体现了我们党对人民健康重要价值和作用的认识达到新高度。实施健康中国战略,增进人民健康福祉,事关人的全面发展、社会的全面进步。面对现今我国强化医疗的社会化趋势,党中央明确提出要加强全科医生队伍建设和基层医疗卫生服务体系建设。

1. 全科医生队伍建设　全科医生是保障居民健康的"守门人",在基本医疗卫生服务中发挥着重要的作用。全科医生类似于"医学服务者"与"管理者",其工作遵循"照顾"的模式,其责任既涉及医学科学,又延及与这种服务相关的各个专业领域(包括医学以外的行为科学、社会学、人类学、伦理学、文学、艺术学等),其最高价值既有科学性,又顾及服务对象的满意度,即充分体现了医学的艺术性方面。此外,随着社会进步和民众健康需求的增加,基层医疗的公平性、经济性与可及性日益显现,全科医生队伍建设对我国构建"健康中国"战略至关重要。全科医生是综合程度较高的医学人才,主要在基层承担预防保健、常见病多发病诊疗和转诊、病人康复和慢性病管理、健康管理等一体化服务。建立全科医生制度,发挥好全科医生的作用,有利于充分落实预防为主方针,使医疗卫生更好地服务人民健康。

我国基层医疗卫生人才队伍建设相对滞后,合格的全科医生数量不足,制约了基层医疗卫生服务水平的提高。建立全科医生制度,为基层培养大批"下得去、留得住、用得好"的合格全科医生,是提高基层医疗卫生服务水平的客观要求和必由之路。同时,建立适合我国国情的全科医生制度,有利于优化医疗卫生资源配置、形成基层医疗卫生机构与城市医院合理分工的诊疗模式,有利于为群众提供连续协调、方便可及的基本医疗卫生服务,缓解群众"看病难、看病贵"的状况。

知识拓展

专科医疗和全科医疗

专科医疗和全科医疗负责健康与疾病发展的不同阶段。专科医疗负责疾病形成以后一段时期的诊治,其宗旨是根据科学对生命与疾病的研究来认识与对抗疾病。当遇到现代医学无法解释或解决的问题时,专科医疗就不得不宣布放弃其对病人的责任。在这种意义上,专科医生类似于"医学科学家"。由于专科医疗强调根除或治愈疾病,可将其称之为治愈医学(cure medicine)。

全科医疗负责健康时期、疾病早期乃至经专科诊疗后无法治愈的各种病患的长期照顾,其宗旨、关注的中心是人而不仅仅是病,无论其服务对象有无疾病(disease,生物医学上定位的病种)或病患(illness,有症状或不适),全科医疗都要为其提供令人满意的照顾。因此,全科医生类似于"医学服务者"与"健康管理者"。

2. 社区卫生服务建设　医学社会化发展的另一个趋势主要体现在社区卫生服务的建设。社区卫生服务是在政府领导、社区参与、上级卫生机构指导下,以基层卫生机构为主体,全科医生为骨干,合理使用社区资源和适宜技术,以人的健康为中心,家庭为单位,老年人、慢性病人、残疾人等为重点,以解决社区主要卫生问题、满足基本卫生服务需求为目的,融预防、医疗、保健、康复、健康教育服务等为一体,有效、经济、方便、综合、连续的基层卫生服务,体现了医学发展的社会化趋势。发展社区卫生服务是深化卫生改革,建立与社会主义市场经济体制相适应的城市卫生服务体系的重要基础。社区卫生服务可以将广大居民的多数基本健康问题解决在基层。积极发展社区卫生服务,有利于调整城市卫生服务体系的结构、功能及布局,提高效率,降低成本,形成以社区卫生服务机构为基础,大中型医院为医疗中心,预防、保健、健康教育等机构为预防、保健中心,适应社会主义初级阶段国情和社会主义市场经济体制的城市卫生服务体系新格局。

同时,发展社区卫生服务也是加强社会主义精神文明建设,密切党群、干群关系,维护社会稳定的重要途径。社区卫生服务通过多种形式的服务为群众排忧解难,使社区卫生人员与广大居民建立新型医患关系,有利于加强社会主义精神文明建设。积极开展社区卫生服务是为人民办好事、办实事的德政民心工程,充分体现了全心全意为人民服务的宗旨。

三、医社关系的伦理要求

(一)秉持医疗的社会公益性

医疗卫生事业是社会的重要组成部分,它直接关系到人民群众的健康和生命安全。因此,医疗卫生事业在形式和内容上要坚持公益性。这是因为公益性不仅能够保证医疗卫生事业的公正性和普及性,还能够维护人民群众的利益和福利。首先,医疗卫生事业要坚持公益性的原则,主要是为了保证医疗资源的公正性。作为公共资源,医疗服务必须向全民开放,而不是为少数人所垄断。其次,医疗卫生事业的公益性还能够维护人民群众的利益和福利。在公益性的基础上,医疗卫生事业可以实现医疗资源的平等分配,使全体人民都能够享受到公正、高效、可靠及便利的医疗卫生服务。最后,医疗卫生事业的公益性还能够提高社会的整体福利水平。由于医疗卫生事业具有公共性,它的发展对整个社会的生产力、劳动力和人力资源等方面都有着深远的影响。维护医疗卫生事业的公益性原则,有利于社会的整体发展和进步。

(二)兼顾医疗的社会效益优先

医疗的社会效益是指医疗机构在为社会提供医疗服务过程中,合理利用有限的卫生资源,优质、低耗、高效、快捷地为社会提供物化的医疗服务产品,最大限度地提高社会整体人群的健康水平和生命质量。社会效益是医疗机构的职责义务,也是医疗机构的社会信誉、人文品牌,蕴涵着无价的效应。社会效益是由卫生事业的人道主义本质所决定的,是所有医疗机构工作的目标和行为归属。同时,医疗服务效益的外在特性也决定了社会效益的重要性,即病人的病情和就医本身会涉及其家属和所属单位的人力和经济等因素,会直接或间接对社会造成影响。所以医疗机构应为群众提供价格低廉、安全可靠的医疗服务。

我国政府主导的医疗机构同时承担着区域医疗卫生服务的责任,属于国家改善基本医疗服务的主要载体,不同于一般性质的企业,不能追求经济效益最大化,而是应强调社会效益。但强调医疗卫生事业的社会效益并不排斥通过正当途径不断提高医疗机构的经济效益。应当在坚持社会效益第一的基础上,加强医疗机构的经济管理,通过优化管理、挖掘潜力,使有限的资源发挥更大的作用,以取得更大的社会效益和经济效益。

(冯 巍)

思考题

1. 医患沟通具有哪些伦理意义?应该遵循的伦理准则是什么?
2. 全科医生培养对保障居民健康的意义是什么?

ER 4-3

练习题

第五章 | 临床诊疗伦理

教学课件

思维导图

学习目标

1. 掌握：临床诊疗基本伦理原则。
2. 熟悉：临床诊疗特点；临床诊断伦理；临床治疗伦理；临床急救伦理。
3. 了解：特殊科室诊疗伦理。
4. 学会立足于对临床诊疗伦理的认知，提高运用临床诊疗伦理分析和解决临床伦理问题的能力。
5. 牢固树立临床诊疗伦理观念，提高医学道德品质，努力成为一名医德高尚、医术精湛的临床医务工作者。

情境导入

吴孟超，中共党员，出生于1922年8月，福建闽清人，著名肝胆外科专家，中国科学院院士，中国肝脏外科的开拓者和主要创始人之一，被誉为"中国肝胆外科之父"。他从医70多年来，成功救治了1.6万余名病人。

吴孟超不仅医术高超，而且医德高尚。在吴孟超看来，"一个好医生，眼里看的是病，心里装的是人。"冬天查房，他会先把听诊器焐热了再使用；每次为病人做完检查，他都帮他们把衣服拉好、把腰带系好。

"如果真的有一天倒在手术台上，那也许就是我最大的幸福。"这句话，吴孟超说了很多年。从医七十余载，他的"战斗之姿"一以贯之。在96岁高龄时，吴孟超仍坚持每周做2~3台手术。

2021年5月22日，吴孟超因病医治无效在上海逝世，享年99岁。

请思考：

临床诊治工作中医务人员应如何实践临床诊疗的基本伦理原则？

临床诊疗工作是临床工作的重要内容，现代医学模式要求临床诊疗工作必须以人为本、以病人为中心、以健康为中心。临床医务人员诊疗伦理理念和诊疗技术一样，直接关系到诊疗效果和病人的康复。临床实践表明，只有广大医务人员既有良好的诊治技术，又有高尚的医德，才能促进病人的早日康复，保护所有社会成员的健康利益。因此，临床医务人员除应遵守医学伦理基本原则和一般规范外，还要了解和遵守临床诊疗伦理原则和具体要求。

第一节　临床诊疗伦理概述

一、临床诊疗的特点

（一）临床诊疗工作的特点

临床诊疗工作是医务人员通过复杂的医学活动,帮助病人治疗伤痛,以实现医学价值的过程,是医学服务于人类健康的集中表现。临床诊疗工作表现出以下特点:

1. 诊疗技术的两面性　医学诊疗技术既具有诊断、治疗疾病以减轻病人痛苦、帮助病人康复的正面作用,也具有可能会给病人健康带来损害,有时甚至是严重危害的负面作用。

诊疗技术具有两面性的主要原因是诊疗技术是对病人生理活动和生命过程的一种外界干预。通常这种干预的目的是减轻病人痛苦、恢复病人健康,但是这一过程有时也会因为干预本身的特殊性质而对病人的正常生理功能造成损害,这就是所谓的副作用。人们比较熟悉的治疗方面的副作用有手术治疗的副作用和放疗、化疗的副作用。事实上,一般药物治疗也经常伴随毒副作用的发生。所谓"是药三分毒"就反映了普通大众对药物毒副作用的认识。不仅在治疗中,在诊断技术的使用中同样具有副作用,如 CT 检查,在为疾病提供诊断依据的同时,其本身也对身体有伤害。

2. 工作对象的特殊性　临床工作的对象是罹患疾病、遭受痛苦的病人。他们是活生生的社会个体,但因为疾病的折磨而无法正常工作、生活和学习,亟需得到医务人员的帮助。作为社会个体,他们是社会的基本组成元素,对社会具有重要价值。人生产了巨大的物质财富,创造了灿烂的文化艺术,体现了生命的可贵。在临床诊疗工作中,病人应该受到无微不至的关爱和细心的呵护,以及准确的诊断和精心的治疗,这充分体现了对人生命价值和尊严的肯定与尊重。受到疾病折磨的病人在心态上常常异于健康人,恐惧、焦虑常常出现,渴望生存、渴望健康、渴望救助是他们共同的心理需求,而惧怕治疗痛苦、顾虑治疗费用、担心预后不良或出现后遗症是他们共同的心理反应。诊疗工作对象的这种特殊性为诊疗工作提出了特殊的伦理要求。

3. 病人需要的多样性　病人作为具有生物、心理、社会属性的整体的人,其需要并不是单一的,而是多样的。他们不仅有减轻病痛折磨、恢复健康的生理需要,而且还有受到医务人员尊重,避免受到冷落、歧视等的心理需要,以及恢复正常社会生活、能够正常扮演社会角色的社会需要。

生物医学模式下的医务人员通常会认为病人的需求很简单,只要能让他们身体康复就可以了。这种理解是很片面的。病人对健康的渴求的确是最重要的需要,因为这关系到病人生存的可能性或生理痛苦的解除。但是作为整体的人,病人同健康人一样,也需要享有作为人的尊严和权利。他们希望得到医务人员的尊重,不希望被人冷落,更不希望因为自己的病态而受人嘲笑,甚至被人歧视。某些情况下,病人的心理极为敏感,医务人员无意说出的话,也可能被他们当作刻意的讽刺和嘲弄。此外,病人不希望自己的社会联系因为疾病而被中断,他们需要家人、同事、朋友和社会的支持与帮助,而且希望尽快恢复自己所扮演的社会角色。

（二）临床诊疗伦理的特点

临床诊疗伦理是指医务人员在临床诊疗实践活动中处理人际关系以及做出诊疗决策时所应遵循的伦理原则与行为规范的总和。临床诊疗伦理是医学伦理学的一般原则和规范在临床诊疗实践中的具体应用,是医务人员专业精神和道德素养的集中体现。医务人员对病人的准确诊断和有效治疗,不仅与医务人员的技术水平有关,而且还与医务人员的医德素养有关。因此,在诊疗工作中,医务人员不但要技术精湛,而且还要医德高尚,唯有技术和医德的高度统一,才能有效地减轻病人的痛苦,帮助病人早日康复。临床诊疗伦理具有以下四方面的特点:

1.临床诊疗伦理来源于长期的医学实践活动　临床诊疗伦理是医务人员总结了长期医学实践活动的经验与教训后的集体智慧和成果,是在长期处理医患关系、医际关系的实践活动中的道德体验的结晶。

在长期的医学实践活动中,医务人员在不断积累临床医学经验的同时,也会对如何处理医患关系和医际关系、怎样才能满足病人的心理需求、怎样才能使医疗人际关系和谐等有所体悟。同时,病人在求医问诊过程中,也会有意无意地向医务人员道出他们的道德诉求。同行之间的沟通与交流也会对彼此的临床道德行为产生影响。所有这些都会引发和促进医务人员对临床诊疗中道德行为进行认知与觉悟,这表明临床诊疗伦理是医务人员长期医学实践活动的经验总结。

2.临床诊疗伦理的核心是医学专业精神　所谓医学专业精神,是指医学专业所应具有的、医务人员应努力践行的、把病人利益放在首位、坚持病人自主原则、坚持公正原则等的专业意识。

临床诊疗活动是医疗机构的主要活动,是医务人员工作的主要内容。医务人员职业价值的实现主要依赖于临床诊疗活动。对医务人员来说,临床诊疗伦理的核心原则是把病人利益放在首位、坚持病人自主原则、坚持公正原则等的专业意识。这一点古今中外的医学家都有非常深刻的认识。《希波克拉底誓言》的中心思想就是"为病家谋利益",孙思邈在《大医精诚》中要求医者对待任何病人"皆如至亲之想",德国医生胡弗兰德认为"医生不是为了自己而活着",阿拉伯名医迈蒙尼提斯要求医务人员"愿吾视病人如受难之同胞",《医学伦理学日内瓦协议法》则要求医务人员庄严地宣誓"终生为人类服务,把病人的健康放在第一位"。

> **知识拓展**
>
> ### "感动中国"华益慰
>
> 华益慰,1933年出生于天津的一个医学世家,著名医学专家,原北京军区总医院(现为陆军总医院)主任医师。专长为普通外科,如胃肠道、乳腺、甲状腺疾病的外科诊断治疗。他从医56年,始终忠诚实践党和军队的根本宗旨,对事业极端负责,对人民极端热忱,对技术精益求精,把全部爱心奉献给了人民。年过七旬的华益慰不顾自己患有颈椎病、腰椎病和高血压,依然坚持为病人看病,还坚持每年做100多台手术。直到2006年7月,华益慰被初步诊断为胃癌,他依然为预约好的病人成功地做了手术。2006年"感动中国"节目评价华益慰:"不拿一分钱,不出一个错,这种极限境界,非有神圣信仰不能达到。他是医术高超与人格高尚的完美结合。他用尽心血,不负生命的嘱托。"

3.临床诊疗伦理的要义是对医患关系的协调　医疗人际关系中最主要的是医患关系。减轻病人痛苦、帮助病人康复是临床诊疗工作的主要任务,满足病人的健康需求是医务人员诊疗工作的天职。临床诊疗伦理的要义就是协调医患关系,满足病人的正当利益。

在临床诊疗实践活动中,医疗人际关系包括医患关系、医务人员之间的关系、医务人员与医疗机构管理者之间的关系,医务人员与病人家属、单位代表等之间的关系。但在所有这些关系中,最主要的医疗人际关系是医患关系。医患关系协调,关键就是对病人正当利益需要的满足。从对临床诊疗工作特点的了解中,我们知道病人的需要是多样的,减轻病痛折磨、恢复健康只是病人的生理需要,病人的心理需要和社会需要也是很丰富的。这就要求医务人员不仅应该在专业技术方面下功夫,而且还必须丰富自己的人文知识,提高自己的人文素养,增强尊重病人人格、权利和尊严的意识,时刻把病人看作具有多种属性的整体的人。

4.临床诊疗伦理的重点是强调医务人员个体的自律　在临床诊疗活动中,医务人员是医患关系的引导者、主动者,对医患关系的发展变化起决定性作用,因此临床诊疗伦理的重点是强调医务人员个体的自律。

在临床诊疗活动中,因为医务人员是掌握医学专业知识的专家,而病人对医学知识一无所知或知之甚少,病人一般要听从于医务人员。因此,医务人员在临床诊疗活动中处于主动地位,而病人则处于被动地位。鉴于这种情况,在医患关系的发展、变化过程中,医务人员对医患关系的状况负有主要责任,而病人往往被动地做出行为选择,只对医患关系的状况负次要责任。因此,医务人员个体的道德自律对临床诊疗活动中医患关系的状况具有重要的意义。

二、临床诊疗基本伦理原则

(一)病人至上原则

病人至上原则是指在临床诊疗工作中,医务人员在诊断手段选择和治疗方案决策时,能以病人为中心,把病人的利益放在第一位。病人至上原则是临床诊疗工作中的最基本原则,既是诊疗工作的出发点和归宿,也是激发医务人员为病人服务的动力和衡量医务人员伦理水平的一个重要标准。具体来说,在诊疗活动中医务人员应该做到以下三个方面:

1. **病人自主** 病人自主就是病人在诊疗过程中,有询问病情,接受、拒绝或选择诊疗方案的自主权。坚持病人自主是医务人员在诊疗活动中把病人利益放在第一位的重要表现。病人首先是人,诊治行为及其后果均要作用于病人并由其承担,因此具有独立人格和正常理性的病人,有权根据自己的医疗需求做出自主选择。病人的自主性不应因为身患疾病、处于弱势地位而被贬低。相反,因其身心正在承受病痛折磨,更应得到医方的尊重和维护。

(1)**应为病人的自主选择提供充分的条件**:医务人员应向病人详细解释病情;告诉病人治疗或不治疗会出现的情况;告诉病人各种可能的治疗方案;提出医务人员自己认为的最佳治疗方案;告诉病人在要实施的治疗方案中应注意的事项和如何配合治疗。

(2)**要正确对待病人的拒绝**:当医务人员的诊疗措施与病人的自主选择不一致情况出现时,医务人员要对病人的自主选择能力进行判断,而这种判断是确定病人的拒绝是否有效和医务人员选择对策的重要依据。在对病人的自主选择能力进行判断以后,应根据病人的结论采取相应的对策。对于自主选择能力丧失的病人,应把选择权转移给家属、监护人等,由他们做出自主选择,而不考虑病人的拒绝。而对于自主选择能力正常的病人,则应设法搞清病人拒绝的真实理由,从而为病人提供关于治疗措施更充分的解释,并帮助其克服接受诊疗措施的困难。如果这种努力失败,则应尊重病人的意愿,同时做好详细和完整的病案记录,必要时应有病人和家属的签字。

2. **知情同意** 知情同意,即病人有权获得关于疾病的病因、病情、病程、危害程度、治疗措施和预后等信息,医务人员应向病人提供这方面的信息,使病人在充分知情的前提下,权衡利弊,对医务人员拟采用的治疗方案做出同意或拒绝的决定。病人享有知情同意权是病人自主权的集中体现和主要内容。在实践中,要求医务人员在为病人做出医学诊治方案后,必须向病人或其家属提供真实、充分的病情信息,使病人或其家属经过深思熟虑自主地做出选择,并以相应的方式表达其接受此种诊疗方案的意愿和承诺,在得到明确承诺后,才可确定和实施诊治方案。

(1)**知情同意比较理想的状态**:知情同意比较理想的状态是病人或者其家属完全知情并有效同意。完全知情是指病人获悉他做出承诺所必需的一切医学信息,即通过医方翔实的说明和介绍及有关询问的回答和解释,病人全面了解诊治决策的利与弊,例如诊治的性质、作用、依据、损伤、风险、意外等。医方使病人知情的方式一般是口头的,必要时则辅以书面文字方式。有效同意是指病人在完全知情后,自主、自愿、理性地做出负责任的承诺。病人或其家属做出有效同意的必要条件是:具备自主选择的自由、合法身份,具备正确接受病人信息必要的认知、理解能力,具备进行理性选择的必要的分析、推理能力。比较理想的知情同意还强调:病人或其家属有权随时收回、终止和要求改变其承诺;关系重大的知情同意应遵循特定的程序,即签写书面协议、备案待查,必要时还需要经过公证。

(2)**正确对待代理知情同意**:代理知情同意的合理性和必要性取决于下列条件之一。病人与代理人意见完全一致,代理人受病人委托代行知情同意权;特殊病人(婴幼儿病人、智力障碍病人、精神病病人、休克病人等),因本人不能行使知情同意权,而由其家属或其他适合的代理人代行此权。《医疗机构管理条例》第三十二条规定,医务人员在诊疗活动中应当向病人说明病情和医疗措施。需要实施手术、特殊检查、特殊治疗的,医务人员应当及时向病人具体说明医疗风险、替代医疗方案等情况,并取得其明确同意;不能或者不宜向病人说明的,应当向病人的近亲属说明,并取得其明确同意。因抢救生命垂危的病人等紧急情况,不能取得病人或者其近亲属意见的,经医疗机构负责人或者授权的负责人批准,可以立即实施相应的医疗措施。

3. 平等待患　平等待患就是对病人的权利、尊严的普遍尊重和关心,体现的是人际交往中社会地位和人格尊严的平等。要做到平等待患,要求每位医务人员必须把病人摆在和自己平等的位置上,时刻把病人的痛苦和安危放在心上,做到病人利益至上。

(1)**公平对待病人**:不论任何时候、任何场合、任何事情,对待病人不论种族国别、地位高低、权力大小、容貌美丑、关系亲疏、金钱多寡、年龄大小,都要一视同仁,平等对待。对他们的正当愿望和合理要求都应予以尊重,在力所能及和条件许可的情况下,尽力给予满足。决不能训斥、羞辱病人,或嘲笑、捉弄病人,更不能欺骗病人,推卸责任。

(2)**公正分配卫生资源**:医疗卫生资源是指满足人们健康需要的,可用的人力、物力、财力的总和。其分配包括宏观分配和微观分配。宏观分配是各级立法和行政机构所进行的分配,目标是实现现有卫生资源的优化配置,以此充分保证人人享有基本医疗保健,并在此基础上满足人们多层次的医疗保健需求。微观分配是由医院和医务人员针对特定病人在临床诊治中进行卫生资源的分配。医务人员既有宏观分配卫生资源的建议权,又有微观分配卫生资源的参与权,应根据公正的原则行使自己的权利,尽力实现病人基本医疗和护理的平等。

(二)最优化原则

最优化原则是指在临床诊疗工作中,面对各种可能的诊治方案,应选择以最低的代价获取最大效益的方案,即能取得最佳效果的诊疗方案。就临床医疗而言,最优化原则是最普遍,也是最基本的诊疗原则,最优化原则包括四个方面的内容。

1. 疗效最佳　就是要求医务人员采用已经发展成熟并被熟练掌握的医学手段,认真实施对病人的诊疗,力争达到在当前医学水平下对特定病人来说最好的治疗结果。在诊疗过程中往往有多种方案可供选择,每种方案都有不同的诊疗效果。通常情况下,医务人员可以根据医学专业知识对这些方案的效果进行综合评价。一般来说,对于疾病的治疗,康复是最好的结果,但是并不是对所有疾病的治疗都能够达到康复的效果。因为是否能够康复不仅取决于医务人员自身的医学技术水平,还取决于疾病的性质与复杂程度,更重要的是当前医学发展阶段在治疗此种疾病方面的技术水平。因此,对有的疾病来说,最大限度地缓解症状可能就是最佳效果,甚至稳定病情、使疾病不再发展有时也是最好的结果。什么是最佳疗效,往往需要根据当时的医学发展水平进行评价。

2. 安全无害　安全无害就是要求医务人员在诊疗活动中尽量选择对病人没有负面作用的诊疗手段。安全无害的要求通常是原则性的,医务人员应该对诊疗方案进行全面评估,力求选择没有负面作用或负面作用最小的方案。在负面作用难以避免的情况下,应该努力降低诊疗手段的负面作用对病人的伤害。

3. 痛苦最小　痛苦最小就是要求医务人员在诊疗活动中要尽量降低诊疗手段给病人带来的疼痛、不适、不便等负面感觉,尽量减轻诊疗手段给病人带来的伤害。随着医学的发展,越来越多的现代高新技术成果进入了医学领域,极大地丰富了诊疗手段的选择,为诊断疾病提供了更为翔实和确定的信息。在治疗领域也同样如此,治疗手段日益向着高、精、尖的方向发展。但是,高新技术在给诊断疾病提供更为确定的信息、为治疗疾病提供更为有效的手段的同时,也有难以避免的负面作用,会给病人带来不适甚至对健康有伤害。比如内镜检查会给病人带来恶心等不适感觉,放射治疗和化学药物治疗在杀死恶性肿瘤细胞的同时,也会带来脱发、恶心、食欲缺乏等负面作用,直接对人体健康构成威胁。医务人员应该充分考虑这些诊疗手段的负面作用,在确保诊疗效果的前提下,选择那些对健康威胁少、痛苦小的诊疗手段。

4. 耗费最少　耗费最少就是要求医务人员在保证诊疗效果的前提下,尽量降低病人的医疗费用。在当代医学发展所面临的诸多问题中,医疗费用上涨是问题之一。医疗费用上涨的原因很多,但其中一个重要的原因是新的、更加昂贵的药物和诊疗器械不断进入临床应用。最优化原则要求医务人员应慎重选用那些新药物和新技术,以免给病人造成沉重的经济负担。德国医生胡弗兰德说:"应尽可能地减少病人的医疗费用。当你挽救他生命的同时,而又拿走了他维持生活的费用,那有什么意义呢?"明代医家陈实功主张:"遇贫难者,当量力微赠,方为仁术,不然有药而无伙食者,命亦难保也。"

知识拓展

国家最高科学技术奖获得者——王振义院士

王振义,1924 年 11 月出生于上海。1948 年毕业于复旦大学医学院,获医学博士学位。著名血液学专家。他证明采用全反式维 A 酸可以将恶性早幼粒白血病细胞诱导分化为良性细胞,确立了急性早幼粒细胞白血病治疗的"上海方案",得到国际同行的广泛证实。他费尽心血研发出来治疗白血病的药品,却坚持不申报个人专利,他说自己的研发不是为了要挣多少钱,而是要让每个白血病病人都吃得起药,不为药品发愁。2010 年王振义荣获国家最高科学技术奖,被国际医学界称为"癌症诱导分化之父"。为表彰他的贡献,国际小行星中心将第 43259 号小行星命名为"王振义星"。

总之,医务人员在诊疗过程中,既要有精湛的诊疗技术、良好的临床思维能力和全心全意为人民健康服务的伦理思想,又要把希望病人尽快康复的良好愿望、自觉合理地为病人承担医疗风险的行动与最优化的诊疗手段结合起来,即实现诊疗目的与诊疗手段的统一,从而达到最佳的诊疗效果。

(三) 保密守信原则

1. 医疗保密　医疗保密要求医务人员在医务活动中应当具有对医务活动保守秘密的职业道德品质。

医疗保密是一个古老的观念,早在两千多年前的《希波克拉底誓言》中便有"凡我执业或社交,所见所闻,无论与我之医业有无关系,凡不应宣泄者,我当永守秘密"的论断。《日内瓦宣言》规定:"我要保守一切告知我的秘密,即使病人死后,也这样。"医学伦理保密的主要内容有:

(1) **保守病人的秘密**:医务人员不能随意泄露病人信托于自己的医疗秘密,即为病人保密。如病人的病情以及与此相关的个人信息均属于个人秘密,包括病人的病史、各种特殊检查和化验报告、疾病的诊断名称、治疗方法等和病人不愿向外泄露的其他内容。医务人员应为病人严格保密,不得随意将相关内容写入学术论文、教科书和宣传材料中。

(2) **对病人保守秘密**:在特定情况下不向病人透露真实病情,即对病人保密,包括不宜透露给病人的不良诊断、进展、预后等医疗信息和发生在其他病人身上的医疗、护理差错等,这些都属于医务人员要保守的秘密。

保守医疗秘密使病人充分信任医务人员,从而得到更好的医疗保健,同时也使医务人员能够更好地执行其职能。更为重要的是,为病人保守医疗秘密,体现了对病人权利、人格的尊重和维护。

2. 诚实守信　诚实守信是医务人员对待病人的一条重要的伦理要求。诚,是诚实无欺,为人真诚和忠诚,是指真实的内心态度和品质,其作用在于约束自己。信,既是要信任别人,也是要自己讲信用。诚信就是要求医务人员说话办事要符合实际,做到既不自欺,也不欺人。唐代名医孙思邈在《大医精诚》中,用一个"诚"字来概括和诠释大医风范。毛泽东在《纪念白求恩》中也曾用"诚"的精神来概括和诠释白求恩的医德境界。医务工作作为救死扶伤的职业,要求医务人员忠诚于病人和医疗卫生事业,精通业务,准确诊断。作为医务人员,只有忠诚于病人和医学事业,待人诚、做实事、守信用,才能成为一名真正合格的医务人员。在临床诊疗工作中,倡导和践行诚实守信准则,就应该真诚地对待病人,同时必须同不良医风进行坚决的斗争。

(四) 协同一致原则

协同一致原则是指在诊疗工作中,医务人员之间、各专业科室之间要通力协作,密切配合,步调一致,共同做好对病人的诊断和治疗工作,努力促进病人的康复。建立良好的医疗团队协作关系对践行医德具有深远的意义。协同一致原则的主要内容有以下几点:

1. 彼此平等、相互尊重　医务人员之间,各专业科室之间,差别只是分工不同,没有高低贵贱之分,彼此间的关系都是直接或间接为病人服务的工作伙伴关系,以追求医疗行为的成功作为共同目标。在有利于病人康复与安全的前提下,平等协调相互间的关系,达到促进病人康复的目的。在处理团队关系时,相互尊重是一项基本要求,相互尊重要以真诚相待为基础。诸如相互轻视、排斥、指责等缺乏尊重的狭隘行为,不仅会使医疗团队受损,而且还会影响医疗机构甚至医疗行业的综合医疗质量和社会评价。

2. 协同合作、互相监督　现代医疗卫生保健活动是一种群体性活动,只有通过各专科的协作,充分发挥团队的整体合力,才能高效率地完成医疗卫生保健任务。在临床诊疗中团结协作是不可缺少的,在协作中还要做到互相监督。为了严防医疗过程中出现差错,损害病人的利益,同行之间要注意相互提醒和监督。发现错误要及时纠正,对于自身差错和失误也要勇于承认错误和承担责任。对同行的指正、忠告和批评要虚心接受,正确对待。

3. 相互帮助、相互信任　不同专业、岗位的医务人员,相互之间要承认对方工作的独立性,并且要相互为对方的工作提供方便、支持和帮助,这样才能建立良好的合作关系,才有利于共同目标的实现。医务人员在相互帮助的同时,还要相互信任。信任是相互协作的基础和前提。团队合作要达到相互信任,首先要立足于本职,在自己的专业岗位上发挥积极性、主动性和创造性,以自己工作的可靠性和优异成绩去赢得其他医务人员的信任;其次要对其他医务人员的能力、品格等进行正确评价;最后,要主动加强沟通和联系,及时消除误会。

4. 相互学习、共同提高　随着医学的发展,各专业学科的分化日益细致,对于某一专科而言,其他学科的专业知识是深奥甚至是陌生的,临床诊疗思维也可能大相径庭,而这些知识和思维方式对于病人的诊疗却可能是至关重要的,虚心地学习其他学科的理论知识,综合学科智慧和整体优势,是各科室学术成长和人文精神进步的表现,也是整个医疗团队不断进步的重要推手。在医疗工作中,由于种种原因,彼此间总会对一些问题在认识上有不同的意见,在工作上或技术上产生分歧,这是正常的。如何协调这种分歧? 这就要在维护病人利益的前提下,互帮互学,共同提高。

第二节　临床诊断伦理

临床医务人员对病人疾病的诊断、治疗是连续而统一的过程,是医务人员依靠病人提供的病史,通过系统的体格检查和必要的辅助检查,在收集病人病情资料的基础上进行综合分析和归纳,从而作出概括性诊断的过程。疾病诊断是整个临床工作的基础环节。疾病诊断的伦理要求贯穿于询问病史、体格检查和其他辅助检查等各个环节之中。

一、问诊伦理

问诊,即询问病史,就是医务人员通过与病人、家属或有关人员交谈,了解疾病的发生和发展过程、治疗情况以及病人既往的健康状况等。问诊是获得病人病情资料的首要环节,病史是疾病诊断的主要依据之一。问诊的重要性在于其关系到是否可以获得齐全、可靠的病史,并关系到下一步的检查、诊断、治疗和护理。问诊应该遵循以下伦理要求:

(一) 仪表端庄,态度认真

在整个诊疗过程中,问诊是医务人员和病人的首次接触,也是比较正式的面对面的交流,是医患关系建立的开始。医务人员留给病人的"第一印象"将会在相当程度上影响病人的求医心理。病人倾向于信任那些仪表端庄、态度认真、看起来有修养的医务人员。孙思邈在《大医精诚》中就对医务人员有相关的要求:"夫大医之体,欲得澄神内视,望之俨然,宽裕汪汪,不皎不昧。"由此可见医务人员应注重仪表有着久远的文化传统。

(二) 语气和蔼,语言通俗

问诊要通过语言来进行医患之间的情感交流和信息沟通。医务人员和蔼的态度和说话语气会自然拉近与病人的距离,可以使病人受到鼓励,从而易于更多地讲出自己的切身感受及患病原因,帮助医务人员掌握更多的疾病信息。医务人员应该注意使用通俗易懂的语言来与病人交流,尽量避免使用专业术语。如果非要使用专业术语,医务人员也应该尽量对专业术语做出通俗的解释,并注意询问病人是否能够理解。总之,语气和蔼、语言通俗是医患之间沟通无障碍的重要保证。

(三) 耐心倾听,恰当引导

病人因为文化程度不同的原因,对病情的表述可能会是清晰的,也可能会是模糊的,有的病人可能善于表达,能够理性地讲明自己病情的真实表现,而有的病人可能只是在表达自己的心理感受而不是症状。但无论如何,医务人员必须善于倾听、耐心倾听,以便使病人受到鼓励,毫无保留地说出病情,从而获得对诊断有价值的信息。医务人员不耐烦的表情或话语可能会增加病人的顾虑,阻止其说出有价值的信息。当然,由于医务人员的时间宝贵,不能随病人所好,任病人的讲话漫无边际,而是要根据诊断需要,恰当地引导病人的谈话,使其尽量表述与病情的发生、发展、现状等有关的信息,以帮助医务人员获得有价值的诊断信息。

(四) 全面系统,切忌局限

相同的疾病在不同的人身上有不同的表现。因此,医务人员要全面了解病人的疾病特性及社会、心理特征,细致询问病史。这样才能全面系统地采集病史,获得诊断线索。相反,忽视问诊,病史资料采集不全、不确切,常常导致漏诊或误诊,延缓治疗甚至危及病人的生命。

(五) 仔细分析,去伪存真

病史资料采集以后,医务人员要进行全面分析。要想到,由于病人病情的原因,个别病人陈述的病情资料可能有不真实的情况。医务人员对所采集到的病史资料一定要以科学的态度,依据医学理论知识与临床经验加以分析整理,去伪存真;对认为有遗漏的情况,应及时询问补充;对转诊而来的病人,原医院的病情介绍和病历摘要只能作为重要的参考资料,医务人员仍需要亲自详细地询问病史,了解真实的情况,防止因采集病史资料不准确而贻误诊治或产生差错事故。

二、体格检查伦理

体格检查是指医务人员运用自己的感官和简便的诊断工具,对病人的身体状况进行检查的方法。中医和西医的体格检查略有不同。中医体格检查主要通过望诊、闻诊、切诊,而西医则通过视诊、触诊、叩诊、听诊、嗅诊等。这些方法都比较简便、经济,是确诊的重要手段。体格检查应该遵循以下伦理要求:

(一)知情同意,病人自主

在体格检查中,医务人员要接触病人的身体,这不仅可能会引起病人不舒适的感觉,而且在面对异性病人时,还会涉及性别隐私、个人尊严等问题。因此,医务人员在决定使用体格检查措施时,应该明确告知病人这样做的理由和必要性,征得病人的同意,这是对病人自主性的尊重。如果病人不同意,医务人员不得强行进行体格检查。

(二)全面系统,认真细致

体格检查是一项复杂的系统工作,任何粗心大意都会漏掉对于诊断疾病具有关键作用的信息。所以在体格检查中,要求医务人员按照一定的顺序仔细检查,不遗漏任何部位和内容,不放过任何疑点,尤其是重点部位,对于不明显的阳性体征,要反复检查或请上级医务人员核实,做到一丝不苟。对于急危重病人,特别是昏迷病人,为了不延误抢救时机,虽然可以重点检查,但也要尽职尽责,待病情好转,再进行补充性检查。在体检中,要避免主观片面、顾此失彼或粗枝大叶。

(三)力求舒适,减少痛苦

体格检查会接触病人的身体,特别是西医的触诊、叩诊、听诊,可能会给病人带来身体的不适。某些疾病本身可能不会有太多不适,但触诊和叩诊则会使病人明显感到不舒服,而医务人员正是通过病人在触、叩时的不适来获得诊断证据的。由此看来,体格检查带给病人的身体不适是难以避免的。尽管如此,医务人员还是应该尽量减轻病人的这种不适,减少病人因体格检查导致的痛苦。

(四)坦荡无私,尊重病人

体格检查中,医务人员要接触到病人的身体。身体涉及一个人的人格和尊严,不容侵犯。医务人员应本着治病救人的目的,去除一切不正当的目的,一心为病人着想。医务人员只有心底坦荡无私,才能集中精力于病人的病情,作出正确的诊断结论。同时,这也是对病人的人格和尊严的尊重。

(五)维护尊严,注意避嫌

医务人员为异性病人查体时,要注意采取有效的保护措施,保持检查空间的私密性,维护病人的尊严。同时,医务人员还应注意避嫌,这包括两个方面:一是应该完全根据诊断需要来检查身体,不可以随意扩大检查部位;二是医务人员为异性病人做检查,当涉及身体特殊部位检查时,在保持检查空间私密性的同时,还应有病人家属或其他与病人同性别的医务人员在场,以防止发生不必要的误解。

三、辅助检查伦理

辅助检查包括实验室检查和特殊检查,是借助于化学试剂、仪器设备及生物技术等对疾病进行检查和辅助诊断的方法。辅助检查能够提供更详细的疾病信息,对明确诊断具有重要的意义。但是也应该正确看待辅助检查手段的使用,因为辅助检查手段一般都比较昂贵,会使诊疗费用急剧上升,增加病人的经济负担,同时也会减少医患之间的情感、思想交流,造成医患关系的物化现象。辅助检查应该遵循以下伦理要求:

(一)恰当选择,知情同意

辅助检查措施会增加病人的经济负担,有些检查措施会让病人感到躯体的不适,因此医务人员在决定使用辅助检查措施时,应该充分考虑辅助检查可能会使病人承受的各种代价。恰当选择是指医务人员应该只选择那些对诊断病情有必要性的辅助检查项目,而不能做"撒网式"检查。另外,医务人员在选择使用辅助检查措施时,一定要获得病人的知情同意,允许病人自主决定是否使用这种检查措施。对必要的辅助检查项目,若遭到病人的拒绝,医务人员不可强行使用,要做好解释、劝导工作。医务人员不可以为了增加医院经营收入而随意增加检查项目。

(二)爱护病人,减轻痛苦

辅助检查的程序一般为:简易的检查先于复杂的检查,无创检查先于有创检查,价格低的检查先于昂贵的检查。能做简单的检查,就不做复杂的检查。循序渐进地进行检查,是医疗诊断的需要,也是尽量减少病人痛苦、减轻病人经济负担、合理利用社会有限卫生资源等方面的考虑,是最优化伦理原则的具体实践。辅助检查项目通常会使病人感到不适,某些项目会让病人感到难以忍受,如内镜检查。医务人员应该尽量做到操作轻柔,谨慎处置,并要做好安全保护,尽量不让病人在承受病痛折磨的同时,再承受检查器械的伤害。

(三)维护尊严,注意避嫌

某些辅助检查项目要在特殊的环境中进行,这对医务人员的医德品质提出了特殊要求,尤其是对异性病人的检查。医务人员应该自尊自爱,严格按照操作规程进行检查,不随意增加检查项目和扩大检查范围。为异性病人检查,要有病人家属或其他医务人员、护士在场陪同。

(四)综合分析,切忌片面

辅助检查大多是由仪器设备完成,再先进、再精密的仪器设备都会有自身的局限,而且检查结果反映的是局部表现或瞬间状态。因此,医务人员必须将辅助检查的结果同病史、体格检查的资料结合在一起全面考虑、综合分析,这样才能得出正确的结论,避免因过分信赖辅助检查结论而出现误诊或漏诊。

(五)密切联系,加强协作

各种辅助检查项目都是由各医技科室和实验室医技人员完成的,他们分工明确,都有自己的专业特长。医技人员应利用自己的技术优势独立地、主动地开展工作,并要在自己的专业领域内不断地进取,以便更好地为临床服务。不管是医技科室的医务人员还是临床科室的医务人员,在医疗服务工作中具有同等的地位和作用,相辅相成,相互支持。他们为病人服务的目标是一致的,因此双方既要承认对方工作的独立性和重要性,又要同心协力,共同完成对病人的诊断。只有主动沟通、共同努力,才能保证诊断工作的顺利进行。

第三节　临床治疗伦理

情境导入

> 一位长途货车司机在运输途中出车祸受重伤,被同行的人员送到附近一家医院抢救。经查:病人多发性骨折,多脏器破裂,如不及时手术,病人死亡风险极大。手术需要亲属签署协议书。可病人的同行者谁也不敢代替病人亲属签名。这时,主刀医师的上级医师签了协议书,表示承担责任。经过医务人员的全力抢救,该病人脱离了危险。
>
> **请思考:**
> 如何理解严格遵循临床治疗伦理要求所具有的重要意义?

临床治疗是指医务人员采用药物、手术等各种方法和措施,解除病人痛苦,恢复病人健康的医学过程,是促进病人康复、减轻疾病痛苦的关键环节。临床治疗是临床工作的核心,是医学工作价值与意义的重要依托。任何一种理想的治疗目标的实现,不仅需要医务人员对疾病性质进行正确判断,更需要医务人员对治疗方法进行正确认识和运用。严格遵循临床治疗的伦理要求,对于治疗目标的实现具有重要的意义。

一、药物治疗伦理

药物治疗是指医务人员应用天然的药物或者化学的、生物的制剂帮助病人缓解症状、去除病痛、恢复健康的治疗方法。药物治疗是最古老、最悠久、使用最广泛的治疗方法。一般来说，药物治疗具有双重效应，即药物的治疗作用和副作用，因此医务人员应谨慎使用药物。药物治疗的伦理要求有：

（一）对症下药，剂量安全

对症下药是指医务人员根据临床诊断选择相适应的药物进行治疗，避免药物带来的负面作用。为此，医务人员必须首先明确疾病的诊断和药物的性能、适应证和禁忌证，然后选择治本或标本兼治的药物，也可以暂时应用治标药物，以减轻病痛和避免并发症。但是，医务人员要警惕药物对症状掩盖的假象，以防止给诊断带来困难或延误病情而发生意外。剂量安全是指医务人员在对症下药的前提下，要因人而异地掌握药物剂量。因为用药剂量与病人的年龄、体重、体质、重要脏器的功能状况、用药史等多种因素有关，医务人员应具体了解病人的以上情况，用药灵活，有针对性，努力使给药量在体内既达到最佳治疗量，又不至于发生药物蓄积中毒，防止用药不足或过量给病人带来危害。

（二）合理配伍，细致观察

合理配伍是指在联合用药时，要注意不能违反配伍禁忌，以防止出现药物之间的拮抗作用而给病人带来危害。在联合用药时，合理配伍可以提高病人的抵御能力，也可以克服或对抗一些药物的不良反应，从而使药物发挥最大的疗效。达到合理配伍，首先要掌握药物的配伍禁忌，其次要限制药物的种类、数量和剂量。药物相互间的拮抗作用有可能给病人带来危害，而且由于耐药的发生也会给日后的治疗设置障碍。在用药过程中，不管是联合用药还是单独用药，都应细致观察，了解药物的疗效和不良反应，并随着病情的变化调整药物种类、剂量，以取得较好的治疗效果和防止药源性疾病的发生。忽视细致观察或在观察中发现了问题而采取熟视无睹、听之任之的态度，都是不符合医德要求的。

（三）节约费用，减轻负担

医务人员在开处方的时候要充分考虑到药物治疗可能给病人带来的经济负担，尽量使用常用药、价格低的药，尽量不用贵重药。能够少用药解决问题的，绝不多用药，尽量不开"大处方"，更不能开"人情方""搭车药"。

（四）试验用药，谨慎使用

在某些疾病尚无有效药物的情况下，医务人员在不得已的情况下要使用一些尚未完全掌握其性能的药物。此时医务人员必须十分谨慎，要密切注意病人用药后的反应，严格防止意外的发生。如果药物属于临床试验药品，确保病人安全是第一位的。除了谨慎用药并采取严密保护措施外，医务人员还必须征得病人或其代理人或监护人的知情同意。

（五）毒麻药品，严守法规

对于毒麻药品的使用，必须严格掌握适应证。医务人员应该熟悉我国的《麻醉药品和精神药品管理条例》《医疗用毒性药品管理办法》等法律规定并严格遵守。除了出于正当的治疗目的，不得随意使用此类药品。在毒麻药品的使用中，医务人员应该严密观察，防止病人出现依赖成瘾的后果（晚期绝症病人除外）。同时，对医疗机构内的毒麻药品要严格管理，防止其流入社会，造成医源性成瘾或医源性疾病，危害社会。

二、手术治疗伦理

手术治疗是以刀、剪、针等器械在人体局部进行操作，以帮助病人缓解症状、祛除病痛、恢复健康的治疗方法。手术通常属于治疗方法,但有时也用于诊断目的。手术一般以对机体的损伤为前提,具有一定的风险性。但是手术往往又具有见效快、不易复发的特点,因此为临床医学的常用治疗方法。手术治疗的伦理要求有:

(一)慎重确定手术

由于手术治疗所特有的机体损伤性和风险性特征,医务人员在确定使用手术治疗时一定要慎重。一方面医务人员要全面权衡各种可能的治疗方案,另一方面要征得病人的知情同意。

1. 全面权衡 这是指医务人员应该认真比较手术治疗与非手术治疗的代价与收益,考察手术治疗的好处是否的确大于非手术治疗。所谓治疗的代价,既包括病人可能承受的经济负担,也包括病人因治疗可能受到的身体创伤以及所承受的肉体和精神痛苦。所谓治疗的收益,主要指病人寿命延长的程度、身体康复和功能恢复的情况、生命质量状况、病人对治疗结果的满意度等。

2. 知情同意 确定使用手术治疗,必须得到病人及其家属的真正理解和承诺,即知情同意,才合乎伦理要求。但手术治疗要得到病人及其家属的知情同意,需要医务人员做很多工作,包括客观解释及签订知情同意书。

(1)客观解释:医务人员应该不带任何倾向性地解释手术治疗的必要性以及为什么不选择非手术治疗的原因,并且要客观地介绍手术可能造成的创伤及可能存在的风险。通常来说,客观地解释手术对医务人员来说并不难,因为那是他们的专业特长,但困难的往往是如何让病人或家属真正理解他们的解释。这就要求医务人员出于高尚的医德情操,使用浅显、通俗、易于理解的生活语言,把专业医学知识讲给病人及其家属听。这往往需要高度的耐心和责任感。

(2)签订知情同意书:知情同意书是表明病人及其家属真正理解手术治疗并准备承担手术风险的承诺性书面文件。签订知情同意书十分必要,因为这既是我国法律的规定,同时也充分表明了病人及其家属对医务人员的充分信任。对医务人员来说,知情同意书绝非推卸责任的借口,而应把它看作对自己履行职业责任和医德义务的激励。

(二)术前认真准备

术前认真准备既是整个手术治疗的有机组成部分,也是手术取得成功的重要前提和基础。术前认真准备包括制订手术方案、病人准备及手术用品准备。

1. 制订手术方案 手术方案是对整个手术过程的规划和思维演练。手术前应由具有丰富经验的医务人员亲自主持,根据疾病性质、病人具体情况等制订一个安全可靠的手术方案。在方案中要充分考虑麻醉和手术中可能发生的意外情况,并制订出相应的对策。在手术方案的制订和讨论过程中,应该有富有经验的麻醉师参加。

2. 病人准备 病人在手术前一般会有情绪和心理上的波动,表现出焦虑、恐惧、紧张、烦闷、忧郁等不良心理反应。持续的不良心理反应则可能造成病人生理上的变化,如睡眠不佳、食欲下降、脉搏加快、血压上升等,不利于手术的顺利进行。手术前,医务人员应该对病人做好心理矫正或治疗,使其以良好的心态接受和配合手术。此外,手术前还要帮助病人做好躯体准备,如皮肤准备等。

3. 手术用品准备 医务人员应在术前备齐所有手术必需品。对关系到手术成败和病人生命安危的手术用品如血液等,要一一核实,对手术中用到的某些复杂器械,不仅要核实其种类、数量,而且还要仔细检查其性能,以确保手术的安全。

(三)术中严格操作

手术中医务人员要排除杂念,专心致志于手术的操作。这要求医务人员做到:

1. 认真操作、一丝不苟 手术是对病人身体的切割与处理,手术成败决定病人的生命安危,因此医务人员在手术中,态度一定要严肃认真,操作一定要一丝不苟,动作一定要协调稳定。所有参加手术的医务人员都要以病人的安危为重,不可计较名利得失,要互相支持,团结协作,确保手术的顺利进行。

2. 严密观察、恰当处理 在手术过程中，各种可能情况都会发生。因此医务人员特别是麻醉医务人员，一定要严密观察病人的情况。当突然遇到手术意外时，要按照手术方案中既定的对策，沉着、冷静、果断、及时地进行处理。

3. 通力合作、密切配合 任何手术的成功都离不开手术者、助手、麻醉师、护士及其他科室的密切合作，这是集体智慧的结晶和集体劳动的成果。所以，有关人员必须从保证手术成功出发，消除私念，齐心协力，密切配合，共同为手术的成功做好各自的工作。

（四）术后严密观察

术后病人身体虚弱，病情变化快，因此严密的术后观察对于预防术后并发症和术后康复至关重要。术后观察主要包括两项内容。

1. 观察病情 术后病情发展有许多不确定性，因此医务人员要严密观察病人的各项生命指标，及时处理各种病情变化情况，防止各种危重情况发生。

2. 使病人舒适 手术给病人带来的疼痛和不适会在术后显现出来，虽然这是不可避免的，但是医务人员也不可袖手旁观。医务人员要努力采取措施减轻病人的疼痛和不适，这既是医学人道主义的表现，也有助于病人顺利恢复。

三、心理治疗伦理

心理治疗又称精神治疗，是医务人员应用心理学的理论、技术和方法来改善病人的心理状态或者矫正其行为的一种治疗方法。目前，心理治疗不仅是治疗心理性疾病的主要疗法，而且也是整体医学中的一种重要的治疗方法。心理治疗的伦理要求有：

（一）博学多识，诚意助患

只有那些受过严格科学训练和临床培训的专业人员才可以胜任心理治疗。医务人员要不断学习，努力提高自己的专业水平，以便能够更好地帮助病人。学识渊博，经验丰富，才有可能是称职的心理治疗医师。寻求心理治疗的病人往往深陷心理痛苦与折磨之中，难以自拔，医务人员要对病人抱有深深的同情心理，诚心诚意地帮助病人摆脱痛苦，而不可随意戏谑、取笑病人的症状或痛苦。医务人员要耐心听取病人的倾诉，帮助其找到症结所在，并通过特定的心理治疗方法改变其心理处境，恢复其正常的心理状态，从而达到治疗的目的。

（二）涵养自身，精心治疗

在心理治疗工作中，医务人员自身的心理状况对治疗会有相当的影响。心理治疗医师应该有健康的心态和愉快、稳定的情绪，以及正确的价值观、积极的人生态度和良好的生活信念。长期的心理治疗工作也需要医务人员自身通过各种方式加以排遣和修正不良的心态。因此，医务人员要努力涵养自身，保持良好的心理状态。心理治疗工作是精细的工作，心理疾病性质各异，表现多样，原因复杂，心理治疗医师必须细心探索，精心治疗，努力用自己渊博的学识、恰当的治疗方法，辅以健康的心态、良好的心理素质去影响、治疗病人，取得最佳的治疗效果。

（三）维护病人，保守隐私

心理疾病往往是病人的难言之隐，许多人不能明确区分心理疾病与精神疾病的区别，看心理医师的人往往被误解为有精神性疾病。因此看心理医师的病人往往有诸多顾虑，许多病人甚至不愿意让自己的配偶和父母知道。因此，为了解除病人的顾虑，医务人员必须事先对病人做出声明，遵守对病史、病情保密的原则，严格为病人保密，绝不失信。这样有利于和病人进行心灵的沟通，也是对病人切身利益的保护。

（四）庄重大方，语言亲切

心理治疗主要靠医务人员的言行在病人心理上产生预期的效应。医务人员对病人能否做到"晓之以理，动之以情"，病人能否"倾心悦内，情动于中"，就要依赖医患之间建立的良好关系，增强病人对医务人员的信赖。医务人员庄重大方,认真负责,和蔼可亲,具有高尚伦理内涵的良好语言,可以使病人感到医务人员不仅可亲,而且可敬可信。尤其是良好的语言,可以通过大脑皮质与内脏的相关机制,改善病人内脏的调节功能,加速病人的康复。

四、康复治疗伦理

康复治疗是指医务人员针对各种身体残疾病人所进行的以功能恢复、代偿或者重建为目的的治疗活动。康复治疗主要采取物理疗法、言语矫正、心理治疗等方法,以使病人的身体功能得到最大限度的复原,从而提高病人的生活质量。康复治疗的伦理要求有:

(一) 生命宝贵,理解尊重

在康复诊疗中,尤为强调"人的生命是不可侵犯"的这一原则。康复诊疗的对象主要是身体残疾的病人。医务人员以及任何相关人员都不能因为这些身体的残疾而贬低病人宝贵的生命,应该给予病人特别的尊重。身体残障的病人不仅有躯体上的创伤,而且有轻重不等的自卑、孤独、悲观等心理痛苦。因此,在康复治疗中,医务人员要理解与同情他们,要选择效果佳且病人乐于接受的康复方法,以建立起和谐的医患关系,并促进他们尽快康复。

(二) 热情关爱,精心治疗

病人因身体原因,在生活中有诸多不便之处,有的病人甚至生活难以自理。医务人员要热情关心和帮助病人,并对他们施以精心的治疗,尽最大可能恢复病人的身体功能和生活能力。在细节上关爱病人显得尤其重要,如在功能训练前仔细讲清程序、方法及要领,对腿部残疾者在旁边加以辅助保护以保证安全等,都十分重要,这些能较好地体现出医务人员对病人的关爱与治疗的精心。

(三) 重视心理,全面康复

同一般病人相比,残疾人的精神创伤较大,思想负担较重,心理状态更为复杂,往往有消沉、烦躁不安、易怒或沉默、忧郁、孤僻等表现。医务人员应亲近他们,经常和他们谈心,掌握他们的心理状态,鼓励他们正视现实,积极配合,帮助他们从思想上、心理上得到康复。同时,努力创造条件,活跃病人的精神文化生活,使他们振奋精神,增强战胜残疾的信心和勇气,从痛苦中解脱出来,笑对人生,积极创造美好的未来,实现心理、身体的全面康复。

第四节　临床急救伦理

急救工作是指医务人员对危、重、急症病人所进行的解除生命危险的抢救性治疗工作。急诊医学的兴起为临床急诊抢救工作提供了科学的理论依据和实际的工作指导。急救工作的质量直接决定一个急症病人的生死存亡,意义重大。

一、临床急救工作的特点

(一) 突发性强,人群密集

急诊病人的突出特点是"急",病情具有突发性,一旦发病,来势凶猛、变化迅速、威胁生命。病人的病情之急要求抢救必须迅速。病情的突发性使得病人通常有众多家属陪同,同时一些事故现场本身人数众多,极易导致急诊科室人群密集。急诊科应 24 小时做好全面接诊急诊病人的准备和人员疏散工作。

(二) 病况复杂,抢救困难

急诊病人病种不一,情况复杂。很多急诊病人的病情需要不同科室人员共同确诊、抢救,这给抢救工作带来了一定的困难。因此,各科医务人员应通力合作,尽心尽责,急病人之所急,将抢救病人的生命放在第一位。

(三) 病情危重，易发纠纷

急诊病人的病情大都较为严重，情况复杂，求医心切。若抢救不及时，病人极有可能失去生命。急诊病人发病多数在其亲属意料之外，一旦出现抢救无效的情况，亲属通常会情绪波动，难以接受，认为医生抢救不及时、不到位，从而引发医患纠纷。这就要求医务人员有精确的判断能力、扎实的急救知识和纯熟的专业技术，全力以赴地抢救病人的生命。

二、临床急救工作的伦理要求

(一) 争分夺秒，积极抢救

急、危、重症病人病情紧急，变化迅速，抢救是否及时直接决定病人的生死存亡。面对急、危、重症病人，医务人员必须急病人之所急，以积极的态度、迅速的行动投入抢救工作。赢得了抢救时间就可能挽救病人的生命，贻误了治疗时机，就可能会拖延病人康复的时间，甚至使病人失去生命。

争分夺秒，积极抢救，不仅要求医务人员在面对急、危、重症病人时有"时间就是生命"的意识，而且还要求医务人员在平时就要做好抢救的各种准备工作，坚守工作岗位，不脱岗，不串岗，所有抢救用品均摆放整齐、到位，可随时取用。平时还应该加强业务学习和训练，练成扎实的急救基本功，才能在急救工作中临危不乱。

(二) 团结协作，勇担风险

在抢救危重病人时，只有多个科室的医务人员团结协作，才能达到最佳抢救效果；对出现疑难问题的病人更需要集思广益，在最短的时间内拿出最佳的治疗方案。在十万火急的抢救中，医务人员遵循最优原则，群策群力，团结协作，默契配合，无私奉献，是良好医德的重要体现。

面对急救工作中的风险，是否敢于承担责任成为严峻的职业考验，也是医务人员职业精神状况的表现。对待风险，正确的态度是慎重、果断。一方面要慎重思考，尽量选择安全有效、损伤最小的抢救方案，而不逞一时之勇，随意冒险；另一方面是不能回避风险，应勇于承担责任，只要有一线希望，都应做百分之百的努力，力争挽回病人的生命。

第五节　特殊科室诊疗伦理

妇产科、儿科的诊疗以及对精神病病人和传染病病人的诊疗涉及的都是特殊人群。由于他们在生理和心理上的特殊性，对他们的医疗服务有特殊要求，对从事与这些人群相关的诊疗工作的医务人员也有特殊的伦理要求。

一、妇产科诊疗伦理

从严格意义上来说，产科中正常妊娠分娩的妇女不属于病人。但是很多医务人员在为她们提供医疗服务的时候，也把她们当作通常意义上的病人来对待。妇产科病人有很多共同的特点，如妇科疾病会威胁到生殖系统的健康，妇女常常因患妇科疾病而产生害羞、压抑、恐惧心理等。这些共同特点使妇产科病人的健康问题具有私密性。因此医务人员在妇产科诊疗工作中应加强责任感。妇产科诊疗的伦理要求有：

(一) 尊重病人，保护隐私

医务人员要尊重妇产科病人的人格，对其所患疾病的性质、原因、发展程度、预后状况等信息严格予以保密。许多妇科疾病往往都是病人的难言之隐，疾病本身已经严重影响了其生活，若是因医务人员泄露病情信息对她们造成伤害，无疑是雪上加霜。

(二) 纯洁情感,严守规程

妇产科医务人员要经常反思自己,提高自身修养,举止端庄,态度严肃。对于前来就诊的女性病人,医务人员应只把她们当作病人看待。在为妇产科病人做检查或操作时,要严格遵守操作规程,并做到检查、操作前的知情同意。男性医务人员为妇产科病人做检查或操作时,应有女性医务人员在场。

(三) 不辞辛苦,坚守岗位

妇产科工作,特别是产科工作,因孕妇分娩在时间上具有不确定性,昼夜都可能发生,使得医务人员经常不能按时就餐和休息,特别是夜班多,工作辛苦。此外,产妇分娩时常有羊水破裂、出血等情况,加上新生儿大小便等,要求医务人员必须具有不怕脏、不怕累的奉献精神。产科工作繁忙,时间性强,要求医务人员随时待岗,医务人员必须坚守岗位,不得脱岗。

二、儿科诊疗伦理

儿科病人年幼,缺乏生活自理能力。他们无法正确理解其所患疾病的状况和医务人员的诊疗行为,更难以主诉病情和病史,许多年幼的儿童尚不能言语,无法告诉医务人员自己的感觉,这都给诊疗增加了困难。儿科疾病通常发病急,病情变化快,很容易因误诊误治而危及儿童的生命。这些都对儿科诊疗工作提出了特殊的伦理要求。儿科诊疗的伦理要求有:

(一) 要有对患儿终身负责的精神

儿童的健康成长关系到国家、社会的未来与家庭的美满,更关系到儿童自身的终生幸福。所以,儿科医务人员面对患儿,不仅要想到患儿当前的疾病,而且还要想到患儿未来的成长与幸福。儿科医务人员应具有对患儿终身负责的精神。儿科医务人员在诊疗工作中必须细心,严格按照规章制度和操作规程办事,以免造成误诊、漏诊或医疗差错,给患儿带来后遗症,造成患儿的终生不幸。

(二) 要有耐心、细致的工作作风

儿科病人通常不能自诉病情,而且时常伴有哭闹,对医务人员的诊疗操作常常不能有效地配合。医务人员面对儿科病人,必须有相当的耐心,具备细致的工作作风,要学会对患儿循循善诱,并能够耐心地听取心情急切的家长们可能杂乱无章的病情陈述。对患儿的操作不顺利时,医务人员不可急躁,更不可粗暴操作,要改变工作方法,不拘泥于常规操作,要善于通过转移患儿注意力或者给予新鲜刺激(如给患儿小玩具)的方法,引导其配合操作。儿科医务人员还要勤于观察,多注意新情况的发生,并做到及时分析、判断与处理。

(三) 严格消毒隔离,防止交叉感染

儿童免疫功能较低,容易感染传染性疾病,患儿更是如此。医务人员在门诊就要做好分诊工作,在病房则应对传染病患儿做好隔离,对于那些体质较弱、免疫功能明显低下、患白血病的患儿以及新生儿等,尤其要做好保护性隔离,防止院内交叉感染。除了上述措施外,医务人员要严格执行探视规定,对病房室内空气、物品、医疗用品做好消毒工作。

三、精神科诊疗伦理

精神疾病是大脑功能紊乱或失调所引起的认知、情感、意志和行为出现障碍的疾病。精神疾病常引起病人自知力、自制力和自理能力减退或丧失。怎样对待精神病病人,既是一个医疗问题,也是一个道德和法律问题。在人类社会的历史中,精神病病人曾经遭到极不人道的对待甚至迫害。为了改变精神病病人的境遇,1977年在夏威夷召开的第六届世界精神病学大会讨论通过了《夏威夷宣言》,强调"精神科医务人员应遵循公认的科学、道德和社会公益原则,尽最大的努力为病人的切身利益服务""每个病人应得到尽可能好的治疗,治疗中要尊重病人的人格,维护其对生命和健康的自主权利。"这一宣言规定了精神科医务人员所应遵循的职业道德准则和精神病病人应受到的人道待遇。精神科诊疗的伦理要求有:

(一) 慎重作出诊断，不受外力影响

医务人员对怀疑有精神病的病人作出诊断时，要十分慎重。一是精神病可能会给病人带来难以预料的影响；二是准确的诊断有利于寻找恰当的治疗方案，帮助病人早日康复。而错误的或不准确的诊断可能会使病人接受不必要的治疗，可能会给他们带来心理压力或阴影。另外，医务人员对精神病的诊断应坚守原则，不受外力干扰，这是精神科医师的职业准则。

(二) 尊重病人的人格和权利，一切为病人着想

精神病病人虽然有认知、情感、意志和行为等方面的障碍，但是他们作为一个人，仍然享有人格和权利。医务人员不能乘人之危，做出有损精神病病人人格和权利的事情。在精神病诊疗中，任何歧视、取笑乃至惩罚精神病病人的行为都是错误的和不道德的，是应该受到谴责的。医务人员要一切为病人着想，理解其各种正常的生活需求和心理需要，并在条件允许的情况下尽力予以满足。要为病人保守秘密，选择治疗方案时应征得病人家属的知情同意。

(三) 正确对待异性病人

在临床工作中，任何医务人员利用病人的困难处境对病人进行要挟都是不道德的，有时甚至是违法的。在精神病病人诊疗工作中，医务人员更应正确地对待异性病人。精神病病人因其疾病的缘故，可能会对异性医务人员产生幻想、钟情妄想等，医务人员应理解其为病态行为，主动拒绝并进行耐心的说服和治疗。医务人员要自尊、自爱，既不可乘人之危，也不可取笑或看不起病人。

(四) 坚守工作岗位，防止发生意外

许多精神病病人没有自理能力，对自己的处境缺乏正确的认识，不能预料自己的行为后果。在疾病的作用下，许多精神病病人会有危险行为而不自知，如吞服异物等。医务人员要精心照料精神病病人的生活，严密观察其行为和病情变化，注意保证病人安全，防止发生意外。由于精神科工作的特殊性，医务人员必须严守工作岗位，切实履行职责。

四、感染科诊疗伦理

感染病是指有病原微生物（如病毒、细菌、真菌等）通过不同方式侵入人体导致健康受到损害的疾病，包括传染病和非传染性感染病。传染病能在人与人、人与动物、动物与动物之间相互传播，并对人群健康产生严重的危害。在人类社会发展长河中，传染病始终是重大威胁。一部人类文明史可以说是人类同瘟疫斗争的历史。习近平总书记指出："人民健康是社会文明进步的基础。拥有健康的人民意味着拥有更强大的综合国力和可持续发展能力。"感染科诊疗的伦理要求有：

(一) 严格消毒，控制疫情

传染病防治工作要取得成效，最重要的是控制传染源，切断传播途径，保护易感人群。严格消毒是控制传染病的关键性工作之一。感染科医务人员必须强化无菌意识，严格执行各类消毒隔离制度，防止交叉感染和病源扩散。某些烈性传染病所要求的消毒隔离措施特别严格，需要医务人员穿戴特殊的防护服装，严格限制病人的活动范围，严格限制感染者与他人接触，在一定范围内宰杀家禽等。

(二) 不怕危险，勇于献身

感染科医务人员不但工作辛苦，而且被传染的危险也比较大。但是传染病防治工作关系到病人的生命安危甚至整个社会的安全，关系到广大社会人群的利益，意义重大。这要求感染科医务人员不仅要热爱本职工作，坚守岗位，辛勤工作，而且还要具有不怕危险、勇于献身的职业精神。当疫情来临的时候，感染科医务人员应该冲在最前面。

(三) 教育公众，加强预防

传染病虽然可怕，但却是可以预防的。通过医学科学研究，我们可以掌握传染病的发生和传播

规律,通过严格的传染病报告制度和严密的防控措施,我们就能有效地切断传染病的传播途径,保护易感人群。同时我们也可以研制出有效的疫苗,通过疫苗接种来增强易感人群的抵抗力,预防传染病的发生。除了上述措施外,感染科医务人员平时要加强对社会公众的科学普及教育工作,利用有效的途径普及防控知识,提高并强化全民的预防保健意识,以预防传染病的发生和传播。

(胡 娜)

思考题

1. 临床诊疗工作的基本伦理原则有哪些?
2. 在临床诊疗中,如何贯彻最优化的伦理原则?

ER 5-3

练习题

第六章 | 临床实习伦理

教学课件

思维导图

学习目标

1. 掌握:临床实习伦理的概念和基本原则。
2. 熟悉:临床实习伦理实践中的常见问题及处理方式,例如病人自主决策、医患沟通、医疗事故处理、临床研究伦理审查等。
3. 了解:临床实习伦理基本规范和操作规程,包括知情同意、保密、无私奉献等。
4. 学会并熟练运用临床伦理思维方法和实际操作技能,包括伦理审查、风险评估、利益冲突管理、医疗决策等。
5. 确立正确的临床实习伦理价值观,提升职业道德与素质,尊重病人权益,关注病人的福利,追求公正和平等;培养良好的临床实习医德医风,自觉遵守临床实习伦理规范,保持职业良心和责任心,成为德才兼备、服务社会的医学人才。

情境导入

某医院神经内科的实习医生小张在跟随导师查房时,发现一位患有帕金森病的病人王先生的病历上记录了一些关于其私人生活的情况,例如家庭矛盾和个人病史等。

请思考:

1. 假如实习医生小张将王先生病历上的私生活情况告诉了其他实习医生,是否违反了伦理原则? 为什么?
2. 为什么隐私保护在医学伦理中很重要?

临床实习伦理是医学教育中非常重要的一部分。它要求实习生尊重和保护病人的权益,遵循公平和公正的原则,对自己的行为负责,并努力提高自己的临床技能和知识。只有这样,才能确保临床实习的质量和医疗服务的公平性。实习生应认识到临床实习不仅是提高自己医学知识和技能的过程,更是培养良好医德医风、树立正确医学价值观的重要途径。在未来的医学生涯中,实习生应始终坚守医学伦理原则,为病人提供最优质的医疗服务,为社会健康事业作出贡献。

第一节　临床实习概述

一、临床实习的意义

(一)医学生培养职业技能的关键环节

医学是一门理论与实践相结合的科学,在学习基础专业理论知识的同时,也需要将知识运用于实践当中,只有将理论知识和临床实践相结合,让医学生了解医院、医生对病人应负的责任,具体看到将来的工作和肩负的责任,使学习目标更加鲜明、具体,从而提高学生对自己的责任心,进一步激发学生学习的主观能动性,才能使理论知识在运用和操作上实现第二次飞跃。然而医学的特殊性在于学生所接触的服务对象是人,这就决定了对医疗工作要严格要求,在操作上不能有半点疏忽。因此,作为一名医学生,在学习理论知识时一定要打好基础,为未来的实践操作打下坚实的理论基石。此外,医学生还要培养良好的沟通能力和团队协作精神。医学工作涉及多学科、多领域的知识,医生需要与病人、家属、同事等多方进行沟通,以便更好地了解病人的病情,制订合适的治疗方案。因此,医学生在学习过程中要注重培养自己的沟通能力,学会倾听、表达和理解。同时,医学工作还需要团队协作,医生、护士、药师等各个岗位的人员需要密切配合,共同为病人提供优质的服务。因此,医学生还要培养团队协作精神,学会与他人合作,共同完成任务。只有这样,医学生才能在未来的工作中更好地为病人服务,实现自己的价值。

随着科技的发展,医学领域也在不断地取得新的突破。例如,人工智能、大数据等技术的应用,使得医学诊断和治疗更加精确、高效。因此,医学生还要关注新技术的发展趋势,学会运用新技术为自己的工作和学习提供支持。在未来的职业生涯中,医学生将面临诸多挑战。如何应对这些挑战,不断提高自己的专业素质和综合能力,成为医学生必须面对的问题。只有不断地学习、进步,医学生才能在激烈的竞争中脱颖而出,成为一名优秀的医生。

(二) 医学生养成医学伦理素质的关键环节

医学技术只有与医学人文有机结合,才能最终成就医学。只有加强对医学生的人文和社会素质的教育培养,人文社会科学的要素才能真正融入医学科学和技术领域。在临床实习的过程中,医学生会接触许多经验丰富的带教医师,因此,医学生不仅应该学习带教老师扎实的操作技巧,而且还应该学习他们高尚的医德和严谨的工作作风,在带教医师的言传身教中学习一名医生应该具有的品德和临床经验。医德是医生的灵魂。一个优秀的医生不仅要具备扎实的医学知识和技能,更要具备高尚的医德。医德是医生在从事医疗工作时所应遵循的道德规范和行为准则,包括尊重生命、关爱病人、诚实守信、敬业奉献等方面。在临床实习过程中,医学生应该向带教老师学习如何关爱病人,尊重病人的人格和尊严,关心病人的身心健康,以及如何诚实守信,对待每一个病人都要认真,不抄袭、不造假,做到真实、客观、公正地记录和报告病情。严谨的工作作风是医生的基本素质。在临床实习过程中,医学生应该向带教老师学习如何严谨治学,对待每一个病人都要进行全面、细致的检查和分析,确保诊断的准确性和治疗的有效性。

在临床实习过程中,医学生还应该学会关注病人的心理需求。许多病人在面对疾病时会产生恐惧、焦虑、抑郁等不良情绪,这些情绪可能会影响到病人的治疗效果和康复进程。因此,医生在治疗病人的身体疾病的同时,还应该关注病人的心理需求,给予病人心理支持和安慰,帮助病人树立战胜疾病的信心。此外,医学生还应该关注医学伦理问题。在临床实习过程中,医学生可能会遇到一些涉及伦理道德的问题,如病人的隐私权、知情权、自主权等。在这些问题上,医学生应该向带教老师学习如何正确处理,遵循医学伦理原则,确保病人的权益得到充分保障。

(三) 医学生职业素质培养的关键环节

医学生的职业素质包括职业精神、职业责任感、职业能力和职业发展等方面。在临床实习中,医学生通过与病人沟通交流、参与医疗活动、学习医疗流程等方面,逐渐培养起职业素质。通过临床实习,医学生能够更好地了解自己的职业特点和要求,更好地掌握职业技能,从而更好地为病人服务。医学生的职业素质不仅关乎他们的个人发展,更关乎病人的生命安全和健康。因此,医学生在临床实习中,需要不断地提高自己的职业素质,以满足社会对医学人才的需求。

首先,医学生要具备良好的职业精神。职业精神是医学生职业道德的体现,包括敬业精神、奉献精神和团队精神等。敬业精神要求医学生对医学事业充满热情,始终保持对医学知识的渴望和追求。奉献精神要求医学生为病人的健康和生命安全负责,始终把病人的利益放在首位。团队精神要求医学生能够与同事、导师和病人、病人家属建立良好的沟通和合作关系,共同为病人提供优质的医疗服务。

其次，医学生要具备强烈的职业责任感。职业责任感是医学生对自己职业行为的自觉约束，包括对病人的责任、对同事的责任和对社会的责任等。对病人的责任要求医学生严格遵守医疗规范，确保病人的生命安全和健康。对同事的责任要求医学生尊重和支持同事的工作，共同维护医疗团队的和谐与稳定。对社会的责任要求医学生关注社会医疗卫生问题，积极参与公共卫生工作，为提高人民群众的健康水平作出贡献。

再次，医学生还要具备扎实的职业能力。职业能力是医学生完成医疗任务的基本保证，包括临床技能、沟通能力和创新能力等。临床技能要求医学生熟练掌握各种医疗操作和技术，能够独立完成临床诊疗工作。沟通能力要求医学生能够与病人、家属和同事进行有效的沟通，了解病人的需求和期望，传递正确的医疗信息。医学生还要关注医学领域的新知识、新技术和新方法，不断提高自己的诊疗水平和服务质量。

最后，医学生要具备持续发展的职业发展意识。职业发展意识是医学生对自身职业发展的关注和规划，包括对职业目标的明确、对职业道路的选择和对职业能力的提升等。对职业目标的明确要求医学生根据自己的兴趣和特长，确定合适的职业方向。对职业道路的选择要求医学生了解各种职业发展机会和挑战，作出明智的决策。对职业能力的提升要求医学生不断学习新知识、新技能，提高自己的综合素质，为实现职业目标奠定坚实基础。

知识拓展

弘扬职业精神，恪守职业道德

临床实习是医学教育的重要环节，也是医学生将理论知识与临床实践相结合的关键时期。在临床实习中，涉及许多伦理问题和道德选择，例如病人的隐私权、医疗资源的分配、医生的职业操守等。党的二十大提出的"弘扬职业精神，恪守职业道德，提升服务水平"的要求，对于指导临床实习中的伦理问题具有重要的意义。

医学生需要始终把病人放在心中最高的位置，尊重他们的权利和尊严，尽最大努力为他们提供最好的医疗服务。这不仅需要医学生具备专业的知识和技能，还需要他们对病人怀有仁爱之心和责任感。医学生需要弘扬职业精神，恪守职业道德。这包括对医疗事业的热爱和忠诚，对病人负责的态度和服务意识，以及严谨的医疗作风和廉洁自律的精神等。只有具备这些品质，才能为人民群众提供更加优质的医疗服务。

（四）医学生社会责任感培养的关键环节

医学是社会公益事业的重要组成部分，医生的职业使命要求他们必须具有高度的社会责任感。在临床实习中，医学生通过参与医疗活动、了解社会问题、接触病人等方面，逐渐培养起社会责任感。通过临床实习，医学生能够更好地了解社会的需求和问题，更好地理解医生的职业使命和责任，从而更好地为病人和社会服务。医学的价值不仅体现在治疗疾病、挽救生命上，更体现在对社会责任的承担和对人性尊严的维护上。医生，作为这个职业的主体，他们的职责不仅仅是治疗疾病，更是要关注社会问题，关心病人的需求，以此来实现他们的职业使命。

参与医疗活动是医学生培养社会责任感的重要途径。在医疗活动中，医学生可以通过观察和参与医疗活动，了解医疗系统的运行机制，了解医疗资源的分配和使用情况，从而更好地理解社会的需求和问题。了解社会问题是医学生培养社会责任感的重要环节。在实习过程中，医学生可以通过阅读、研究、讨论等方式，了解社会的发展趋势，了解社会的问题和挑战，从而更好地理解医生的职业使命和责任。同时，他们也可以通过参与社会实践，了解社会的多元性、复杂性，从而更好地理解社会的需求和问题。接触病人是医学生培养社会责任感的重要手段。在接触病人的过程中，他们可以直接感受到病人的痛苦,直接了解到病人的需求,从而更好地理解医生的职业使命和责任。

医学生的社会责任感是他们在临床实习中逐渐培养起来的。这种责任感不仅体现在他们对病人的服务上,更体现在他们对社会的关心上。他们通过参与医疗活动、了解社会问题、接触病人等方式,逐渐培养起社会责任感。这种责任感将指导他们的职业生涯,影响他们的医疗行为,塑造他们的人格特质。因此,我们应该重视医学生的社会责任感的培养,让他们在成为优秀医生的同时,也成为优秀的社会公民。

(五)医学生增强自信心的关键环节

通过实习,医学生可以逐步适应临床工作环境,克服对临床工作的恐惧心理,增强自己的自信心和应变能力。在临床实践中,医学生可能会遇到各种复杂的情况,如突发的急救事件、疑难杂症等。在这些情况下,医学生需要迅速作出判断和决策,这对他们的自信心和应变能力提出了很高的要求。为了提高自己的自信心和应变能力,医学生需要在实习过程中不断积累经验,学会从失败中吸取教训,勇于面对挑战。此外,医学生还需要学会与同事、老师等不同角色的人相处,建立良好的人际关系。这不仅有助于他们在实习过程中获得更多的支持和帮助,还有助于他们在未来的职业发展中建立广泛的人脉资源。

(六)医学生提高就业竞争力的关键环节

在当今社会,随着医疗行业的不断发展和人们对健康的重视程度日益提高,医学生作为未来医疗行业的中坚力量,其就业前景备受关注。然而,面对激烈的竞争和日益严峻的就业形势,如何提高医学生自身的就业竞争力,成为摆在他们面前的一大课题。具备丰富实习经验的医学生在求职时更具竞争力,更容易获得优质的工作机会。

实习经验能够提升医学生的实践能力。医学是一门实践性很强的学科,理论知识的学习固然重要,但只有将理论知识运用到实际工作中,才能真正掌握医学技能。实习期间,医学生可以在医院、诊所等医疗机构中亲身参与临床诊疗、护理操作等工作,积累丰富的实践经验。这种实践经验不仅能够帮助医学生更好地理解理论知识,还能够提高他们的动手能力和临床思维能力,使他们在求职时更具竞争力。同时,实习经验有助于医学生建立良好的人际关系。在实习过程中,医学生需要与导师、同事、病人等多方人员进行沟通交流,这有助于他们学会如何与人相处,如何处理人际关系。一个具备良好人际关系的医学生,在求职时更容易获得他人的信任和支持,从而增加自己的就业机会。此外,实习经验还能帮助医学生了解行业动态和发展趋势。通过实习,医学生可以深入了解医疗行业的工作环境、工作内容、发展前景等,为自己的职业规划和发展提供有益的参考。同时,实习期间的所见所闻,也能够让医学生更加明确自己的职业兴趣和发展方向,从而在求职时更加有针对性和目标性。

二、临床实习的特点

(一)病例选择的机会性

临床实习属于机会性教学,在学习的过程中,医学生只能通过实习医院有限的现有病人来进行学习,在拥有实际例子的条件下,应该充分向带教医师学习临床经验,通过临床实践,积累临床经验,提高自己对疾病的认识,最终达到治病救人的目的。然而对一些没有实际例子的疾病和知识则只能通过带教医师的讲解和有关图谱进行学习,这些知识需要医学生在日后的工作和学习中进行更深层的学习和研究。

(二)实践教学任务的复杂性

医学专业教育中,实践教学具有十分重要的作用,它不仅可以使教学达成完整的三维教学目标,还有利于学生进行深度建构学习和创造性学习,目前,医学院校的实践教学存在一定的现实困难:学生招生人数较多、教育成本过高、师资力量相对薄弱、课程设计缺乏整体性和连续性,医学院校的教学水平和实践程度存在一定的差距等因素,均制约了医学专业教育中实践教学的发展。所以即便在同一个学历层次的临床教学任务中,往往又包含着多个年级层次,这给附属医院的实习教学带来了一定的困难。由于学生们所掌握的基础知识和实际水平存在差异,因此,医学生一定要在课前做好预习准备和练习,这样既能在相对短的时间内准确地为病人进行必要的检查,减轻病人不必要的痛苦,又能为他人的临床实践争取更多的宝贵时间。

(三)权利之间的矛盾性

病人在选择医师和就医场所时拥有自己的权利,同时病人也具有对自己病情和身体的隐私权,因此当进行临床实践时,实习学生对病人的观摩学习行为,在一定程度上会与病人希望保护隐私的意愿相冲突。但是由于医学研究的特殊性,对病人进行观摩、检查又是医学生学习不可或缺的一部分,因此,在临床实践的过程中需要实习学生和带教医师正确处理。

三、临床实习中的常见问题

(一)法律法规问题

随着人们法律意识和维权意识的逐渐增强,现在自愿做教学资源的病人越来越少,这一现象为我们的教学实习带来了一定的困难和阻碍。卫生部和教育部于 2008 年联合下发的《医学教育临床实践管理暂行规定》第十二条规定:"医学生在临床带教教师的监督指导下,可以接触观察病人、询问病人病史、检查病人体征、查阅病人有关资料、参与分析讨论病人病情、书写病历及住院病人病程记录,填写各类的检查和处置单、医嘱和处方,对病人实施有关的诊疗操作、参加有关的手术。"因此,医学生在进行实习操作的时候应该对此问题加以重视,既不能不作为,也不能乱作为。

(二)医患沟通问题

临床带教医师在临床实践操作教学过程中,应该与病人进行必要的沟通,了解病人的情况,取得病人的同意后再进行教学,避免在临床实践中常常因语言不通、解释不清、交代不明等原因受到病人以及家属的控诉。

(三)实习学生的不利因素

在实习过程中,由于理论知识不扎实及实践经验较少等原因常导致某些实习学生在操作时存在着一定的弊端,许多病人并不认可由实习学生进行操作和治疗。在实习过程中遇到的各种困难可能会导致实习生的学习情绪低落,这种现象在外科实践治疗中显得尤为突出。由于病人拒绝实习生的治疗,实习生因此减少了许多的实践学习和经验积累的机会。

(四)医疗安全意识不足

部分实习生在临床实习过程中缺乏医疗安全意识,例如对医疗文书的书写和保管不重视,或者未严格执行消毒和防护措施,操作不规范等,容易引发医疗纠纷甚至酿成医疗事故。

第二节　临床实习的伦理要求

一、临床实习伦理的概念

临床实习伦理是指在临床实习的过程中,实习学生认识和处理临床实习伦理问题的活动现象、关系现象和意识现象的总和。

临床实习伦理主要包括实习学生与病人之间的伦理、实习学生与带教医师之间的伦理以及实习学生之间的伦理等,其核心问题是依据一定的伦理原则,在带教医师的指导下,处理好自己与病人之间的权利义务关系,既保证学好临床技能,又不伤害病人的权益。

二、临床实习学生的伦理角色

在社会的大舞台上,每个人都在不同时间、不同场合扮演着不同的角色。角色是人们一整套权利、义务的规范和行为模式,是人们对处于特定位置上的人的行为期待,这样的角色是社会角色;而伦理角色是对处于特定位置上的人的一种道德上的期望,伦理角色往往决定着其相应的道德责任界定。

在学生们进行临床实践时,不仅是知识的学习由理论知识转变为实践操作,同时,学生的伦理角色也由"医学生"慢慢向"准医生"进行过渡,学习的对象也由书本变成了实际的病人。在这个过程中,学生不仅要学习实际的临床操作,而且还要学习一名医生应该具备的各种知识,提升医学技能与人文素养,包括医学方面的法律知识和医院的规章制度等。临床实习学生的伦理角色定位是:

(一)学生角色

学生进行临床实习的最终目的是成为临床医师,实习的过程就是进行角色的转换和实际知识的学习,但是学生在实习过程中,身份终究还是学生,学生并不具有独立的诊断权和处方权,同时也没有独立承担医疗相关法律责任的义务。因此学生在实际的学习中应该明确自己的身份,明确自己是在实践中学习知识。但是学生依旧要建立正确的医患关系,保持良好的沟通,适当的调整和改变学习目标和方法,遵守临床诊疗规范,将实践操作和理论知识相结合,不断提升自己的医学技能和人文素养。

(二)医师助手的角色

医师助手是一个特殊的伦理角色,不仅是带教医师的学生,而且也是带教医师的助手。因此,作为医师助手,学生应该在工作的过程中努力向带教医师学习专业知识,自觉完成带教医师布置的每一项任务和学习目标,配合带教医师在临床治疗上的各项工作,与医疗团队的其他成员合作,共同为病人提供最佳的医疗服务。在手术和诊断时准备好所需要的仪器和用具;在病情诊断时准备好各项资料和参考文献;在协助带教医师工作时,积极参与病情的诊断和治疗,进行经验上的积累,提高自身的操作技能;在面对医学难题和复杂情况时,要积极参与,严谨求实,追求卓越,共同为病人提供最佳诊疗方案;在日常学习中自觉学习和遵守医疗法律法规等,争取为自己多积累宝贵的经验,养成良好的职业习惯,为以后的职业生涯打下坚实的基础。

三、临床实习的伦理要求

(一)提高医德认识

医生这一行业的特殊性对道德水平具有严格的要求,学生在学习专业知识的同时还应该多向医德深厚的医师学习,在老师的言传身教中提高自己的道德意识。首先,实习学生要明确医德的内涵。医德是医生在从事医疗工作时所应遵循的道德规范和行为准则,包括尊重生命、关爱病人、诚实守信、敬业奉献等方面。其次,实习学生要明确医德的意义。医德不仅是医生个人品质的体现,更是医疗行业健康发展的基石。只有具备高尚的医德,才能赢得病人的信任,提高医疗服务质量,为社会作出更大的贡献。因此,实习学生要不断学习医德的相关知识,将高尚的医德融入日常的实践操作和学习中。

(二)提升业务水平

医学作为一门实践科学,要求医生具有丰富的知识储备和精准的操作技能。要成为一名合格的医生,需要在学习基本理论知识之后,掌握必要的基础技能。在临床实际操作学习的过程中,充实自己的实践经验,比如病历的正确书写、管理病人的方法等。同时,要认真观察带教医师的教学过程,注重积累,将自己在临床工作当中遇到的特殊病例、所采取的诊疗措施、疾病的发病机制和临床表现,以及病情转化等众多方面都记录下来,为自己以后的工作做好准备。应经常参加医学知识的培训教育,在医学的知识海洋里接受新的知识,更好地为广大病人服务。

(三)培养敬业精神

救死扶伤、忠于职守是医务人员最基本的道德修养。临床实习是医学生培养职业道德和敬业精神的重要环节。临床实习中培养敬业精神的伦理要求有:

1. 尊重生命和病人　医生应将病人的生命和健康放在首位,认真对待每一位病人,关注他们的痛苦和需求,以高度的责任感和敬业精神为他们提供优质的医疗服务。医生不仅仅是治疗疾病的专家,他们更是人类生命的守护者。他们的每一个决定,每一个行动,都可能直接影响到病人的生命安全和生活质量。因此,医生必须始终坚守医德,尊重每一位病人的生命权和人格尊严。

首先,医生应该以病人为中心,全心全意为病人服务。他们需要倾听病人的声音,理解病人的需求,关注病人的感受。他们需要用心去感受病人的痛苦,用心去体验病人的生活,用心去理解病人的心情。只有这样,医生才能真正站在病人的角度,为病人提供最适合的治疗方案。

其次,医生还应该以科学的态度对待医疗工作。他们需要不断学习,不断提高自己的医疗技术和医疗水平。他们需要根据病人的具体情况,制订科学、合理、有效的治疗方案。他们需要用科学的方法解决病人的疾病问题,帮助病人恢复健康。

此外,医生应该以人文关怀对待病人。他们需要关心病人的身心健康,关心病人的生活状况,关心病人的家庭和社会环境。他们需要用人文的关怀,温暖病人的心灵,安慰病人的情绪,帮助病人建立信心,战胜疾病。

最后,医生还应该以公正公平的原则对待每一位病人。他们不能因为病人的身份、地位、财富、性别、年龄等因素而对病人进行歧视。他们需要以公正公平的态度对待每一位病人,确保每一位病人都能得到公平、公正、公开的医疗服务。

因此,医生应该将尊重生命和病人作为自己的首要任务,用自己的专业知识、技能和爱心为病人提供优质的医疗服务。他们需要以高度的责任感和敬业精神,对待每一位病人,关注他们的痛苦和需求,帮助他们恢复健康,提高生活质量。只有这样,医生才能真正履行自己的职责,成为人类生命的守护者。

知识拓展

临床医学教育模式

陆定圃(1802—1865),中国近代医学教育家。在临床医学教育方面,陆定圃提倡"以病人为中心"的教育思想,强调医生应该以病人需求为出发点,注重病人的权益和健康。同时,他也倡导"医疗、教学、科研、生产相结合"的临床医学教育模式,这四者相互促进,以提高医疗水平、培养合格医学人才、推动医学科技进步、服务社会大众为目标。这种教育模式在当时是非常先进的,即使在今天仍然具有很高的参考价值。

---

2. 严格遵守医疗规范　医学生应严格遵守医疗规范,包括诊断、治疗、手术等各个环节;同时,还应注意病人的权益和安全,不得违法操作或疏忽大意。

3. 高度诚信和责任心　医生作为一种特殊的职业,其工作直接关系到人们的生命安全和身体健康。医生应保持高度诚信和责任心,对病人负责,对自己的行为负责。在临床实习中,学生应当认真学习、实践和反思,不断提高自己的医疗水平和职业道德。

首先,医生应保持高度诚信。诚信是医生职业道德的基石,也是医生与病人建立信任关系的前提。在临床实践中,医生应当严格遵守医学伦理规范,诚实守信,不隐瞒病情,不做虚假宣传,不为谋取利益而损害病人的利益。其次,医生还应当尊重病人的隐私,不泄露病人的个人信息。此外,医生还应当与同事保持良好的沟通和合作,共同为病人提供最佳的治疗方案。医生还应具备强烈的责任心。责任心是医生职业精神的核心,也是医生为病人提供优质医疗服务的动力。

在临床实习中,学生应当认真对待每一个病例,全身心投入,力求做到最好。面对病人的痛苦和困扰,学生应当关心关爱,给予病人精神上的支持和鼓励。同时,学生还应当关注病人的康复进程,定期进行随访,确保病人得到及时有效的治疗。在临床实习过程中,学生应当不断学习和提高自己的医疗水平。这包括学习专业知识、掌握临床技能、了解最新的医学研究成果等。只有具备扎实的专业基础,才能为病人提供科学、合理、有效的诊疗方案。此外,学生还应当关注医学伦理教育,培养良好的职业道德。在临床实习中,学生应当认真学习、实践和反思,不断提高自己的医疗水平和职业道德。只有这样,才能为病人提供更好的医疗服务,赢得病人的信任和尊重,为社会作出更大的贡献。

4. 尊重同行和合作精神 医生之间应相互尊重、相互支持、密切合作,共同提高医疗水平和质量。在临床实习中,学生应当学会与带教老师和其他医务人员合作,尊重他们的意见和建议,共同完成医疗任务。在医疗行业中,尊重同行和合作精神是至关重要的。这不仅有助于提高医疗水平和质量,还能为病人提供更好的服务。

此外,学生在临床实习中,也应当学会与带教老师和其他医务人员合作。他们应该尊重带教老师的意见和建议,认真听取他们的指导,积极参与临床实践。同时,学生还应该与其他实习生和医务人员保持良好的沟通和协作,共同提高实习效果。

因此,尊重同行和合作精神是医疗行业的核心价值观。医生们应该相互尊重、相互支持、密切合作,共同为病人的健康和生命安全负责。只有这样,医疗行业才能不断进步,从而为病人提供更优质的医疗服务。同时,学生在临床实习中,也应当学会与他人合作,为自己的职业生涯打下坚实的基础。

5. 持续学习和提高 医生应不断学习和提高自己的医疗技术和职业道德,以更好地为病人服务。在临床实习中,学生应当珍惜学习机会,认真听取带教老师的教诲,积极参加各种学习活动,不断提高自己的综合素质。医学是一门不断发展的科学,新的疾病、新的治疗方法、新的医疗设备和技术层出不穷。

在临床实习中,学生应当珍惜每一个实践机会,通过参与各种医疗操作,提高自己的实践技能。学生还需要不断反思和总结自己的实践经验,以便在未来的工作中更好地应用这些技能。此外,学生需要不断提高自己的职业道德。医生是公众信任的职业,他们的行为直接影响到病人的生命安全和身体健康。

(聂春莲)

思考题

1. 临床实习伦理中的隐私保护问题如何应对?
2. 临床实习的伦理要求有哪些?

练习题

第七章 ｜ 健康与公共卫生伦理

ER 7-1
教学课件

ER 7-2
思维导图

学习目标

1. 掌握：健康、公共卫生、突发公共卫生事件的概念；公共卫生伦理的特点、准则及伦理责任。

2. 熟悉：健康伦理的内容；"健康中国战略"建设目标；三级预防策略；健康与环境的关系；突发公共卫生事件处置的法律规范与伦理原则。

3. 了解：全球健康促进的目标与策略；生态环境伦理；疾病预防、疾病控制伦理；社区卫生服务伦理。

4. 树立"大健康"观，认识到健康是一种责任，关注公共卫生，加强健康促进教育，追求科学、健康的生活方式，积极推进健康中国建设。

5. 具有人文情怀和奉献精神，热爱医学事业，坚定职业理想，在医学实践中践行职业道德和伦理精神，更好地为人民群众提供全方位、全周期的健康服务。

情境导入

钟南山，福建厦门人，1936 年生于南京，中共党员，中国工程院院士，广州医科大学附属第一医院国家呼吸系统疾病临床医学研究中心主任，广州医科大学教授。

2003 年抗击"非典"中，钟南山不顾生命危险救治危重病人，奔赴一线开展医疗救治工作，为战胜疫情作出了重要贡献。2020 年，他再次临危受命，奔赴抗击新型冠状病毒肺炎疫情第一线，担任国家卫生健康委高级别专家组组长。他提出存在"人传人"现象，应严格防控，并领导撰写新型冠状病毒肺炎诊疗方案，推动了疫情防控、重症救治、科研攻关等。从"非典"到新型冠状病毒肺炎，钟南山始终站在抗疫一线，成为公共卫生事件应急体系建设的推动者。2020 年钟南山被授予"共和国勋章"。

请思考：

结合钟南山的事迹，联系自身实际谈谈作为一名新时代的医务工作者如何更好地保障人民群众的健康利益，进而推进健康中国建设？

2016 年中共中央、国务院颁布了《"健康中国 2030"规划纲要》，首次公布了健康领域中长期的规划，明确了我国在卫生健康方面的宏伟蓝图和行动纲领。2019 年国家卫生健康委负责制定了《健康中国行动（2019—2030 年）》发展战略，该战略为推进健康中国建设制订了路线图和施工图，以达到全社会动员来共同实现全民共建共享健康中国的目的。全民健康涉及公共卫生，无论国外还是国内，公共卫生伦理都成为一个新兴的应用伦理学研究领域。

第一节　概　述

健康是公民的权利,也是一种责任。健康的体魄是生活幸福、事业成功的基础,强调健康责任、增强健康意识、遵守健康道德,是提高人类健康水平和促进社会发展的重要保证。

一、健康与亚健康

(一) 健康

健康是人类生存和发展的基础。随着人类社会的发展,人们对健康的认识和需求发生了很大改变,健康的概念不断地被赋予了新的含义。

1. 健康的概念　早期健康的概念通常被定义为"机体处于正常运作状态,没有疾病"。20世纪中期以后,健康的内涵由单一的生理健康发展到生理、心理和社会健康。1948年世界卫生组织首次提出:"健康是一种身体上、精神上和社会上的完好状态,而不是没有疾病和虚弱现象",把人的健康从生物学的意义扩展到了精神和社会关系(社会相互影响的质量)两个方面的健康状态。1978年世界卫生组织在《阿拉木图宣言》中将三者紧密联系起来,首次从"人"的角度以整体的观点来定义健康,着重强调生理健康、心理健康及良好的社会适应性。1990年世界卫生组织进一步深化了健康的概念,从四维角度予以定义,即生理健康、心理健康、社会适应性良好以及道德健康的四维健康观(又称现代健康观),具体内涵有:

(1)**生理健康**:人体生理功能上健康状态的总和,是心理健康的物质基础。

(2)**心理健康**:心理的各个方面及活动过程处于一种良好或正常的状态。

(3)**社会适应性良好**:个体拥有逐渐接受现有社会的道德规范与行为准则,受到社会环境刺激能够在规范允许范围内做出正确反应的能力。

(4)**道德健康**:不以损害他人的利益来满足自己的需要,具有辨别真与伪、善与恶、美与丑、荣与辱等是非观念,能按照社会行为的规范准则来约束自己及支配自己的思想和行为。

从上述对于"健康"的多种定义可以发现,在肯定人的自然属性的同时,强调人的社会属性,是人们对健康认识的一大重要突破。

2. 大健康观　大健康观是根据时代发展、社会需求与疾病谱的改变,围绕人的衣食住行、生老病死,关注各类影响健康的危险因素,提倡自我健康管理,为人民群众提供全方位、全周期健康服务的一种新的健康理念。它将健康问题的解决从"以疾病治疗为中心"转变为"以促进健康为中心",追求的不仅是个体身体健康,还包含精神、心理、生理、社会、环境、道德等方面的健康;提倡的不仅有科学的健康生活,还有正确的健康消费。

(二) 亚健康

世界卫生组织将机体处于无器质性病变,但有一些功能改变的状态称为"第三状态",我国称为"亚健康状态"。亚健康多指无临床症状和体征,或者有病症感觉而无临床检查证据,但已有潜在的发病倾向,身体处于一种机体结构退化和生理功能减退的低质与心理失衡状态。

1. 亚健康的个体表现　亚健康在身体、心理、情感、思想和行为方面的主要表现有:

(1)**身体亚健康**:多表现为困倦易睡、浑身乏力、面容憔悴、腰酸背痛、胸闷气短、皮肤干燥、四肢麻木、面部水肿、脱发、多汗、性功能减退、心律不齐等。

(2)**心理亚健康**:诸如记忆力减退、注意力分散、精神萎靡、烦躁不安、情绪低落、缺乏自信、无安全感、多梦易惊等。

(3)**情感亚健康**:主要有过于依赖、霸道、冷漠、怀疑、孤独、空虚、自卑、猜疑、自闭、轻率等。

(4)**思想亚健康**:表现为思想表面化,脆弱、不坚定,容易接受外界刺激并改变自我等。

（5）**行为亚健康**：比如行为失常、无序、不当、偏激等。

2. 亚健康的危害　亚健康是健康与疾病之间的临界状态，由于在身心两方面都存在未老先衰的多种征象，也称"早衰综合征"，从轻到重对人体造成以下危害：

（1）明显影响工作效率、生活及学习质量。

（2）多数亚健康状态与生物钟紊乱构成因果关系，直接影响睡眠质量，加重身心疲劳，引发慢性疲劳综合征或抑郁。

（3）身体或心理亚健康极易相互影响，导致恶性循环，引发精神或机体疾患。

（4）亚健康是大多数慢性疾病的病前状态，大多数恶性肿瘤、心脑血管疾病和糖尿病等均是从亚健康状态转入的。

（5）严重亚健康可明显影响人体寿命，造成早衰，甚至导致突发急症。

3. 亚健康产生的因素

（1）**主要原因**：环境污染、食品安全、交通拥堵、人际关系不和谐等。

（2）**重要原因**：工作压力、事业竞争、体力透支、过度用脑等。

（3）**直接原因**：休息不足特别是睡眠不足，生活无规律，如大量吸烟、酗酒、经常熬夜等不良生活方式。

4. 摆脱亚健康的原则

（1）**适度原则**：坚持实事求是，客观地认识自己的工作能力，正视困难。

（2）**乐观原则**：乐观待己、待人、处事，遇事放得下、想得开。

（3）**和谐原则**：努力改变生活结构失衡状态，保障睡眠、均衡营养、培养兴趣、能自我减压。

二、健康伦理的内容

（一）健康权利

健康权是公民的一项重要的基本权利，也是公民享受其他权利的前提。

1. 作为人权的健康权　1946 年通过的《世界卫生组织宪章》承认健康为基本人权。此后，《世界人权宣言》等越来越多的国际宣言和国际条约明确规定了健康权，而且肯定了健康权作为人权的性质。健康权作为人权，意味着毫无例外地向所有人提供健康方面的保障，不论其购买能力、职业、信仰、性别、是否残疾以及任何其他可能引起歧视的因素。

2. 作为基本权利的健康权　将健康权纳入宪法之中作为基本权利，有助于避免健康权受到国家公权力的侵害，有益于确保国家承担保障公民健康权的义务。1925 年的智利宪法明确提及健康权。我国宪法第二十一条规定，国家发展医疗卫生事业，发展现代医药和我国传统医药，鼓励和支持农村集体经济组织、国家企业事业组织和街道组织举办各种医疗卫生设施，开展群众性的卫生活动，保护人民健康。国家发展体育事业，开展群众性的体育活动，增强人民体质。宪法第二十六条第一款规定，国家保护和改善生活环境和生态环境，防治污染和其他公害。

3. 作为民事权利的健康权　很多国家都将健康权写进本国民法典，这一立法现象本身就向世人昭示了健康权应当属于民法保护下的民事权利。例如德国的民法典第 823 条第 1 款规定："因故意或过失，不法侵害他人的生命、身体、健康、所有权或其他权利的，对所产生的损害应负赔偿责任。"我国的民法典第一千零四条规定："自然人享有健康权。自然人的身心健康受法律保护。任何组织或者个人不得侵害他人的健康权。"

（二）健康责任

2016 年 11 月，第九届全球健康促进大会提出的口号是"人人享有健康，一切为了健康"。健康是每个人与生俱来的权利，更是每个人应尽的责任与义务。具体包括：

1. 健康的个人责任　个人的健康责任意味着选择一种健康的生活方式，意味着在个人能够合理控制的范围内减少健康风险因素。当个体患病时,应充分认识到患病是不符合社会需求的一种状态,并尽可能地寻求和利用医疗服务,把康复作为己任。正如萨斯(T.Szasz)所言:"在医学领域,作为公民的每一位病人在生活方式、生活质量和生活目的方面负有更大责任。"

2. 健康的社会责任 社会责任是公民超越于利己行为之外的职责行为或者利他行为。就健康而言,公民的社会责任主要表现为:一方面,积极参加与人群健康有关的社会公共活动,如植树造林的环保活动、戒烟的宣传教育、艾滋病防治等;另一方面,不做危害他人健康行为的举动,不侵犯他人的健康权益,如不在公共场所吸烟、不乱丢垃圾、不随地吐痰等。

3. 健康的政府责任 19世纪后半叶,伴随着欧洲工业化进程,卫生服务的提供开始成为国家政府的基本职责。首先,政府应该把增进人民健康作为卫生工作的首要目标。其次,政府要协调各个部门,把卫生工作的目标、内容和任务变成各个部门目标、内容和任务的一部分,各尽其责。第三,政府应当制定公正合理的卫生法律法规及各项规章制度,保证各项卫生事业有法可依。第四,政府应组织实施健康教育,促进公民建立良好的生活习惯。

(三) 健康公正

公正范畴应用于医学领域,就是所谓健康公正,其哲学基础在于生命面前人人平等。

1. 健康公正的关键是卫生资源分配的公正 卫生资源分配包括宏观分配和微观分配。宏观分配公正是指整个国民收入的多少比例用于医药卫生领域才算公正,这些用于卫生领域的资源在各个具体项目上又应该如何再次分配才算公正。微观分配是指医务人员如何和根据什么在病人之间分配可得到的各种医药资源和服务,尤其是稀缺的医药资源和昂贵的服务。

2. 健康公正的出发点和落脚点是结果公正 世界卫生组织和瑞典国际发展合作署在《健康与卫生服务的公平性》中指出,健康公正意味着生存机会的分配应以需要为导向,意味着社会成员共享社会进步的成果。卫生保健要努力降低社会人群在健康和卫生服务利用方面存在的不公正的和不应有的社会差距,消除不同的社会群体之间的系统性差异,以结果公正促进健康的实质性公正。

3. 健康公正的核心是关注特殊群体的健康 各级政府应当对特殊群体如外来务工人员、容易患职业病的社会群体的健康水平给予更多的关注,致力于消除他们在健康方面面临的问题。所有促进健康公正的政策和方案的制定都不应该忽视这一点,有针对性地满足特殊群体的健康需求,这有助于促进社会整体的健康公平,提升全体社会成员的健康水平。

三、全球健康伦理与"健康中国战略"

(一) 全球健康伦理

全球健康是指跨越国家和政府边界,需动用全球性力量来解决的健康问题。全球健康伦理是随着全球性公共健康问题特别是公共健康危机的不断暴发和公共健康国际合作的不断加强而产生的对全球健康的伦理研究,是对全球健康危机产生的社会根源、公共健康与社会正义、国家间的健康利益关系等问题进行的伦理反思。

1. 全球健康的产生 全球健康的产生与兴起主要源于三个方面。首先,全球化的发展进程及其影响使得跨越国界的健康风险剧增,某一国家或地区的健康威胁在较短时期内就会成为全球的隐患,使卫生领域的危害超越了国界。其次,"跨越国界"的健康问题的出现使健康的社会决定因素越来越全球化,一个国家居民的健康发展和安全不仅在于本国的社会和卫生发展状况,还取决于全球社会经济、环境及卫生发展状况,依存于其他国家健康安全状况。第三,全球范围内危害健康的因素和健康社会决定因素的全球化、复杂化和多元化,必须通过全球性的共同认知和共同行动加以解决。

2. 全球健康的内涵 全球健康将"健康"作为公共物品,以国家和不同人群健康的公平性为主要目标。美国科学院医学协会将全球健康定义为"超越国界的或者可能受到某些国家本身条件和遭遇影响的健康问题与重大争议,而联合行动是解决这些问题的最佳办法。"美国埃默里大学全球健康研究所主任柯普兰(Jeffrey Koplan)及其同事提出"全球健康对促进世界范围内所有人健康公平性的学术、研究和实践的一种优先选择领域。"全球健康重视跨越国界的健康问题、健康决定因素及其解决途径,这些理念和行动超越了生物医学科学的范畴。

3. 全球健康促进目标与策略

(1)**全球健康促进目标**:为促进全球健康,世界卫生组织于1986年11月21日在加拿大渥太华召开了第一届国际健康促进大会,大会发表了《渥太华宪章》,将健康促进定义为"促使人们维护和改善他们自身健康的过程",以期2000年和更长时间达到人人享有卫生保健的目标。在第一届世界健康促进大会30年后,2016年11月世界卫生组织在上海召开了第九届全球健康促进大会,大会以"可持续发展目标中的健康促进"为主题,并提出了全球健康促进的目标:促进全民健康,消灭贫困,共同致力于促进"2030年可持续发展议程"的实现。

(2)**全球健康促进策略**:《渥太华宪章》提出了健康促进的"五策略"。①制定健康促进的综合性公共政策:包括政策、法规、财政、税收和组织改变;②创造支持性环境:任何健康促进策略必须创造良好的环境以及保护自然资源;③强化社区性行动:通过具体和有效的社区行动,达到促进健康的目标;④发展个人技能:通过提供信息、健康教育和提高生活技能以支持个人和社会的发展,更有效地维护自身健康和生存环境;⑤调整服务方向:更重视健康研究及专业教育与培训的转变,并立足于把一个完整的人的总需求作为服务对象。

4. 全球健康伦理解读

(1)**实现全球健康的公平性与可及性**:促进全球健康公平性是全球健康伦理的核心原则。全球健康兴起的初衷正是基于全球健康促进是应对全球性健康不公平的有效方式,为实现全球健康公平目标提供了新的视野和途径。世界经济发展的不均衡,带来的是不可预测的灾难和风险。全球许多地方由于缺少健康所需要的基本生活条件,使因贫致病者在世界各地大量存在,从而危害全人类的健康。全球健康伦理旨在关注全球范围健康的公平性和健康影响因素,而不仅仅是一个特定国家或地区人群的健康状况及其健康影响因素;关注健康和疾病及其决定因素的全球分布,重视全球化过程对健康的影响以及全球卫生治理性质的变化;重视超越国家和政策部门界限的相互依存关系和应对策略,促进人类健康共同均衡地提高。

(2)**尊重健康认知的差异性和多样性**:由于各国传统文化特别是道德文化的差异,各国在关乎全球健康问题的道德标准上仍然存在明显差异。同时,随着全球化的发展,虽然世界各国的价值观在一些方面存在某种趋同的现象,但它与价值取向的多元化和多样化仍然是一对矛盾。不同的国家在包括全球健康在内的经济与社会发展的各个领域都存在不同的价值取向。因此,全球公共健康伦理应以人类健康的公共理性为基础,在包括国家在内的不同道德共同体之间展开充分的对话和交流。

(二)"健康中国战略"

实施"健康中国战略",增进人民健康福祉,事关人的全面发展、社会的全面进步,事关"两个一百年"奋斗目标的实现,必须从国家层面统筹谋划推进。

1. **"健康中国战略"的提出**　2015年,"健康中国"首次写入政府工作报告。2016年,党中央、国务院召开了新世纪以来第一次全国卫生与健康大会,确立新时期党的卫生与健康工作"三十八字"方针,开启了"健康中国"建设的新征程。2017年召开的党的十九大,提出实施"健康中国战略",标志着这一重大决策正式成为国家战略,并相继颁布出台了《基本医疗卫生与健康促进法》《健康中国行动(2019—2030年)》,把健康中国战略的理念和要求融入人民群众日常生产生活的方方面面,为实现从以治病为中心转向以人民健康为中心提供了有效抓手。2022年召开的党的二十大,提出了"推进健康中国建设,把保障人民健康放在优先发展的战略位置",为中国健康事业的发展指明了方向,为推动构建人类卫生健康共同体贡献中国力量。2024年召开的党的二十届三中全会,进一步提出"实施健康优先发展战略",为"健康中国"建设绘制了一幅宏伟蓝图,为进一步锚定2035年建成健康中国的宏伟目标,为中国式现代化筑牢健康根基,提供了强大的健康动力。

2."健康中国战略"建设目标 "共建共享、全民健康"是建设健康中国的战略主题,其中共建共享是建设健康中国的基本路径,全民健康是建设健康中国的根本目的。

"健康中国战略"的主要目标:到2030年,促进全民健康的制度体系更加完善,健康领域发展更加协调,健康生活方式得到普及,健康服务质量和健康保障水平不断提高,健康产业繁荣发展,基本实现健康公平,主要健康指标进入高收入国家行列。

3."健康中国战略"的伦理分析

(1)**彰显了健康道德的终极伦理价值**:将"健康中国"上升为国家战略,从"发展医疗卫生"到"推进健康中国建设",意味着要"以健康为中心",这必然会大大提升"健康"的道德价值和道德地位。"医疗"和"卫生"只是保障和维护人们"健康"的一种手段而已,仅仅具有工具性和手段性的道德价值,而"健康"才是根本的目的和目标,才具有更终极性的道德价值。

(2)**体现了国家政策的制度伦理设计**:民之所望,施政所向。当前,《"健康中国2030"规划纲要》将"健康中国"作为一项国家战略提了出来,明确维护人民健康的国家责任,是党对人民的郑重承诺,凸显了党和国家对保护国民健康的高度重视,也切实体现了以人为本、执政为民、"让人民群众有更多获得感"的执政理念。同时,也是中国积极参与全球健康治理、履行对联合国"2030可持续发展议程"承诺的重要举措,向国际社会承诺中国国家和政府的健康道德责任。

(3)**反映了执政为民的人本伦理诉求**:人人健康,人人幸福,这是百姓的期盼。《"健康中国2030"规划纲要》战略提出"人民共建共享"健康以及"倡导健康文明的生活方式",正好契合了"人人为健康,健康为人人"的健康道德基本原则。"健康中国"聚焦的是每一生命个体的健康需求和健康利益。在全民视域覆盖下的"健康中国",以人民群众健康需求为导向,以提高健康水平为目标,以公平、公正为制度设计,强调全社会人人参与,人人尽责,加强对与健康有关的重大的和长远的问题的有效干预,从而实现个人健康利益的最大化。

知识拓展

健康中国行动(2019—2030年)

《健康中国行动(2019—2030年)》是2019年6月底前由国家卫生健康委负责制定的发展战略。该战略以"大卫生、大健康"为理念,坚持预防为主、防治结合的原则,以基层为重点,以改革创新为动力,中西医并重,把健康融入所有政策,针对重大疾病和一些突出问题,聚焦重点人群,实施15个重大行动,政府、社会、个人协同推进,建立健全健康教育体系,促进以治病为中心向以健康为中心转变,提高人民健康水平。

15个重大专项行动具体包括:健康知识普及、合理膳食、全民健身、控烟、心理健康促进、健康环境促进、妇幼健康促进、中小学健康促进、职业健康保护、老年健康促进、心脑血管疾病防治、癌症防治、慢性呼吸系统疾病防治、糖尿病防治、传染病及地方病防控。

四、公共卫生与公共卫生伦理

(一) 公共卫生

公共卫生是关系到一国或一个地区人民大众健康的公共事业。公共卫生的具体内容包括对重大疾病尤其是传染病的预防、监控和医治,对食品、药品、公共环境卫生的监督管制,以及相关的卫生宣传、健康教育、免疫接种等。

1. 公共卫生的概念 公共卫生又称公共健康。美国耶鲁大学公共卫生学院温思络教授认为,公共卫生是通过有组织的社区努力来预防疾病、延长寿命和促进健康的科学和艺术,包括改善环境卫生、控制传染病、提供个体健康教育、组织医护人员提供疾病的早期诊断和治疗,建立社会体制,保证社区中每个人都能维持健康的生活标准,实现其与生俱有的健康和长寿的权利。美国公共卫生学院学会认为,公共卫生是通过健康教育、促进健康的生活方式和对疾病伤害的预防研究,来保护和促进人群健康的科学。

由此可知,公共卫生的内涵:①公共卫生是一种维护和促进健康的社会方法,包括了公共卫生干预、社会和公民的广泛参与;②公共卫生的目标是全体公民的健康长寿;③公共卫生以预防为主;④公共卫生是一种集体权利。

2. 影响公共卫生的因素 公共卫生源于公共生活,多种因素促成了公共卫生问题在现代社会的凸显,主要有以下几方面因素:

(1) **各类环境因素**:由共同的生活环境或工作环境所导致的公共卫生问题,包括职业病、生活方式病、食源性疾病等对公共卫生的严峻挑战。

(2) **医疗卫生体制**:与医疗卫生体制密切相关的公共卫生问题。

(3) **公共卫生安全**:因公共卫生安全引发的公共卫生问题,如重大传染病疫情、群体性不明疾病、交通事故、环境污染等对公共卫生的威胁问题。

(二) 公共卫生伦理

伴随着医学模式、健康理念的转变,医学不仅扩大了服务范围,也扩大了医务人员的社会责任。医务人员一方面必须正确处理病人个体与社会整体的利益关系,另一方面需要在医疗卫生资源的配置中做出合乎伦理道德的选择。

1. 公共卫生伦理学的概念 公共卫生伦理学是研究在创建健康社会、维护公众健康方面的社会道德关系、道德责任和道德规范的一门科学。它以人类健康与自然、社会、心理等因素之道德关系为研究对象,以揭示健康道德的本质及其发展规律为目的,全面研究以群体健康为中心的伦理问题。

2. 公共卫生伦理学的研究范围 公共卫生涉及政府、组织、公众、医务人员等利益攸关者,公共卫生伦理必须对其道德责任作出相应的规定。因此,公共卫生伦理学的研究范围包括健康促进、疾病预防与控制、公共卫生结构的合理调整等公共卫生问题,其功能在于为公共卫生研究和实践提供价值规范和伦理准则。

3. 公共卫生伦理的特点

(1) **目标的超前性**:与临床医学伦理关注病患不同,公共卫生的目的是减少疾病发生的概率,从整体上改善群体的健康状况,关注的是未来的人类痛苦,体现了其道德关怀的超越性。

(2) **价值的社会性**:公共卫生的最终价值体现在社会层面。一是目标的实现需要政府、卫生机构、社会公众的参与,需要全社会的共识与支持;二是受益者是大多数社会成员;三是可能牺牲少数人的利益以保护公众的健康,如控烟行动。

(3) **效益的滞后性**:从现有的成果看,公共卫生具有巨大的经济、社会效益,但效益的显现往往滞后。如人类对天花的控制,从1796年爱德华·詹纳发明牛痘疫苗,直至1979年世界卫生组织宣布全世界消灭天花,伦理价值在183年后才充分显现,而其科学价值、社会影响和经济利益无法估量。

4.公共卫生伦理准则 公共卫生伦理准则是指在公共卫生领域中处理人与人之间以及个人与集体、社会、自然之间关系的根本指导原则,是衡量和评价人们健康行为的最高道德标准,具体包括以下几点:

(1)**全社会参与准则**:临床工作可以由科室内部、科室之间配合完成,公共卫生工作则不同,需要上至政府下至不同层级的机构、社会团体等多部门的密切合作,以及全体社会成员的共同努力才能完成,其中任何一个环节出现差错,都可能导致工作目标的失败。

(2)**社会公益准则**:公共卫生的目标是人群,公共卫生伦理最重要的原则就是使目标人群受益,避免、预防和消除对他们的伤害。评价公共卫生行动的效果,既要判断给目标人群或全社会成员带来的利益,也要分析相关人员面临的风险、负担以及损害,使必要的损失最小化、群体受益最大化。社会公益准则优先是公共卫生伦理学的特点。

(3)**社会公正准则**:公正准则包括分配公正、程序公正、回报公正三个方面。

分配公正是确保所有社会成员之间公平、公正地分配资源、受益和负担,包括形式公正和实质公正两个方面。形式公正是指一视同仁,确保每个人都能平等地获得公共卫生服务;实质公正则规定了可用来作为分配资源、受益和负担所依据的标准,例如在疫苗分配时优先考虑高风险群体。

程序公正是确保公共卫生行动过程的公正性,其基本要求包括公共卫生信息保持公开与透明,公共卫生行动政策与决策公开,每一个利益攸关方与公众有机会参与等。

回报公正是对于在公共卫生行动中作出了贡献的人,社会应予以适当的回报;反之,导致公众健康严重损害者,则应受到相应的处罚。回报公正是社会有效运转的控制机制,可以通过经济、精神或两者共用等方式实现。

(4)**互助协同准则**:工作人员和目标人群要建立互信关系,公共卫生工作才能取得良好的效果。社会成员应当认识到公共卫生的重要性,积极合作,踊跃参与。当个体行为影响公共卫生时,应自我约束,并采取有效的预防措施,将负面效果控制到最小。

(5)**信息公开准则**:在公共卫生工作中,坚持信息公开是对公众知情权的尊重,并以此取得公众的谅解和支持,达到维护公共健康的目的。同时要尊重每个人的自主权、隐私权,在侵犯个人利益与保护群体利益之间寻求平衡,在致力于保护公众健康的同时,尽可能确保被侵犯的个人利益程度最轻、时间最短。

5.公共卫生工作者的伦理责任 根据医学伦理学的基本原则,结合公共卫生工作的特点和要求,公共卫生工作者的伦理责任主要有:

(1)以"**大健康观**"为工作指导:"大健康观"由以"疾病、病人及其治疗"为中心,扩大到以"健康、健康人和保健康复"为中心。道德主体扩大,不仅包括医务人员,所有相关的各类机构及其工作人员、各类社会组织甚至每个社会成员都要受到约束,如控烟行动就与每个人的利益相关;行为内容扩大,将日常生活的许多行为纳入公共卫生伦理范畴,如不健康的生活方式、破坏环境的行为等;评价体系更加完善,合乎医德的行为不仅包括促进病人身体、心理与社会功能的恢复,还包括教育健康人群采取健康生活方式,促进社会发展。

(2)以**健康促进与健康教育**为工作重点:要实现公共卫生的工作目标,需要全社会积极参与,更需要每个人具备一定的健康知识和技能。从途径与效果看,健康促进与健康教育是提升国民健康水平最直接、最有效、最经济的手段。

(3)以**维护公共卫生和实现预防保健**为最终目标:公共卫生工作者应努力创造良好的公共卫生环境,提高社会成员的生活水平,如促使农村饮用水达标、粪便做无害化处理;开展全民预防保健,防控传染病、职业病、地方病,减少流行病发生率,控制疾病发生的范围和程度,争取早发现、早预防、早治疗。

第二节　生态环境伦理

进入 21 世纪,人类在加速创造社会财富与物质文明的同时,也严重破坏了生态环境和自然资源。随着"人类命运共同体"理念的广泛认可,世界各国不仅纷纷出台保护生态环境的法律法规,而且开始思考如何谋求人类与自然的和谐共生。

一、概述

(一)生态环境伦理的概念

工业文明对生态环境影响的日益加剧,使人与自然的矛盾日益突出,当人类认识到自身行为已经极大地影响或改变了生态环境之后,开始思考人在生态系统中的位置,反思人与自然的关系,制定相应规范,约束控制人类自身某些行为,并形成了新的伦理规范——生态环境伦理学。生态环境伦理学是研究人类自身与生态环境关系的道德规范体系的科学,包括人与自然的道德关系以及受此关系影响的人与人的道德关系两方面。

(二)生态环境伦理的特点

与其他伦理规范相比,生态环境伦理具有其自身的特点:

1. 超越传统伦理的束缚　将伦理的范围扩大到人与自然,要求人类在利用自然的同时,自觉尊重自然,接受相应的道德约束。

2. 超越传统伦理的价值　将善的追求从当代人之间扩展到代际之间,目的是保护子孙后代的利益。

3. 超越传统伦理的目的　将和谐从人与人之间扩展到人与自然之间,把人类向自然争取生存的行为限制在合理的程度内。

4. 超越传统伦理的自律性　不再只是行为倡导,而是扩展为强制性规范,形成国际公约、国家法律,以强制力确保实施。

(三)中国传统生态环境伦理思想

中国是有着五千年文明的国家,在长期的农业文明时期形成了丰富的生态环境伦理思想。儒家思想作为中国主流意识,形成了许多反映人与环境、气候关系的思想。

1. "天人合一"的人与自然关系　《易经》认为自然界有天、地、人"三才",天地人虽各有其道,但又互相联系,"天人合一"所阐述的就是人与万物共生同处的关系。

2. 推己及物的生态关爱　孟子的"仁民而爱物",以及宋明理学认为人与物都是秉天地之气而生,倡导爱一切人、一切物。

3. 万物人为贵的责任意识　《黄帝内经》明确指出:"天覆地载,万物悉备,莫贵于人。"唐代医学家孙思邈在《大医精诚》中指出:"人命至重,贵于千金。"通过认识世界、改造自然、维护社会和谐,人类赋予了自身更多的责任和价值追求。

(四)环境与健康的关系

随着医学的发展,人类已经认识到作为一种社会动物,人的健康不仅受到生物遗传因素的影响,也会受到环境的影响,尤其是社会环境的影响。健康与环境是对立统一的关系,既有统一性、适应性,又有对立性、反作用性。

1. 自然环境与健康的对立统一　健康与自然的统一性体现在两方面:一方面,人和环境通过不断进行物质、能量、信息交换,保持动态平衡而成为不可分割的统一体,如人体血液中 60 多种元素与地壳中元素的含量一致,说明人与环境的高度一致性;另一方面,人类不断地适应自然、改造自然,环境为人类提供了生命所需和生产场所,如长期生活在海拔 3 000m 以上的人群,为适应高海拔生活,体内红细胞和血红蛋白会代偿性增多。

健康与自然还具有对立性,自然环境中的很多因素对人体有益,但过量会损害健康甚至危及生命,如适量的紫外线照射能提高抗病能力,但过强、过多接受紫外线会增加皮肤癌的发病概率。人类对大自然的过度开发,往往又会招致大自然的报复,给人类带来灾难,如现代农业、畜牧业等对化学制品的依赖,化肥、除草剂、激素等过度使用,使得环境污染加剧。健康与疾病是环境与机体相互作用的结果,这一论断进一步被科学所证实。

2. 社会环境与健康的对立统一　社会属性是人的根本属性,社会的存在和发展离不开人,人的生存与发展依赖于社会。个人通过社会交往,获得道德规范、知识技能、文化习俗等生存技能,人的生命、情绪和疾病也与社会环境因素息息相关。当人体不能对社会环境做出恰当的反应时,就可能导致强烈而持久的生理不适,产生一系列患病症状。社会因素对健康的影响有直接和间接两种,生活方式、风俗习惯等可以直接作用于人体,像酗酒等不良生活方式会严重影响健康,而工作压力过大、对新环境不适而带来的紧张、焦虑等心理问题,则间接影响健康,因而社会因素对健康的影响不容小视。

二、自然环境与健康

(一) 环境污染对健康的影响

目前,环境污染的来源主要有生产性污染(工业"三废"、农业生产中化学制剂的使用)、生活性污染(日常生活产生的垃圾、污水、排泄物等)以及其他污染(噪声、光、各种辐射等),对健康的影响具有广泛性、多样性、复杂性、长期性的特点。

1. 环境污染对健康的危害

(1)急、慢性危害:急性危害是因为短时间内污染物大量进入环境,使暴露人群迅速出现不良反应、急性中毒甚至死亡,如伦敦烟雾事件、切尔诺贝利事件;慢性危害则是污染物剂量小、时间长,反复作用于机体,导致机体生理功能、免疫功能下降或儿童生长发育迟缓,患病率、死亡率增加,如日本的水俣病。

(2)致癌危害:现代医学证明,80%~90% 的癌症与环境有关,有害因素会通过环境暴露、不良饮食或职业接触导致肿瘤的高发,比如大气污染与肺癌的发生相关,苯含量超标引发白血病等。

(3)致畸危害:致畸作用是一种发育毒性表现,是指妊娠期接触外界因素而引起的后代畸形。目前认为,放射性物质、某些药物和化学毒物及风疹病毒会干扰胎儿正常发育,"海豹儿"就是服用了俗称"反应停"的药物造成的。

(4)致突变危害:包括基因突变和染色体畸变,环境中某些化学性毒物、物理因素(如 X 射线、紫外线等)及生物因素,可致不孕、死胎及遗传性疾病。

2. 环境污染引起的疾病

(1)公害病:因环境污染造成的地区性中毒疾病,具有共同的病因、症状和体征。20 世纪 50 年代以来,公害病已经成为全球性的重大社会问题,如与大气污染有关的慢性呼吸道疾病、由含汞废水引起的水俣病、由含镉废水引起的痛痛病等。

(2)职业病:由有害的生产环境所引起,如制鞋工、油漆工易患的苯中毒,矿工易患的硅沉着病等。

(3)传染病:传染病在人与人之间、动物与动物之间、人与动物之间相互传染,处理不当可造成疾病暴发流行(如霍乱、鼠疫、伤寒等)。

(4)食源性疾病:因摄入不洁食物而引起感染或中毒,包括传统的食物中毒、误食有毒有害物质后出现的非传染性疾病,也包括化学物质污染食品导致的急、慢性中毒。

(二) 自然环境伦理准则

要减少环境污染对健康的影响,实现人与自然的和谐,就必须同时处理好三对伦理关系,即当代人之间的关系、当代人与后代人之间的关系以及人与自然之间的关系。环境伦理为我们处理和调整这三对伦理关系提供了三条基本的伦理原则。

1. 环境正义原则　其内在要求是:权利与义务的对等,享受一定权利的人要履行相应的义务;"享有一个健康、安全而完整的环境"是一项基本人权,因而破坏环境的行为是一种侵权行为。环境正义有分配正义和参与正义两种形式。分配正义,要求共享公共环境的好处、共担风险,同时坚持"谁污染、谁治理"的原则,对破坏环境的行为依法处罚。参与正义,是指每个人都有权利参与制定环境相关的法律和政策,使得有关各方都有机会表达观点,各方的利益诉求都能得到合理的关照。参与正义是环境正义的一个重要方面,也是确保分配正义的重要程序保证。

2. 代际平等原则　从代际伦理的角度讲,代际平等原则是人人平等这一伦理原则的延伸。权利平等是平等原则的核心要求,当代人享有生存、自由、平等、追求幸福等基本权利,后代人同样也享有这些基本权利。当代人在追求和实现自己的这些基本权利时,不应当减少和损害后代人的利益。从社群伦理的角度看,人类社会是一个由世代相传的不同代人组成的道德共同体,每一代人都从上一代人那里"免费地"继承了许多文化和物质遗产,因此,给后代人留下一个适宜的生态环境是我们这一代人的基本义务。

3. 尊重自然原则　尊重自然是科学理性的升华,人类的命运与生态系统中其他生命的命运是休戚相关的,对自然的不尊重实际上就是对人类自己的不尊重;尊重自然是人类道德进步的表现,现代社会对自然的尊重已经成为一个国家、一个民族文明程度的重要指标之一,也成为一个人有教养的标志;尊重自然是人类文明发展的必然要求,人类文明只有实现从工业文明到生态文明的转型,把尊重自然作为调整人与自然关系的基本准则,才能真正找到解决目前日益严重的环境危机的方法,真正实现文明与自然的和解。

知识拓展

碳达峰与碳中和

气候变化是当今人类面临的重大全球性挑战。为积极应对气候变化,2020 年 9 月,我国宣布了二氧化碳排放力争于 2030 年前达到峰值,努力争取 2060 年前实现碳中和的目标。

所谓碳达峰是指全球或一个地区的二氧化碳排放总量在某一时间点达到历史最高点,即碳峰值,经平台期后进入持续下降的过程。碳达峰是碳排放量由增转降的历史拐点。

所谓碳中和是指将人类经济社会活动所必需的碳排放,通过植树造林和其他人工技术或工程加以捕集利用或封存,从而使排放到大气中的二氧化碳净增量为零。

碳达峰和碳中和目标是为积极应对气候变化这个全球性重大挑战而提出的,它不仅是我国实现可持续发展的内在要求和加强生态文明建设、实现美丽中国目标的重要抓手,更展现了负责任大国的担当。

三、社会环境与健康

(一) 社会环境对健康的影响

社会环境因素十分复杂,既包括以生产力水平为基础的经济状况、社会保障、教育、科技、人口,也包括了以生产关系为基础的社会制度、法律规范、婚姻家庭、文化水平、医疗保健,而且各因素之间还有密切的联系,对健康的影响具有发散性、持久性、交互性的特点。

1. 经济发展对健康的影响　社会经济发展与健康是辩证统一的。首先,经济发展与居民健康是正相关的关系,经济发展使公共卫生设施与医疗保险制度更加完善,健康水平不断提升,人均寿命延长;其次,经济发展会带来一些健康问题,比如引发"现代文明病",或称"生活方式病",使人经常处于"亚健康"状态,这些现象也应给予足够的重视。

2. 文化素养对健康的影响　国内外很多研究表明,一个人受教育程度与健康状况存在强相关关系。受教育程度越高的人,对生活和健康的掌控力越强,患病率越低,寿命越长。此外,妇女受教育的程度也关系到下一代的健康。

3. 心理因素对健康的影响　随着生活节奏的加快及职场竞争越来越激烈,人们承受的压力也越来越大,对人体产生应激,超出人体承受能力时,压力就会成为破坏力,影响健康甚至导致精神和躯体疾病。

4. 不良行为对健康的影响　人们的不良行为通过特定的神经系统的活动,产生某些激素的分泌变化,直接影响人的生理、心理变化,产生消极情绪和行为,可以导致性格异常,或引起高血压、糖尿病、恶性肿瘤等疾病,从而危害人体健康。

5. 人口状况对健康的影响　人口的数量、质量与健康也有着十分密切的关系。人口无节制的增长,会造成人口与资源的失衡;人口密度过大,会使环境质量下降;人口增长过快,会导致就业压力增加、教育资源短缺、交通拥堵、医疗卫生资源不足等一系列社会问题从而降低人口的健康水平。

(二) 社会环境伦理道德

1. 遵守公德,文明礼貌　中国是一个崇礼的国度。荀子说:"人无礼则不生,事无礼则不成,国家无礼则不宁。"彬彬有礼的人,必然赢得人们的信赖和尊重。遵守社会公德,有助于防止不良社会风气的滋生和蔓延,创造良好的社会环境。

2. 敬老爱幼,助人为乐　师长、贤者是人生的向导和知识的传播者,担负着传承文明的重任,对社会作出了应有的贡献,应该受到后辈的尊敬。儿童是社会的未来,在德智体诸方面都处在成长的过程中,需要成人的关怀和照顾。因此,发扬敬老爱幼、助人为乐的传统美德,营造良好的社会风尚,是社会健康发展的基础。

3. 爱护公物,保护环境　公共财物是人类创造的物质成果,每个公民都有责任保护和增加社会公共财物。保护环境既包括保护自然生态环境,也包括保护文物资源、文化资源、公序良俗等社会资源。要树立"保护环境,人人有责"的观念,从自己做起,从身边的小事做起,努力养成有利于环境保护的生活习惯和行为方式。

第三节　疾病防控伦理

预防医学是现代医学的重要组成部分。世界卫生组织提出"人人享有卫生保健"的目标,就是从疾病预防的角度,通过初级卫生保健的途径来实现的。充分认识疾病预防的重要性,调整好各种伦理道德关系,既是贯彻落实"预防为主"卫生工作方针的需要,也是社会主义精神文明建设的重要内容之一。

一、疾病预防伦理

(一) 三级预防策略

预防医学是以人群健康为主要研究对象,采用现代科学技术和方法,研究、评价环境对健康和疾病的影响,并通过公共卫生措施达到预防疾病、增进健康的一门科学。由于预防医学的主要工作对象是人群与环境,因此工作范围从实验室扩大到社会实践,从生理预防扩大到社会心理预防,从单纯技术服务扩大到社会服务。

按照疾病的发展阶段,疾病预防形成了病前、病中、病后三级预防策略。

一级预防,即病因预防,针对病因或危险因素采取综合性预防措施,目标是防止或减少疾病的发生。

二级预防,即临床前期预防或"三早预防",做到早发现、早诊断、早治疗,目标是防止或减缓疾病的发展。

三级预防,即临床预防,采取及时、正确的治疗和康复措施,目标是防止残疾、终止疾病的发展、防止病情恶化、提高生命质量。

(二)疾病预防工作的伦理准则

1. 预防为主,积极防范 预防医学具有公益性、长期性的特点,疾病预防工作要贯彻"预防为主"的思想,通过改善环境卫生、保证食品安全、预防控制疾病、开展健康教育、完善社会体制等有组织的活动,实现预防疾病、延长生命、促进心理与躯体健康的目的。另外,宣传、树立"大健康观",对群体性疾病进行预测,提前采取切实有效的防治措施,防患于未然。

2. 面向社会,主动服务 预防医学具有社会性和广泛性的特点,要求工作人员一定要把社会效益放在首位,时刻牢记预防工作保护的对象是整个社会人群,应主动叩开千家万户的大门,为其查病、防病、治病;当受到冷遇甚至引起对立情绪时,更应以高度负责的精神、积极热情的态度,对可能的目标人群采取预防性保护措施。

3. 实事求是,科学严谨 一些疾病的发生和流行除具有明显的季节性和区域性外,还具有突发性和紧迫性的特点,预防医学工作者必须实事求是、一丝不苟,用科学的精神和严谨的态度去对待每一个环节。以预防接种为例,要形成牢固的免疫屏障,就必须覆盖90%~95%的易感人群,如果接种率不达标,就可能造成传染病的发生和流行,给人民群众的健康造成危害。

4. 秉公执法,兼顾各方 目前我国已建立健全了行政性和技术性的卫生防疫法规体系,预防医学工作者必须树立对全社会负责的伦理观,依法办事,不徇私情,决不能为了个人或小团体的利益有法不依,违法不究。同时,还必须正确认识和妥善处理在工作中所遇到的各种矛盾,如开展"工业三废"、环境污染、食药监管等卫生监测和监督工作,都需要依照国家的法律法规,分析企业行为的后果及危害性,帮助企业处理好经济效益与公众健康之间的关系,协调好各方利益。

5. 不为名利,勇于奉献 预防医学工作有范围广、内容杂、方法细的特点,但工作效果评价的滞后性和效益影响的深远性,容易使人们产生"重治轻防"的思想。作为预防医学工作者应不计名利、迎难而上、任劳任怨、勇于奉献,最大限度维护人民生命安全和公共健康。

二、疾病控制伦理

面对不同类型的疾病,医务人员在实施救治过程中,遵循国家法律,遵守职业规范,才能真正实现相应的医学目标。因此,疾病控制伦理经常与相应的职业活动准则相互重合。

(一)慢性病控制伦理

慢性病是对一类起病隐匿、病程长且病情迁延不愈、缺乏明确的传染性生物病因证据、病因复杂或病因尚未完全确认的疾病的概括性总称。常见的慢性病有冠心病、糖尿病、恶性肿瘤、精神疾病等,慢性病已经成为影响健康和导致死亡的重要因素。慢性病控制伦理要求有以下几点:

1. 全面贯彻落实三级预防策略 一级预防是预防慢性病发生的第一道防线,包括个体的预防、环境的预防和社会致病因素的预防。二级预防通过早期发现、早期诊断、早期治疗,有效地延缓慢性病进程,提高病人的生活质量,减少社会损失。三级预防采取对症治疗,并辅以各种康复治疗,减少痛苦,延长生命,力求病而不残,残而不废,促进康复。

2. 强化对病人和家属的知识教育与行为指导 慢性病病人长期带病生活,加强对病人及其家属的相关知识教育和健康行为指导,让病人自己采取恰当的行为与生活方式,控制疾病症状。

3. 关注病人心理健康并提供社会支持 给予慢性病病人充分的心理和社会支持,使其对疾病保持积极的态度,增强战胜疾病的勇气;并提供足够的社会资源,以分担病人及其家庭的生活压力。

(二) 传染病控制伦理

传染病指由于具有传染性的致病微生物侵入人体,使人体健康受到某种损害,以致危及不特定的多数人生命健康甚至整个社会的疾病,包括性病和艾滋病等性传播疾病。由于传染病能迅速在人群中传播,影响公众健康,社会危害极大,其控制有不同于一般疾病的伦理要求。

1. 严格执行隔离消毒措施和操作规程 隔离、消毒是传染病管理与防治工作中最重要的环节,也是公共卫生工作者与传染病斗争的重要内容。隔离是通过物理阻断的方式,防止传染病扩散。隔离对象包括传染病病人、传染动物,疑似病人、疑似传染动物。消毒主要是采取有效措施杀灭传染病病人可能散播的细菌、病毒或其他传染源,对象包括居住的场所、日常用品、排泄物、分泌物、接触使用过的医疗器械等。与传染病病人接触的医务人员,在离开病区时必须采取消毒措施,避免将致病微生物带出病区。

2. 坚持预防为主的积极防疫思想 与一般疾病相比,传染病病人的治疗十分重要,同等重要的还有易感人群保护,控制传染病流行范围,避免传染病大范围传播。在疫情发生的情况下,接种疫苗成为疫情防控较为有效、经济的办法。按照"应接尽接、梯次推进、突出重点、保障安全"的原则,积极组织实施疫苗接种,稳步提高疫苗接种人群覆盖率,筑起强大的免疫屏障,阻断疫情的传播,进而保护易感人群。

3. 尊重传染病病人的人格和权利 传染病病人,特别是性病、艾滋病病人,可能受到歧视、排挤。医务人员应该认识到传染病病人是传染性疾病的受害者,并不能为疾病、疾病传染负责,指责、歧视、排挤是错误的做法。在工作中,公共卫生工作者应尊重传染性疾病病人及疑似病人的各项正当权益。

4. 依法依规及时收集与上报疫情 现代社会已经建立了相对完善的传染病防治体系,以及时发现、隔离、治疗各种传染病病人。相关的医务人员应按照国家法律规定主动关注、通报相关传染病。这既是法定义务,又是最基本的公共卫生道德要求。

(三) 职业性损害控制伦理

职业性损害是指特定职业的劳动者,因工作原因接触到粉尘、放射性物质或其他有毒、有害物质,但因防护措施不力而引起的对健康的损害,如常见的尘肺病、苯中毒、职业性肿瘤等。职业性损害的防治伦理要求有:

1. 坚持"预防为主、防治结合"的工作理念 职业病预防重于治疗。公共卫生工作者应以《中华人民共和国职业病防治法》为指导,贯彻"预防为主,防治结合"的职业病防治方针,积极主动地进行职业卫生知识和技术的宣传教育,加强对特定职业劳动者的健康保护力度。

2. 坚持"深入一线、监督指导"的工作方式 深入工作现场,获得第一手资料。监督指导包括两个方面:一是劳动单位,从相关劳动场所的设计审查、竣工验收,到开工后的经常性监督检查;二是劳动者,从对相关劳动者进行职业病预防行为指导培训、体检,到发现职业病后及时报告与进行治疗。

（四）地方病控制伦理

地方病又称水土病,是由水源、土质原因引起的具有地域局限的疾病。其特点是在某一特定地区发病并长期流行,且有一定数量的病人表现出共同的病征,同特定自然环境密切相关。在我国分布广泛的地方病有克山病、大骨节病、地方性氟中毒、地方性甲状腺肿、克汀病等。地方病控制伦理要求:

1. 发扬吃苦耐劳的精神 地方病多发生在经济不发达、交通不便、卫生条件差的落后地区,这就要求公共卫生工作者具有吃苦耐劳的精神,主动深入到条件艰苦的地区,坚持在一线发现问题,进行现场指导并解决问题。

2. 强化教育指导和训练 地方病的预防与控制,需要公共卫生人员广泛开展认真细致的教育与训练工作,使生活在特定地区的每一个社会成员都了解地方病的防治知识,熟练掌握相应的防治技术,并针对病因指导环境改造,以避免疾病的发生。

3. 完善公共卫生制度建设 通过完善制度,依托已有的教育体系、卫生行政及医疗体系,强化健康教育、地方病的监测与治疗,进而将地方病的预防与控制转化为经常性的工作。

（五）成瘾行为控制伦理

近年来,全球烟草、酒精、毒品等成瘾情况不容乐观。2023年的《世界卫生组织全球烟草流行报告》指出,全球每年有800万人死于烟草和吸烟相关疾病,二手烟每年导致非吸烟者死亡突破130万,烟草使用依然是最大的公共健康威胁之一。世界卫生组织的最新统计数字显示:每年全球共有达330万人因酗酒导致的疾病或事故丧命,也就是说平均每10秒便有一人因为酗酒而死亡。据联合国毒品和犯罪问题办公室发布的《2023年世界毒品报告》显示,全球使用毒品人数持续增加,全球有近3亿人使用毒品,比10年前高出23%;全球因滥用药物患病人数达到3 950万,10年来激增45%。

成瘾行为是指通过刺激中枢神经系统造成兴奋或愉悦感而形成的一种习惯性行为。成瘾的概念最早来自药物成瘾,现在包括了合成毒品、酒精、烟草、咖啡因成瘾等。随着移动互联网的发展,一些人沉迷于网络游戏,2019年5月25日,世界卫生组织(WHO)在第72届世界卫生大会上通过了《国际疾病分类》第11次修订本(该修订本于2022年1月1日正式生效),"游戏障碍"——电子游戏上瘾行为被正式列为"精神疾病",这意味着网络游戏成瘾成为一种新型的成瘾行为。成瘾行为的控制伦理要求有:

1. 加强健康及道德教育 通过多样化、多渠道的健康宣教和道德教育,使公众认识到成瘾行为不仅影响自身健康,也危害公众健康。青少年阶段是人生的"拔节孕穗期",最需要精心引导和栽培。所以,特别要教育引导青少年树立正确的人生价值观,培养健康的生活情趣和对社会的责任意识,使其人生变得充实而有意义。

2. 健全法律及相关制度 从国家层面规范有关行业的职业道德,禁止成瘾行为的产生。2021年8月国家新闻出版署下发了《关于进一步严格管理 切实防止未成年人沉迷网络游戏的通知》,针对未成年人过度使用甚至沉迷网络游戏问题,进一步严格管理措施,坚决防止未成年人沉迷网络游戏,切实保护未成年人身心健康。通知还提出,要积极引导家庭、学校等社会各方面共管共治,依法履行未成年人监护责任,为未成年人健康成长营造良好的环境。

3. 及时发现并予以救治 及时动员成瘾行为病人去专科医院就诊治疗,可以通过认知行为疗法、系统脱敏疗法、精神分析疗法等心理治疗方法,对成瘾行为积极施治,以期取得良好的治疗效果。

第四节 突发公共卫生事件伦理

近年来,突发公共卫生事件时有发生,严重危害了公众健康,影响了社会的安定。为了有效预防、及时控制和消除突发公共卫生事件的危害,保障公共卫生与生命安全,维护正常的社会秩序,我国颁布了一系列突发公共卫生事件及其应急处理的相关条例和法律,标志着我国的突发公共卫生事件应急处理工作全面纳入了法制轨道。

一、突发公共卫生事件的概念及特点

(一)突发公共卫生事件的概念

突发公共卫生事件是指突然发生、造成或者可能造成社会公众健康严重损害的重大传染病疫情、群体性不明原因疾病、重大食物和职业中毒,以及其他危及公众健康的事件。

(二)突发公共卫生事件的特点

1. 成因的多样性 突发公共卫生事件的发生,既有自然灾害、安全事故,也有动物疫情、食物中毒、职业危害等。

2. 分布的差异性 时间分布存在差异,不同季节传染病的发病率也会不同,比如呼吸道疾病往往发生在冬、春季节,肠道传染病则多发生在夏季。空间分布存在差异,如我国南方和北方的传染病类型不尽相同。此外还有人群的分布差异等。

3. 传播的广泛性 传染病一旦具备了传染源、传播途径以及易感人群这三个基本流通环节,就可能广泛传播。当今正处在全球化的时代,病毒可以通过现代交通工具跨国流动,在世界各地蔓延。

4. 治理的综合性 许多危机不仅是一个公共卫生问题,还是社会问题,现场救援、心理干预、原因调查和善后处理往往需要各有关部门甚至全社会、全球共同协作,全民参与,才能将危害降低到最低限度。

5. 事件的频发性 公共卫生事件呈多发态势,如由于忽视环境保护导致的自然灾害频发,滥用抗生素导致的新发、再发传染病流行,管理不善导致的化学污染、放射事故增多。

6. 危害的严重性 重大的公共卫生事件不但对人的身心健康有损害,而且对环境、经济乃至政治都有很大的影响。

二、突发公共卫生事件处置法律规范与伦理原则

(一)法律规范

我国颁布了《突发公共卫生事件应急条例》《国家突发公共事件总体应急预案》《国家突发公共卫生事件应急预案》《国家突发公共事件医疗卫生救援应急预案》《中华人民共和国传染病防治法》《中华人民共和国食品安全法》《中华人民共和国职业病防治法》《中华人民共和国放射性污染防治法》《中华人民共和国安全生产法》《中华人民共和国国境卫生检疫法》《国内交通卫生检疫条例》《医疗机构管理条例》等法律规范,为突发公共卫生事件的确定与处理提供了依据。

其中,国务院于2003年5月颁布了《突发公共卫生事件应急条例》(2011年修订),第十一条规定了全国突发事件应急预案的主要内容;第三十九条、第四十二条、第五十条对医疗卫生机构和医务人员如何处置突发公共卫生事件及相应法律责任作出专门的规定。

第三十九条规定:医疗卫生机构应当对因突发事件致病的人员提供医疗救护和现场救援,对就诊病人必须接诊治疗,并书写详细、完整的病历记录;对需要转送的病人,应当按照规定将病人及其病历记录的复印件转送至接诊的或者指定的医疗机构。

医疗卫生机构内应当采取卫生防护措施,防止交叉感染和污染。

医疗卫生机构应当对传染病病人密切接触者采取医学观察措施,传染病病人密切接触者应当予以配合。

医疗机构收治传染病病人、疑似传染病病人,应当依法报告所在地的疾病预防控制机构。接

到报告的疾病预防控制机构应当立即对可能受到危害的人员进行调查,根据需要采取必要的控制措施。

第四十二条规定:有关部门、医疗卫生机构应当对传染病做到早发现、早报告、早隔离、早治疗,切断传播途径,防止扩散。

第五十条规定:医疗卫生机构有下列行为之一的,由卫生行政主管部门责令改正、通报批评、给予警告;情节严重的,吊销《医疗机构执业许可证》;对主要负责人、负有责任的主管人员和其他直接责任人员依法给予降级或者撤职的纪律处分;造成传染病传播、流行或者对社会公众健康造成其他严重危害后果,构成犯罪的,依法追究刑事责任:

未依照本条例的规定履行报告职责,隐瞒、缓报或者谎报的。

未依照本条例的规定及时采取控制措施的。

未依照本条例的规定履行突发事件监测职责的。

拒绝接诊病人的。

拒不服从突发事件应急处理指挥部调度的。

(二) 伦理原则

在突发公共卫生事件中,受害人员的医疗救护、现场控制等一系列措施是处置的重点。处理突发公共卫生事件要求医务人员遵守伦理原则,按照应急处理工作程序规范,采取有效的控制措施,最大限度地减少危害,消除影响,保护公众健康和安全。

1. 预防第一、防治结合原则 建立相对完备的机制,预防疾病的发生,控制影响范围与程度,从真正意义上减少对社会的负面影响,是处置突发公共卫生事件最重要的伦理要求。

2. 政府责任第一、政府责任和个人责任相结合原则 在现代社会中,突发公共卫生事件应对的主要责任者是政府,政府负有领导决策、制定预案、监测预警、资源储备、急救医疗网络建设等系列责任,相关部门应通力协作并引导公众行为,指导社会预防。事件涉及的个体也有责任承担对自己和他人的健康义务,如传染病感染者和疑似病人、密切接触者,应当配合进行相应的医学隔离与治疗措施,并主动采取减少传染的行为。

3. 病人利益第一、医患利益兼顾原则 突发公共卫生事件发生后,医务人员必须根据预案或安排,切实负起对病人和公众的责任,给予受害者最佳的救治,最大限度地保障受害者的健康和生命安全。同时,政府应最大限度地保障医务人员不因处置危机而导致身心健康问题,或者出现其他方面的损失。

4. 集体利益第一、个人和集体兼顾原则 在突发公共卫生事件中,个人有义务自觉地配合有关部门采取必要的紧急措施。有时为了保全公众的最大利益,个人应放弃或牺牲自己的一部分利益。在这一过程中,个人的基本权利也应该得到尊重与保护。

第五节　社区卫生服务伦理

随着我国经济社会的发展,让公众获得基本的初级卫生服务,共享医学发展的成果,最终实现"人人享有卫生保健"的健康目标,已经成为政府和民众共同的健康追求。目前,我国初级卫生服务工作由社区承担和实施。

一、社区卫生服务伦理概述

(一) 社区及社区卫生服务的概念

1. 社区的概念 社区是以家庭为基础的共同体,是血缘群体和地缘群体的统一,同一个社区中的人具有共同的文化习俗和生活方式,人们通过一系列的相互作用而使自己的许多需要得到满足,由此获得一种归属感和认同意识。社区的基本要素包括：一定素质、数量和密度的人口（主体）；地势、资源、气候、动植物等适宜的生态体系；学校、政府、道路、医疗机构、商业机构等满足社区生活需要的社区设施。

2. 社区卫生服务的概念 社区卫生服务是以全科医生和基层卫生机构为主体，以人的健康为中心，以家庭为单位，以社区为范围，以需求为导向，以老年人、妇女、儿童、慢性病病人、残疾人、低收入居民为重点，以解决社区卫生问题、满足基本保健为目的，融预防、医疗、保健、康复、健康教育服务为一体的有效、经济、方便、综合、连续的卫生服务。

（二）社区卫生服务的特点

1. 广泛性 服务的对象是社区全体居民，不分性别、年龄和病种，包括健康人群、亚健康人群、高危人群和患病人群等各类群体，重点是老年人、妇女、儿童、慢性病病人及残疾人等。

2. 综合性 社区服务涉及各类人群、各个层面，综合了预防、保健、医疗、康复、健康教育等各项服务。

3. 连续性 服务覆盖了从生到死的生命全周期以及疾病发生、发展的全过程，提供针对性的服务，并不因健康问题的解决而结束。

4. 合作性 社区卫生服务机构的工作内容，如病人的访视、出诊、转诊、健康教育、健康咨询及社区内环境的综合治理等，必须与个人、各级医疗机构及政府相关部门密切合作才能完成。

（三）社区卫生服务的内容与方式

1. 社区卫生服务的内容 社区卫生服务以解决社区主要卫生问题，满足居民基本卫生保健需求为目的，主要开展预防保健、健康教育、计划生育技术指导以及常见病、多发病、诊断明确的慢性病的治疗和康复等综合性卫生保健服务。

2. 社区卫生服务的方式 社区卫生服务有别于综合性医院、专科医院以及专业预防保健机构的服务方式，它的特点是贴近居民、方便就医、防治结合、综合服务。主要服务方式有：

（1）主动上门服务：在做好健康教育宣传的基础上，与居民订立健康保健合同；在社区卫生调查和社区诊断的基础上，对重点人群开展慢性病干预。对合同服务对象和慢性病干预对象定期上门巡诊，及时发现、处理健康问题，为居民提供保健服务。

（2）家庭医生签约服务：根据居民的需求，选择适宜的病种，开设家庭病床，进行规范的管理和服务。

（3）方便进行诊疗：为社区居民就近提供一般常见病、多发病的诊治服务。向社区居民提供联系电话，提供预约和家庭出诊服务，做到方便快捷。

（4）实施双向转诊：向社区居民提供就医指导，与综合性医院和专科医院建立合作关系，及时把重症、疑难杂症病人转到合适的医院诊治，同时接受综合性医院和专科医院转回的慢性病病人和康复期的病人，对他们进一步进行治疗和康复。社区卫生服务机构应根据社区居民的需求变化，不断探索新的服务方式，以满足居民的卫生保健需要。

（四）社区卫生服务伦理规范

社区卫生工作者不仅要遵守临床医疗和预防医学工作者的道德准则，还必须根据职业岗位的特点遵循特定的伦理规范。

1. 积极主动的工作态度 需要主动深入社区和基层，将健康知识的宣传、技术的指导、行为的养成带给每一个社会成员，并有责任监督社会成员选择有利于健康的生活方式。同时，还应积极监督政府、各级组织关注公众健康问题，并实施相关的政策措施，发现问题及时指出并督促改进。

2. 精益求精的精神品质 社区医生作为全科医生，必须不断地了解医学新动态、新技术，学习医学新知识，适应社会和医学的发展，提高自己的业务水平，为社区居民的健康、医疗卫生事业的发展做出应有的贡献。

3. 言传身教的工作方式 社区卫生服务的工作目标是医疗卫生人员通过帮助居民主动选择健康的生活与行为方式、主动避免疾病的发生来实现的。在这一过程中,医务人员的言传身教将极大地影响工作效果。因此,以身作则地选择健康的生活与行为方式,相信科学、践行科学,是对社区卫生工作者的基本要求。

4. 精准个性的关爱服务 社区卫生的工作对象有相当一部分属于特殊群体,本身缺乏自我保护的意识和能力。如儿童往往因恐惧而不愿意实施预防接种,女性往往因害羞而不愿意做妇科检查,残疾人则害怕受到歧视,慢性病病人则担心给他人增添麻烦等。在具体工作中,应给这类特殊人群以特殊的关爱,真正落实好"共建共享、全民健康"的健康服务,推进健康中国建设。

二、社区预防保健伦理

社区预防保健工作是我国三级预防体系的"网底",是新型医疗卫生服务网络的基础,是保证国家基本公共卫生服务逐步均等化的重要内容。社区预防保健直接面对老百姓,为其提供疾病预防、健康教育、妇幼保健等服务,直接关系到社区居民的身体健康。

(一)社区预防保健的含义

社区预防保健是社区卫生服务的重要组成部分,按照预防医学的观点和基本原理,开展以社区为范围的个体和群体兼顾的并适合社区工作实际的预防保健服务,社区组织和社区成员参与预防保健的调查研究、决策、实施、评价以及卫生资源的筹措等全面的活动。

(二)社区预防保健的基本任务和主要内容

1. 基本任务 主要包括:对不健康的行为生活方式进行干预;对疾病、伤害等采取三级预防的策略;开展社区健康促进、重点人群的预防保健和健康管理工作;通过社区健康干预,不断提高社区全体居民的健康水平。

2. 主要内容 社区预防保健属于初级卫生保健,具体内容包括:对主要卫生问题及其预防控制方法的宣传教育;改善食品供应和营养;提供足够的安全饮用水和基本卫生环境;实施妇幼保健,包括计划生育;传染病的免疫接种;预防和控制地方病;常见伤病的妥善处理;提供基本药物;使用一切可能的方法,通过影响生活方式、控制自然环境和社会心理环境来预防和控制疾病。

(三)社区预防保健的伦理要求

1. 尽职尽责,忠于职守 社区预防保健根本上是为社区居民的身心健康负责,是一项直接关系到全社区共同利益的事业。由于社区预防保健工作范围广、时间长、内容复杂、任务繁重,很难达到立竿见影的效果,这就要求社区医护工作者更要尽职尽责,忠于职守,不畏艰苦,任劳任怨,全心全意地开展社区预防保健工作,取得防患于未然的效果。

2. 严格执法,公正无私 开展社区预防保健工作,促进社区居民身心健康,一般需要通过监督、执行各项卫生法规条例等措施来实现。在执行卫生法规时,个别人为逃避卫生法规的监督,往往会采取不正当手段干扰医护人员的正常工作。因此,预防保健工作人员在执法时,要以法规为依据,照章办事、公正无私,以维护人民群众的根本利益为最终目标。

3. 服务大众,坚持公益 社区预防保健工作直接面对的是社区广大居民,在处理各种利益关系时,要坚持社区利益至上。预防保健工作要从社区整体利益出发,主动深入社区进行健康状态和疾病的普查调研。同时,对外来人员的健康状况做好登记和监管,严防外来病毒的侵入,维护社区的安全和利益。

三、社区健康教育伦理

社区健康教育是社区卫生事业和社区卫生服务的重要组成部分,健康教育工作只有真正落实到社区层次,才能针对各种目标人群,发挥促进居民身心健康的作用。

(一)社区健康教育的含义

社区健康教育是指以社区为健康教育的基本单位,以社区人群为教育对象,以促进社区居民健康为目标,有组织、有计划、有评价的健康教育活动与过程。其目的是发动和引导社区居民树立健康意识,关心自身、家庭、社区和社会的健康问题,积极参与社区健康教育与健康促进规划的制定和实施,养成良好的行为习惯和健康生活方式,以提高自我保健能力和群体健康水平,改善社区健康环境。

(二)社区健康教育的基本内容

社区健康教育的内容以健康观念、健康知识、健康行为的宣传教育为主,要求因地制宜,以人为本,以健康为中心,以家庭为重点,结合社区的自然环境、风土人情、文化背景、生活方式等特点,根据社区不同年龄、职业、文化程度的人群对卫生保健的需求,采取多种形式进行社区健康教育活动。

1. 慢性非传染性疾病防治教育

(1)普及慢性病防治知识:包括引起疾病的主要病因、早期症状及表现,早期发现和早期治疗的意义,家庭用药及护理知识,心脑血管意外的家庭急救等,提高居民的自我保健能力。

(2)增强从医行为:如积极参加健康教育,定期体检,疾病普查普治,遵医嘱坚持药物和非药物治疗等,做慢性病社区三级预防的积极参与者和接受者,提高对社区卫生服务的利用率。

(3)提倡健康的生活方式:帮助其改掉不良的行为习惯,控制行为危险因素。

(4)提供初级保健技能训练:教会社区居民自测血压、自测尿糖、使用限盐勺(限制盐的摄入量)、自查乳房等。

2. 一般传染病预防教育 为控制传染病在社区的发生和流行,健康教育的内容应该针对三个重要环节(消灭或控制传染源,切断传播途径,保护易感人群)。具体内容包括计划免疫、法定传染病疫情报告、疫情信息传递、隔离方法与政策、消毒知识、杀虫灭鼠知识、人畜共患病的防范、传染病治疗与家庭护理知识、传染病的社区防控、出入公共场所与旅行的安全事项、改变陈旧陋习、卫生公德教育等。

3. 心理健康教育 社区心理健康教育内容有不同家庭生活周期的心理问题、各种人际关系的维护与处理、心理紧张的调适、促进家庭成员心理健康的方法、特殊事件的心理调适方法等。

4. 环境卫生与环境保护教育 城乡环境卫生与环境保护已成为社会普遍关注的问题,开展这方面的教育非常必要。主要内容有创建卫生城镇、住宅建设卫生、饮用水卫生、粪便垃圾处理、禽畜舍的卫生、环境卫生、消灭寄生虫、村落卫生、保护环境等方面的健康教育。

5. 日常生活健康教育 日常生活健康教育主要内容包括饮食卫生与膳食营养教育、居室卫生知识教育、婚姻与生育健康教育、控烟健康教育、预防意外伤害与家庭急救教育、卫生法规教育等。

6. 预防艾滋病健康教育 预防艾滋病健康教育的内容包括艾滋病的严重性和危害性教育、艾滋病高危人群和重点人群认识教育、预防艾滋病的日常行为教育、艾滋病主要传播途径教育、消除艾滋病社会歧视教育、艾滋病预防与控制法律法规教育等。

(三)社区健康教育的伦理要求

1. 积极主动,耐心细致 社区健康教育的目的是通过教育帮助社区人群了解有益于健康的行为,促使其树立积极的健康意识,养成良好的行为和生活方式,以降低影响健康的危险因素。常言道,习惯成自然。人们习惯的养成,受其生活环境、生活观念等诸多因素的影响。要纠正不良的生活习惯和观念,是一项漫长、艰巨的社会工作。所以,在社区健康教育过程中,针对各类目标人群,应做到积极、主动、耐心、细致。

2. 言传身教,为人表率 社区健康教育在很大程度上是一种卫生示范活动,即通过一系列的示范手段,例如宣传、教育、具体操作、行为示范等,让社区人群懂得怎样做才是对的,才是对健康有益的。因此,预防工作者及临床医务人员自身的榜样作用很重要。预防工作者及临床医务人员要带头落实科学文明的生活方式和工作方法,不吸烟,不酗酒,保持膳食平衡,注意锻炼身体,爱护环境,生活有张有弛,情绪乐观向上,这样才能使社区健康教育具有说服力和感染力。

（任玲艳）

思考题

1. 简述健康伦理的基本内容。
2. "健康中国战略"的主要目标是什么?
3. 公共卫生伦理准则有哪些?

ER 7-3

练习题

第八章 | 卫生管理伦理

教学课件

思维导图

学习目标

1. 掌握:卫生管理伦理原则;医疗改革与制定卫生政策的伦理原则;卫生资源配置的伦理原则;医院管理伦理原则;医学伦理委员会的组织和管理。

2. 熟悉:卫生政策的伦理价值取向;医疗改革的目标;医学伦理审查的原则、内容和要求。

3. 了解:卫生资源配置与使用中的不足。

4. 能根据医疗改革伦理原则理解国家卫生政策;能根据卫生管理伦理原则做好卫生资源配置和医院管理工作。

5. 理解国家在进行医疗改革和制定卫生政策的过程中,始终坚持"人民至上,生命至上",最大限度地保护了人民的生命安全和身体健康。

情境导入

2023年下半年医改工作坚持"一个中心",即以人民健康为中心;用好"一个抓手",即促进"三医"协同发展和治理;突出"一个重点",即深化以公益性为导向的公立医院改革,不断将深化医改向纵深推进。

2023年下半年医改工作主要包括六个方面:一是促进优质医疗资源扩容和区域均衡布局。二是深化以公益性为导向的公立医院改革。三是促进多层次医疗保障有序衔接。四是推进医药领域改革和创新发展。五是健全公共卫生体系。六是发展壮大医疗卫生队伍。

——国家卫生健康委等六部门联合印发《深化医药卫生体制改革2023年下半年重点工作任务》

请思考:

如何看待近期的深化医药卫生体制改革?

人民健康是民族昌盛和国家富强的重要标志。完善国民健康政策,为人民群众提供全方位全周期的健康服务,是我国医疗卫生事业发展的目标。这一目标的实现,与卫生管理过程中的伦理道德建设有着直接的关系。加强卫生管理人员的伦理教育,提高其伦理素质,对深入医药卫生体制改革,全面建立中国特色基本医疗卫生制度、医疗保障制度和优质高效的医疗卫生服务体系,健全现代医院管理制度,推动医学科学发展具有重要的意义。

第一节 卫生管理伦理概述

一、卫生政策与医疗改革

(一)医疗改革的目标和意义

健康是促进人的全面发展的必然要求,是经济社会发展的基础条件,是广大人民群众的共同追求。医疗卫生事业是关系亿万人民健康、千家万户幸福的重大民生问题。解决人民群众日益增长的医疗卫生需求与医疗卫生事业不平衡不充分发展之间的矛盾,不断提高人民群众健康素质是医疗改革的重要目标。因而,促进与保障我国医疗卫生事业的发展需持续推进医疗改革。

近年随着社会生产方式以及居民行为习惯与生活环境的快速变化,传统传染病与新发传染病、慢性非传染性疾病等并存,意外伤害、食品安全等各类危险因素交织,严重威胁着人民健康;同时,居民健康需求呈现多层次、多元化特点;卫生发展总体上仍然滞后于经济社会发展,医疗资源尤其是优质医疗资源仍严重短缺。尽管我国出台的一系列医疗改革措施取得了良好的效果,反映人民健康状况的主要指标得到改善,但城乡和区域卫生发展不平衡,公共卫生特别是基层和农村卫生依然薄弱。因而,深化医疗改革势在必行。

我国目前医疗改革的总体目标是建立覆盖城乡居民的基本医疗卫生制度,为群众提供安全、有效、方便、价廉的医疗卫生服务。深化医疗改革,可以提高医务人员和各级医疗机构的积极性,更好地体现其救死扶伤的人道主义精神;满足人民群众多样化的健康需求,不断提高其健康水平;提高卫生资源的配置效率,有利于节约卫生资源和有效遏制卫生费用的不合理上涨;树立窗口形象和端正行业作风,有助于社会主义精神文明建设,最终有效减少居民的就医费用,切实解决"看病难,看病贵"的问题;以增进人民群众健康为宗旨,加快卫生事业发展。

(二)卫生政策的伦理价值取向

医疗改革就其实质来讲,是对健康权益的再分配。这种分配最终必然通过卫生政策的形式加以实现。在一定意义上,卫生政策是为医疗改革服务的;而医疗改革又是以改善不适应人民健康需要的卫生政策的方式达到其目的。

从医学伦理学的角度看,卫生政策是一个国家对卫生资源的社会使用进行合理控制,实现最优化配置,从而使有限的卫生资源发挥最大功用,以真正维护人类健康利益的一种战略政策。其出发点和归宿都直接指向人类的健康利益。

制定卫生政策的目的:一是尽可能地合理分配已有的卫生资源;二是在应用新的医疗技术治疗病人时控制其所产生的对社会及经济的影响;三是利用医学知识来推进人类共同利益或社会理想的实现。在这些目的中,蕴含着卫生政策的伦理价值取向,即为人民健康服务。这一价值取向规定了卫生政策的方向与评判标准。卫生政策制定的出发点和目标只能是人民的健康利益。同时,只有服务于人民健康利益的卫生政策才是合乎伦理的,才是被人民认可的正确的政策。

(三)医疗改革与制定卫生政策的伦理原则

我国医疗卫生事业的社会主义性质,决定了医疗改革及制定卫生政策时不仅要考虑经济效益和卫生事业自身发展的经济要求,而且应该坚持社会主义的人道主义,坚持人民群众健康利益至上的伦理原则。

1.公益原则 我国卫生事业是实行一定福利政策的社会公益事业。公益性是我国卫生事业的本质属性。所谓公益,泛指公众、公共的利益,具有使公众受益的意思。卫生机构的设施与提供的服务是为了满足人们的共同需要;福利性是卫生事业的社会属性,体现着我国卫生事业承担着一定的社会分配职能的特性。福利不与劳动直接关联,是政府或社会团体除工资(初次分配)外,通过再分配的形式给劳动者或社会成员的一种物质帮助和照顾。在我国,这种卫生保健领域的福利分配是通过政府举办公立卫生机构并给予补贴、减免税收,以及卫生机构的非营利性和政府的服务价格政策等体现的。福利水平的高低取决于社会经济发展水平。我国正处于并将长期处于社会主义初级阶段,政府财力还不足以完全满足卫生事业发展的需要,所以国家对卫生事业只能实行一定程度的福利政策。但这并不能否认医疗改革与卫生政策的公益性要求,即:医疗改革与卫生政策的制定要立足社会公众利益和我国居民的长远利益;卫生资源的分配要使大多数人受益;正确处理公共卫生建设和医疗服务的关系,重视预防保健工作;区分并适应不同层次人民的健康需求,分类指导,提高全体人民的健康水平。

2. 公正原则 公正是指公平、正直,没有偏私。我国是社会主义国家,这一性质决定了卫生事业是全体人民的事业。在卫生领域,全体人民的健康利益高于一切。我国现阶段,城乡之间、地区之间的医疗卫生条件差异仍然存在,社会公正原则未能充分体现出来。因而,医疗改革与制定卫生政策必须遵循自身发展规律,以提高全体人民的健康水平为中心,体现社会公平,促进社会进步。公平的医疗保障制度,就是将卫生资源分布更加均衡更加合理,使公民都有均等机会获得国家分配的卫生资源,重视公民的健康权利,营造人人享有平等医疗权的社会就医氛围。

3. 效用原则 效用是指功效与作用。效用原则就是要考虑医疗改革和围绕改革制定的一系列卫生政策在实施和落实后所得到的效果和所起的作用。我国医疗卫生事业的公益性和福利性,决定了在进行医疗改革和制定卫生政策时,应以社会效益为目标,这一社会效益是指人民群众的根本健康利益。只有确实能使人民群众受益、能使病人生命质量和价值提高的医疗改革和卫生政策才符合效用原则。

二、卫生管理的伦理原则

(一) 卫生管理的主要任务和内容

卫生管理是管理者运用现代管理理论和方法以及国家行政、经济和法律等手段,对卫生领域的人力、物力、财力、信息、时间等要素进行计划、组织、指挥、协调和控制的活动过程。其任务是:制定卫生工作路线、方针和政策,明确卫生工作目标;建立和完善卫生服务和管理体制,促进医疗卫生事业的发展;健全各项规章制度,规范卫生工作;合理分配卫生资源,提高卫生服务的质量和效能;加强组织机构和队伍建设,提高医务人员的积极性和创造性。

卫生管理的内容包括卫生计划管理、卫生行政管理和卫生业务管理。卫生计划管理是要制订卫生事业发展的各项计划,提出卫生工作的任务;卫生行政管理是要制定卫生方针政策及发展战略,协调卫生系统内外部关系;卫生业务管理是指医院管理、药政管理、预防管理、妇幼管理、医教管理、医学科技管理等。

(二) 卫生管理的伦理原则

1. 医患利益兼顾,病人利益居先 卫生管理是为医学目的服务的,为人民的健康利益服务是卫生管理的着眼点和落脚点。从根本上讲,人民群众的健康利益同医务人员及医院的利益是一致的。医务人员通过自己的劳动救死扶伤、防病治病,既可以减轻病人的痛苦,满足病人的医疗需要,又能赢得社会的肯定和承认,实现自身的价值,获得应有的报酬。因而卫生管理应统筹考虑医患双方利益,既要帮助医务人员树立"病人至上"的服务意识,真正体现一切为了病人的管理理念,又要提倡"以人为本"的管理意识,调动医务人员工作的积极性与创造性。卫生管理就是要达到医患利益的平衡和协调。当然,有时医患利益可能会发生冲突。此时,卫生管理应将病人的利益置于优先考虑的地位。

2. 经济效益和社会效益并重,社会效益居先 卫生事业具有产业性的基本属性。加强卫生服务过程中的经济管理和成本核算,合理筹集、分配与使用卫生资源,提高经济效益,是卫生管理的重要任务。同时,卫生事业又是体现一定福利政策的社会公益事业,公益性是其根本属性。正如习近平总书记所指出:"无论社会发展到什么程度,我们都要毫不动摇把公益性写在医疗卫生事业的旗帜上,不能走全盘市场化、商业化的路子。"所以说注重社会效益也是卫生管理的重要目标。兼顾并处理好经济效益和社会效益两者之间的关系,是衡量卫生管理工作成效的重要标准之一。一般情况下,经济效益与社会效益彼此联系并相互渗透,但当两者间发生矛盾并相互冲突时,优先考虑社会效益是合乎伦理的选择。

3. 公平与效率相兼顾、相促进、相统一 卫生管理的重要使命是维护医疗领域的公平与效率。

公平指的是保障每一位公民平等的生命健康权利,实现人人享有健康的基本卫生保健目标。公平包含了机会公平和分配公平。机会公平指的是每位公民都享有医疗的权利及机会;分配公平则指以需求为导向进行卫生资源的合理分配。而公平应以效率为前提和基础,以效率促进公平,即病人、医疗单位及社会的利益均衡与协调发展。当这三者的利益均衡可持续发展时才能实现更大程度的公平。兼顾公平与效率是卫生管理目标能否实现的关键,正如习近平总书记所强调:"既要创造比资本主义更高的效率,又要更有效地维护社会公平,更好实现效率与公平相兼顾、相促进、相统一。"

4. 治疗和预防结合,预防居先 "预防为主,防治结合"一直是我国卫生工作的方针,也是卫生管理的基本原则。以预防为先导,控制和消灭可能致病的因素,就可从根本上减少疾病的发生,提高人民的健康水平。治疗可以在较短的时间内减轻病人的痛苦,提高人的生命质量和价值,是目前卫生工作的重要任务。长期以来,受经济发展制约,我国把卫生工作的重点放在了治疗上,"重治轻防"的思想依然存在。但事实上,预防是最根本、最经济、受益面最大的维护健康的方式与手段。卫生管理者应该充分重视预防的重要性,在具体的管理过程中坚持防治结合、预防居先的工作原则。

5. 数量和质量并重,质量居先 在卫生管理中,平均寿命数、出生率、死亡率、医疗机构数、医师数、医疗机构床位数、入出院诊断符合率、个人卫生支出占卫生总费用的比率、人均基本公共卫生服务经费标准等都是衡量卫生事业发展的重要参数。同时,追求卫生服务的质量既是卫生事业管理的永恒主题,也是评价卫生管理的重要指标。这一质量直接关系到人民群众的健康利益,甚至生命安危。因而,卫生管理应树立"质量第一"的观念,加强质量教育,完善质控指标,健全质控机制,使得质量管理标准化、数据化、程序化和科学化。

三、医院管理中的伦理原则

(一) 医院管理的伦理意义与作用

医院管理是遵照医院工作的客观规律,运用现代化管理科学理论和方法,对医院系统内部的各相关要素进行计划、组织、指挥、控制和协调,以保障完成医院的各项工作任务。我国公立医院是以救死扶伤、防病治病、保障人民群众健康为宗旨的社会公益性事业单位,这就决定了医院管理的伦理意义与作用。

1. 提高医院管理工作质量 在医院管理决策中,影响决策方向的根本因素是医院管理者对医院管理目标伦理性质的把握。只有明确医院管理目标的伦理方向,才能确保医院管理决策的正确有效。我国医院管理的根本目标是通过资源的最佳配置和功效的最大化来实现医院的宗旨,即维护和保障人民的身心健康。因而,医院管理伦理规定了医院政策的制定、机构设置、人事安排、资金投入、医疗技术应用与开发等都必须以人民健康利益为目标。医院管理者只有遵循良好的管理伦理要求,只有在此目标前提下的医院管理,才可能实现医院管理的最优化,也才可能提高医院管理的质量与水平。

2. 协调医疗人际关系 医疗人际关系包括围绕医疗活动发生的各种医际之间、医患之间的复杂关系,这些关系将直接影响到医疗卫生服务的质量。协调医务人员之间及医患之间的关系,是医院管理的重要任务之一。在医院管理中,通过医学伦理教育形成医务人员正确的伦理观念,进而在伦理规范调整下,才可能实现人际关系的和谐与协调。

3. 调动医务人员工作的积极性和主动性 医院管理的重要对象之一是有思想、有感情、有个性的医务人员。医务人员的劳动在很大程度上是知识形态的脑力劳动,其劳动能力、水平、效率等指标很难被确切地量化,更多地取决于人的主观能动性,取决于劳动者的价值观、信念和自身的品德修养。因而在医院管理中,只有强化对人的伦理教育,提升医务人员的伦理素质,才能调动其工作的积极性和主动性,进而提高工作效率,满足人民群众的健康需要。

(二)医院管理的伦理原则

1. 坚持依法管理,严格奖惩制度 我国政府制定了一系列卫生法律法规和卫生政策。这些卫生法律制度不仅具有法律意义,而且具有明确的伦理意义。它们既是医学伦理原则规范的具体表现,也是对医学伦理原则规范的现实维护。在医院管理中,既要依法管理,又要建立起积极能动的激励机制,严格奖惩制度,不断提高医务人员的法律素质和伦理素质。

2. 重视以德治院,树立文明形象 医疗卫生工作关乎人的生命,医院的宗旨就是始终将人民群众的健康利益置于首位。因而在医院管理中,必须坚持以德治院的伦理原则,坚持医院的伦理化管理,即用伦理原则、规范约束医院的管理行为,并将伦理型医院作为医院管理的目标,只有这样,才可能最大限度地满足民众维护健康的需要,符合最大多数人的最大利益。也只有这样,医院才能成为人们心目中救死扶伤的圣地。

3. 统筹两个效益,强化服务意识 我国医疗卫生事业的职责在于救死扶伤,保障人民的健康利益,提高人民的生命质量。因此,医院管理必须把社会效益放到首位。同时,医院的运作需要经济成本,合理的经济效益是保障医院正常运营的必要条件。统筹兼顾这两方面的利益,成为医院管理的重要任务和目标。在此前提下,强化服务意识,对提高工作效率及医疗质量具有重要的意义。

4. 协调各种关系,均衡多方利益 医院管理应注意协调医院全局与各部门之间的关系,处理好预防与治疗、病人与社会、医疗与科研等关系,进而维护病人、社会、医务人员和医院等多方远期和近期利益。在医疗救治过程中,努力减少医源性疾病,防止院内交叉感染;降低医疗废弃物对环境的污染,真正做到对社会与病人负责,对眼前和长远利益负责;在推广新技术和使用大型仪器设备时,要充分考虑社会和病人的经济承受能力,合理进行诊疗活动。

5. 实行民主决策,注重内部监督 实行民主决策就是充分维护医院内部职工的民主权利,实行民主决策、民主管理、民主监督。建立有效的内部监督机制,发挥医院职工代表大会的作用,加强对领导干部、医院管理人员及管理工作的监督和评议。同时,增强全体医务人员的主人翁责任意识,真正实行民主管理和科学管理。

第二节 卫生资源配置和使用伦理

一、卫生资源配置的含义

卫生资源是在一定社会经济条件下,国家、社会和个人对卫生部门综合投资的客观指标。一个国家或地区拥有的卫生机构、床位数、医务人员、卫生经费及其占国民经济总产值的百分比,是衡量该国家或地区经济实力、文化水平及卫生现状的重要指标。

卫生资源配置是指政府或市场如何使卫生资源公平且有效率地在不同的领域、地区、部门、项目和人群中分配,从而实现卫生资源的社会效益和经济效益的最大化。卫生资源的配置有两种类型,即宏观配置和微观配置。前者是指国家从国民生产总值中拿出一定比例的财力分配给卫生事业,经各级卫生行政部门将此经费分配给各级各类卫生机构及有关人群的卫生事业管理活动。后者是指由医务人员决定的具体卫生资源的分配,如床位、手术机会、稀有医疗资源等的分配。宏观资源分配是微观资源分配的前提和基础。

新一轮医药卫生体制改革实施以来,我国全民医保体系加快建立健全,基层医疗卫生机构服务条件显著改善,以全科医生为重点的基层人才队伍建设不断加强,基层服务长期薄弱的状况逐步改变,基本医疗保障初步实现了全覆盖,基本医疗卫生服务公平性和可及性明显提升。但仍要看到,卫生总费用占 GDP 的比重较低,优质医疗资源总量不足、分布不均衡,仍存在基层人才缺乏的现象。

二、卫生资源配置的伦理原则

1. 公正原则 公正原则是卫生资源配置的基本伦理原则。所谓公正就是要公平地分配和使用卫生资源,给予每个人平等享有卫生资源的权利。当然,平等享有卫生资源并不等于平均分配卫生资源。对有相同医疗需要的病人要相同对待,对有不同医疗需要的病人要区别对待。同时,政府对宏观医疗资源分配时应充分研究我国卫生经济实力及人民健康需求,公正合理地将有限的卫生资源分配于各种公益卫生事业。

2. 公益原则 公益性就是使卫生资源的分配更加合理,更符合大多数人的健康利益。坚持从社会和人类利益出发,公正合理地配置卫生资源和公正合理地解决医疗实践中出现的各种利益矛盾。将当代人及后代人的健康利益、社会及医学科学的发展有机地结合起来,提高整个社会的医疗卫生水平。坚持公益原则,必须重视几个问题:设法满足农村、边远地区和经济贫困地区弱势人群的基本卫生保健需求;对社会某些特殊人群,如妇女、儿童、老年人及某些传染病病人给予特殊照顾;坚持以社会公益为出发点,兼顾到特定困难群体公益、科学研究公益;对后代负责,从人类的长远利益考虑卫生资源的分配与使用。

3. 可及原则 可及性是指根据经济发展水平和卫生资源状况,制定分阶段的卫生资源配置具体目标和方案,扩大卫生资源的覆盖面,逐步实现所有人都享有应该享有的基本卫生资源。根据这一原则,我国现有条件下应确保两点。一是加大政府调控力度,依据卫生服务需求和卫生资源利用状况,变革卫生支出投放方向,有效分配卫生资源;让大医院参与竞争,提高资源使用效率;对承担基层卫生服务的小医院给予适当补贴;卫生支出的投放应由城市和大医院转向农村和基层卫生组织,重点支持乡村两级卫生机构。二是调整卫生机构的结构,加强现有资源的综合利用,提高资源的使用效率。

4. 前瞻原则 卫生资源配置和使用中的一些重大决策,必须考虑到卫生事业的长远发展和社会贡献。要正确处理眼前利益和长远利益、近期目标和长远目标的关系,防止和避免短期行为。如果片面强调近期目标与眼前利益,急功近利,忽视对基础医疗与高精尖设备的研制,肯定有害无益。

5. 整体原则 坚持最有效、最合理地利用卫生资源,使卫生资源的利用出现最高限度的效率增长,减少或杜绝资源浪费。要做到两个正确处理。一是正确处理社会效益、环境效益与经济效益的关系。特别注意纠正重经济效益、轻社会效益、忽视环境效益的倾向;加强对现有卫生资源的科学管理与利用,并充分发掘其潜在效益。二是要正确处理卫生经费与人力资源分配的关系。卫生人力资源是卫生资源中起决定作用的因素,应充分调动相关人员的积极性和创造性,使人力、财力与物力共同发挥效力,提高卫生资源使用的整体效率。

6. 人道原则 人道主义是医疗卫生事业的基本精神。卫生资源配置中的人道精神主要体现在两个方面:一是从生理、心理及社会三个方面关心病人的角度进行资源的配置;二是从关心全体社会成员的健康角度进行资源的配置。卫生资源的配置应不分地区、种族和人群,切实尊重并保障每个社会成员的健康权利。

第三节　医学伦理委员会与医学伦理审查

在科技与经济高速发展的时代,医学科技与经济和社会发展的关系越来越密切,医学科学研究对社会、文化和伦理产生着深刻的影响。为规范医学科研行为,保护受试者和研究者的合法权益,强化法制观念,保障医疗安全,依法建设医学伦理委员会势在必行。医学伦理委员会和医学伦理审查的主要职责是确保医学研究满足科学价值和社会价值,并切实保护研究项目中的受试者。

所有临床研究项目在开展之前须经医学伦理委员会对其科学价值和伦理学上的可辩护性进行

审查,获得医学伦理委员会批准后方可实施。医学伦理委员会在临床研究实施过程中根据需要对项目做进一步的跟踪审查,并监督研究全过程。

一、医学伦理委员会建设

(一)医学伦理委员会的含义和分类

1.医学伦理委员会的含义 医学伦理委员会指由医学、药学及其他背景人员组成的委员会,其职责是通过独立地审查、同意、跟踪审查试验方案及相关文件,获得和记录受试者知情同意所用的方法和材料等,确保受试者的权益、安全受到保护。该委员会的组成和一切活动不应受临床试验组织和实施者的干扰或影响。

2.医学伦理委员会的分类 医学伦理委员会根据功能的不同主要分为三种类型。

一是设立在医学高等院校、医学期刊、医学科研机构和医院之中,对医学科研中的伦理问题进行审查和监督的伦理委员会,我国称之为"医学伦理委员会""机构伦理委员会"等。

二是设立在各类医疗机构之中,对医疗实践中的伦理问题进行监督、审查和协调的伦理委员会,我国一般称为"医院伦理委员会"。

三是设立在政府或卫生行政管理部门之中,进行相关政策的咨询和审查的伦理委员会,例如我国国家卫生健康委及各省卫生健康委的"医学伦理专家委员会"。

(二)医学伦理委员会的组织和管理

目前在我国医疗领域发展最为完善的伦理委员会是"医学伦理委员会",主要负责对涉及人的生物医学科学研究及临床研究项目进行伦理审查。

1.医学伦理委员会的组织 第一,医学伦理委员会应由多学科专业背景的委员组成,可以包括医药领域和研究方法学、伦理学、法学等领域的专家学者。应该有一名不属于本机构且与项目研究人员无密切关系的委员(同一委员可同时符合这两项要求)。人数不少于7名。必要时可聘请特殊领域专家作为独立顾问。对独立顾问的资质、聘请程序及工作职责应有明确的规定,对独立顾问的聘请过程记录备案(放到文件记录内容)。第二,医疗机构应当设立直接隶属于医疗机构、有独立行政建制的医学伦理委员会办公室,确保伦理委员会能够独立开展伦理审查工作。办公室应根据审查工作实际需要配备能够胜任工作的专(兼)职秘书和工作人员。第三,医学伦理委员会应能够依据法规、伦理准则和相关规定,独立地审查和批准在科学价值、社会价值及研究受试者保护方面符合指南的研究项目。第四,医学伦理委员会应对医学伦理委员会人员名单、联系信息、人员任命的变更等予以及时更新,并提交至机构或者授权监管医学伦理委员会的部门备案,并按照规定完成国家卫生健康委和国家药品监督管理局所要求的备案程序。

2.医学伦理委员会的管理 第一,医学伦理委员会应按照档案管理规范对档案文件的保存、管理、查阅和复印作出相关规定,以保证文件档案的安全和保密性。审查文件的保存期限应符合不同研究类型的规定。第二,医疗机构需要为伦理委员会提供独立、充足的档案保存空间,保证档案的安全性和保密性。第三,为不断完善伦理审查质量,完善对医学伦理委员会管理和审查制度,医学伦理委员会应对工作质量的检查和评估中发现的问题及时改进,并保存相关记录。第四,医学伦理委员会还应建立相应的制度文件和操作规程指南,可包括但不限于:伦理审查申请指南;伦理审查的保密措施;独立顾问的选聘制度;利益冲突的管理;培训制度;经费管理制度;受试者咨询和投诉的管理制度。

二、医学伦理审查

(一)医学伦理审查原则

1.知情同意原则 尊重和保障预期的研究受试者是否同意参加研究的自主决定权,严格履行知情同意程序,防止使用欺骗、利诱、胁迫(包括变相胁迫)等不当手段招募研究受试者,允许研究受试者在研究的任何阶段撤销对参加研究的同意而不会受到不公正的对待。

2. 风险最小原则　对研究受试者的安全、健康和权益的考虑必须重于对科学知识获得和社会整体受益的考虑,力求使研究受试者最大程度受益和尽可能避免大于最低风险。

3. 保护隐私原则　尊重和保护研究受试者的隐私信息,如实告知涉及研究受试者隐私信息的保存和使用情况(包括未来可能的使用)及保密措施,未经有效授权不得将涉及研究受试者隐私和敏感的个人信息向无关第三方或者媒体泄露。

4. 免费和补偿、赔偿原则　确保研究受试者受到与参与研究直接相关的损伤时得到及时、免费的治疗和相应的补偿或者赔偿。

5. 特别保护原则　对于丧失或者缺乏维护自身权益能力的研究受试者、患严重疾病无有效治疗方法的病人,以及经济困难和文化程度很低的群体,应当予以特别保护。

6. 合法合规审查原则　开展生物医学临床研究应当通过伦理审查。国家法律法规和有关规定明令禁止的,存在重大伦理问题的,未经临床前动物实验研究证明安全性、有效性的生物医学新技术,不得开展临床研究。

(二) 医学伦理审查内容

对于临床研究项目,伦理审查主要包括以下内容:

研究者的资格、经验是否符合临床研究的要求;研究方案是否符合科学性和伦理原则的要求;受试者可能遭受的风险程度与研究预期的受益相比是否合理;在获取知情同意过程中,向受试者或其法定监护人提供的有关信息资料是否完整、通俗易懂,获得知情同意的方法是否适当;对受试者的信息和资料是否采取了保密措施;受试者入选和排除的指南是否合适和公平;是否向受试者明确告知他们应该享有的权利,包括在研究过程中他们可以随时退出研究而不需要理由,且不因此而受到不公平对待的权利;受试者是否因参加研究而获得合理补偿,如因参加研究而受到损害甚至死亡时,给予的治疗以及赔偿措施是否合适;研究人员中是否有专人负责处理与知情同意获得过程和受试者安全相关的问题;对受试者在研究中可能承受的风险是否采取最小化的措施;研究人员与受试者之间是否存在可能会影响研究人员专业判断的利益冲突。

(三) 医学伦理审查的要求

1. 研究的科学价值　医疗机构对拟议的临床研究设计的科学性已经进行了充分的专业评审,确认该研究设计在科学上合理,并可能产生有价值的科学信息。科学性的评审意见应在医学伦理委员会的文档中备案。

2. 研究的社会价值　第一,为了满足伦理学上的要求,所有临床研究,包括对临床病例信息、临床诊断所剩余的人体组织或样本数据信息的研究都必须具有社会价值,包括临床研究拟产生科学信息的质量,以及与重大临床问题的相关性:是否有助于产生新的临床干预方法或有助于对临床干预的评价、有助于促进个人或公共健康等。第二,评价研究社会价值的关键要素是临床研究是否产生有价值的且无法用其他方法获得的科学信息。例如,研究的目的只是为了增加医生开具与研究相关的处方,则属于伪装成科学研究的营销行为,不能满足临床研究社会价值的要求。第三,国际合作研究的目的应当着眼于解决受试人群需要优先考虑的医疗健康问题,关注研究成果所产生的干预措施是否能使本国、本地区人群获益,以及研究成果的可及性问题。

3. 保护受试者　第一,科学价值和社会价值是开展研究的根本理由,但研究人员、研究申办者、医学伦理委员会都有道德义务确保所有研究受试者的权利得到尊重和保护。第二,研究的科学和社会价值不能成为使研究受试者受到不公正对待的伦理辩护理由。任何情况下,医学科学知识增长的重要性和未来病人的健康利益,都不能超越当前受试者的安全和健康福祉。

4. 规范招募受试者　第一,受试者的招募应当是出于科学原因,而不是因其社会、经济地位,或绝症病人所处的弱势地位。第二,研究受试人群应尽可能包括能够反映出年龄、性别与民族多样性的不同群体,以便研究成果能被普遍应用于所有相关人群。第三,将弱势人群排除在受试者之外,曾被视为最便捷的对他们的保护方式,但这样的保护方式使弱势人群无法享用研究成果,影响这些群体疾病的诊断、预防和治疗,因此导致对他们的不公正。应当鼓励弱势受试者参与临床研究以纠正这些不公正。第四,当部分或全部被招募的受试者为易受不当影响的弱势人群(如儿童、智力障碍和精神障碍者,或者绝望中的病人等)时,研究方案中需包括额外附加的保护措施以维护这些弱势受试者的权益。第五,医学伦理委员会需要对受试者招募广告和招募信函进行审查。在研究进程中,医学伦理委员会亦可要求对招募广告和招募信函加以必要的修订。第六,作为通用的伦理原则,不应使受试病人承担验证临床研究的安全性及疗效所产生的费用。选择资助临床医学发展的机构,应该承担验证安全性及疗效所产生的所有费用。

5. 保证知情同意　征得受试者的知情同意是研究开展的必要条件,但不是充分条件,保护受试者免受伤害是研究者的责任。

6. 保护隐私与个人信息　第一,医学伦理委员会需确保研究项目有充分措施以保护受试者隐私并维护受试者个人信息的保密性;第二,当出于受试者健康需要、科学研究和重大公共利益需要,使用受试者个人健康信息时,须经有效授权。

(刘一凡)

思考题

1. 试述我国卫生政策的伦理价值取向。
2. 简述卫生资源配置应坚持的伦理原则。

ER 8-3

练习题

第九章 | 医学科研伦理

教学课件　　　思维导图

学习目标

1. 掌握：医学科研伦理的内涵和意义；医学科研基本伦理原则；临床试验的伦理原则。

2. 熟悉：临床试验的伦理矛盾；临床试验的伦理规范文件；尸体解剖的伦理原则；动物实验的伦理要求。

3. 了解：医学科研的含义和特点；临床试验概念、类型和伦理价值；尸体解剖的目的；动物实验的特点。

4. 学会并熟练掌握医学科研、临床试验伦理思维及伦理决策、评价能力来解决医学科研活动所面临的伦理矛盾和困境。

5. 具有求真务实的科研探索精神；具备以人为本、敬佑生命的医学职业精神和医学人文情怀。

情境导入

对化学药物的盲目依赖和滥服药物，人类已造成了许多不应有的悲剧。其中最典型的案例之一，就是著名的反应停事件。

反应停（通用名为沙利度胺）于 20 世纪 50 年代至 60 年代初期在全世界广泛使用，它能够有效地阻止女性怀孕早期的呕吐，但也妨碍了孕妇对胎儿的血液供应，导致大量"海豹畸形婴儿"出生。孕妇在怀孕 1~2 个月之间服用了反应停，便生出这样的畸形儿。这种婴儿手脚比正常人短，甚至根本没有手脚。截至 1963 年，在世界各地如美国、荷兰和日本等国家，由于服用该药物而诞生了 12 000 多名这种形状如海豹一样的婴儿。人们开始反思：为什么在药物上市前，没有进行足够的医学科研安全性测试？没有任何报告显示沙利度胺是否会对胎儿造成影响。作为一种孕妇用药，这是极其不严谨的行为。

请思考：

如何看待科研伦理在医学研究过程中的作用？

医学技术突飞猛进，使生命科学面临着许多前所未有的新难题，科学创造性活动对传统的伦理道德观念提出了一系列新的挑战。医学科学研究有无禁区？科学的发展是否会导致人类最珍贵的传统道德丧失？不同争议的声音促进当代医学生和医学研究人员对医学科研伦理问题进行理性反思，使其在医学科研活动中做出"求真务实"和"技术至善"的决策，这对保障医学科研为人类健康服务的方向具有重要意义。

第一节　医学科研伦理概述

一、医学科研的含义和特点

医学科学研究旨在通过基础研究、动物实验、临床试验、尸体解剖等方法来揭示人体生命活动的本质和规律,探索人体疾病发生、发展的机制以及防治对策,以提高和维护人类的健康水平为目标的探索性实践活动。医学科研根据研究内容、目标和成果的不同分为医学基础性研究、医学应用基础性研究、医学应用性研究、医学发展性研究。

医学科研除了具有一般科研的探索性、创造性、继承性、连续性的共同特征以外,还具有自身的特点。

(一) 研究内容的广泛性

21世纪以来,医学卫生领域呈现出更为丰富的内涵和发展前景。研究内容从宏观和微观双向延伸,既包括家庭、社区、医院、社会、人类行为等宏观层面,又包括系统、器官、组织、细胞、分子等微观层面。自然科学、社会科学、人文科学等学科体系之间的相互交叉和相互整合,极大拓展了医学科学研究的内容和方向,并促使人们关注更深层次、更广泛内涵的系统研究。

(二) 研究对象的特殊性

医学的科研对象是人,人的自然属性和社会属性决定了不能将人的生命现象等同于其他一般生命现象,并且还应该强调人的生命现象的特殊机制和规律性。此外,在对人进行的生命、健康与疾病的研究中,由于人类个体在形态、生理、精神等方面差异较大,以及所处的环境和条件不同,导致机体变异程度也不相同,这样很难获取样本单位完全的一致性,那么医学科研的结果也必然存在着复杂、特殊的因果关系。因而研究中要求研究者关注整体的健康利益,确保医学科研的伦理价值。

(三) 研究过程的复杂性

医学科研是对人的生命过程、健康与疾病发生发展及相互转化规律进行研究的活动。而具体到每个个体的生命过程及其健康与疾病情况是极其复杂的,会受到许多难以确定因素的影响,从而表现出不确定性的特点。这就导致了医学科研过程的复杂性,表现为:在医学科研目的及方式的选择上、在科研设计的可控及不可控因素的确定上、在对科研过程风险的规避上、在对科研对象的生理与心理等方面的测定及定性与定量分析上、在对科研结果的验证与探究上,都具有较大的难度和不可预测性。

(四) 研究方法的多样性

医学科学研究不同于其他科学研究之处在于,对人的生命健康和疾病规律研究不能单纯应用生物医学模式的规律和方式,还需要运用心理学、社会学、伦理学等人文社会科学的知识加以综合分析,采用临床观察法、临床评估法、流行病学调查、医学统计分析、动物实验和临床试验等进行研究,才能得出正确结论。

二、 医学科研伦理的内涵和意义

医学科研伦理的研究对象是医学科研道德,医学科研道德是医学科研工作者在医学科研活动中协调和处理研究人员和受试者之间、研究人员之间、研究人员与社会之间关系应遵循的道德原则和行为规范的总和。医学科研成果具有双面性,它可以造福人类,也可以给人类带来很多灾难。因此,医学科学研究发展需要科研道德的约束和监督,为医学科学研究提供伦理评价和价值判断,为医学科学研究提供正确的价值取向和发展方向,最终使医学科学研究活动和伦理道德相互促进、协调发展。

(一) 医学科研道德能够促进医学科研的健康发展

"向善而行"是科技伦理治理的首要价值。医学研究是"求真"与"扬善"融为一体的科学实践,古今中外无数医学家为了医学事业的发展坚持追求真理,甚至奉献生命,用"求真务实"的科学研究助力医学事业蓬勃和健康的发展。但在医学科学技术快速发展、强大的今天,科学技术的负面效应日趋明显。现代医学的高技术化、服务的商品化、思维和伦理观念的多元化,导致一部分医学科研工作者把名利作为人生最大的追求。近年来,科学界频频出现科研道德失范问题,这种在利益驱使下进行的医学临床研究或药物试验,使公众和社会对科学界产生了不信任,并给生命健康和社会和谐带来了极大的危害。因此,为了确保医学科研的正确方向,医学科研工作者必须坚守医学科研道德,尊重伦理的基本价值,运用伦理原则和规范来评价决策,防止和减少负面效应,使医学科研工作沿着为人类造福的正确轨道健康有序地发展。

(二)医学科研道德是培养医学研究人才的必然要求

“医乃仁术”“大医精诚”,自有医学活动之始,医学的目的就是维护和增进人类的健康水平。医学科研道德是培养医学科研人才的基本保障,也是将医务工作者培养成科研工作者的必然要求。高尚的医学科研道德能够促使医学科研工作者树立正确的研究目标和方向,激发其对事业的热爱和忠诚,激励他们不畏艰难险阻,不怕挫折与失败,坚守科学严谨和实事求是、勤于创新和探索、勇攀医学研究高峰,从而提高医学科研实践能力,成为促进医学和社会健康发展的合格医学研究人才。

三、医学科研的基本伦理原则

(一)动机纯正,造福人类

造福人类是医学科研伦理的根本原则,是医学科学赖以发展和进步的永恒动力。医学科研的终极目的是探索防治疾病的规律及方法,维护并增进人类的健康,造福于全人类。医学科研工作者只有树立了正确的科研目的和动机,才能确保医学科研的发展方向,才能树立起造福人类的责任感和使命感,才会激发科研热情和动力,才会发扬拼搏精神并取得丰硕的成果。任何出于个人目的、经济目的、政治目的或军事目的等非医学目的的医学科研都是违背医学科研伦理的行为。因此,始终本着造福人类的纯正目的从事医学科学研究是衡量一个医学科研工作者科研伦理的根本标准。

(二)尊重科学,实事求是

科学的基本精神就是实事求是,它是医学科学研究必须遵循的底线准则。医学科研工作者要以严肃的科学态度、严谨的科学作风、严格的科学要求、严密的科学方法去探索、研究和追求医学科学的真理,反映客观事物的本质和内涵。任何有意无意地歪曲事实、凭主观臆断或为个人利益随意篡改甚至伪造数据以及捏造科研成果的行为,都可能严重损害人的健康,甚至危及人的生命。

医学科研中的“实事求是”要求做到:试验设计必须合理,并全部完成各项试验步骤;在试验中必须进行客观的观察并如实记录,不能诱导试验对象提供试验者所期待的信息;对试验结果的分析和评价要客观,在与假说相对照时应尊重试验结果,如发现试验失败或不符合要求时,必须重新做试验,而不能把失败或不规范的试验结果加以改动后作为依据;课题完成之后,报告成果时应该实事求是,切忌浮夸;应排除不利于研究的各种干扰,使研究只服从于试验事实,而不能屈从于某一权威的观点或某种政治、行政意图;要坚持真理,修正错误。

(三)团结协作,尊重同行

医学科学的研究领域在不断地拓展,多学科的相互交叉、渗透和整合促使科研日益向纵深发展,特别是一些重大医学科研项目和高新技术在医学领域的应用研究,跨学科、跨专业、跨地区、全球性的合作趋势已经形成。因此,团队协作已经成为现代医学科学研究的突出特征和主导形式,它有利于发挥集体的智慧互补优势,产生更大的科研能力和效果,为医学科学的发展作出更大的贡献。

团结协作的前提是尊重同行。这一素养集中体现在正确对待他人和尊重他人的劳动、正确评价自己和自己的成就、正确处理不同学科间的关系上。科研协作精神具体表现为:首先,协作者之间相互平等、相互尊重;其次,协作者之间资源共享、相互支持;再者,协作者之间信守诺言、履行协议;最后,成果分配实事求是、公平合理。

（四）无私无畏，献身科学

医学科研的目的在于揭示生命的奥秘，是一种艰苦的探索性活动，需要付出巨大的努力。许多医学科研成果都要经过反复的试验及实践证明，才可能被社会所承认。因此，真正的医学科研需要有无私无畏的献身精神，它是道德的至高境界。献身精神的实质是医学科研工作者全身心地投入医学科研事业，具体表现在：科学研究工作者为了国家和人民的利益，应该勇往直前地战胜一切艰难险阻，去攻克医学难题；不为外界的褒贬毁誉和威胁利诱所动摇，无私无畏地追求科学真理；不计个人得失，义无反顾地坚持和捍卫科学真理；抛弃一己之利，无私地用医学成果为人类健康服务。

古往今来，医学科研工作者不顾及自己的名利甚至生命，为医学科研事业奉献毕生精力，这种献身医学事业的纯洁性，鼓舞和激励着一代又一代的医学科研工作者，为人类健康事业而坚持不懈地探索。

（五）勇于创新，勇攀高峰

科研创新是指在立项、论证、研究方法、研究手段、数据处理、现象分析、设备组合、项目理解及抽象等一系列科研活动中所表现出与前人不同的思维方式和行为方式。其表现形式既可以是创造性的，也可以是在原有基础上的改进。习近平总书记在党的二十大报告中强调，坚持创新在我国现代化建设全局中的核心地位，加快实施创新驱动发展战略，加快实现高水平科技自立自强，加快建设科技强国。创新是科研生命的内在驱动力，它也是科研活动中的一个突出特征。

知识拓展

中国首位诺贝尔生理学或医学奖获得者、药学家屠呦呦

屠呦呦是中国中医科学院研究员，她多年从事中药和中西药结合研究，突出贡献是创制新型抗疟药青蒿素和双氢青蒿素。1972年她成功提取了分子式为 $C_{15}H_{22}O_5$ 的无色结晶体，命名为青蒿素。2011年9月，因发现青蒿素这种用于治疗疟疾的药物，她挽救了全球特别是发展中国家数百万人的生命而获得拉斯克奖和葛兰素史克中国研发中心"生命科学杰出成就奖"。2015年10月她获得诺贝尔生理学或医学奖，成为首位获科学类诺贝尔奖的中国人。

屠呦呦为青蒿素治疗人类疟疾奠定了最重要的基础，为人类治疗和控制这一重大寄生虫类传染病作出了革命性的贡献，也成为用科学方法促进中医药传承创新并走向世界的范例。屠呦呦获奖极大增强了我国科技界为建设创新型国家、实现民族伟大复兴的自信心，是我国科技实力、综合国力和国际竞争力提升的一个标志性成果。

创新精神和创造意识对医学科学发展具有重大的意义，医学科研只有不断创新发展才能持续推动医学事业的进步，助推医学科研工作者勇攀医学高峰。同时，科研机构应注重医学科研工作者的创新思维和创新能力的培养，如使医学科研工作者接受临床医学研究、队列研究、科研创新思维、科研论文写作等方面的技能培训，同时积极推动医学科研成果的转化。

第二节　临床试验伦理

一、临床试验概述

医学的进步离不开医学研究，其中临床试验是科学发展的基础和前提，可以揭示疾病发生发展的过程，探寻防病治病的规律，临床试验更是促进生物医药科技进步的重要一环，是医学存在和发展的必要条件。

（一）临床试验的概念

临床试验是指直接以人体作为受试对象,用科学的方法,有控制地对受试者进行观察和研究,以判断假说真理性的生物医学研究过程,以证实或揭示治疗方法或预防措施的疗效和安全性的科学研究。临床试验通常也被称为涉及人的生命科学和医学研究。

（二）临床试验的类型

从医学的角度,临床试验通常分为两种类型。一类是非治疗性临床试验,这种试验要用于医学研究,目的在于积累医学知识,完善医学理论,探索医学规律,如基础研究和预防医学研究中的临床试验。另一类是治疗性临床试验,主要用于治疗疾病,目的在于应用医学理论知识治病救人,如药物临床试验、临床试验性治疗等。

根据试验的性质,还可以进一步对临床试验进行划分,即天然试验、自体试验、自愿试验、试验性治疗和强迫试验。

1. 天然试验　是不受研究者控制,在自然条件下进行的试验。如战争、灾害、瘟疫、核泄漏以及疾病高发事件等对人体造成的影响或伤害,由此自然发生或演进而进行的研究。此类试验的过程、手段和后果都不受人为的控制与干预。

2. 自体试验　是试验者担心试验会对他人带来不利影响,或为了获取第一手试验资料,利用自己的身体进行的试验。此类试验有结果准确等优点,但具有一定的风险,体现了试验者探索真理的崇高科研献身精神。

3. 自愿试验　是受试者在对试验的目的、方法、意义、风险等信息充分知情的前提下自愿参加的试验研究。受试者可以是病人,也可以是健康人或社会志愿者。受试者一般是在一定的健康目的或社会需求的支配下,对于某些新药、新技术充分了解试验过程和后果的前提下自愿参加的临床试验。此类试验有益于人类医学领域研究,又出自受试者意愿,但试验者应承担对受试者的道德责任。

4. 试验性治疗　通常是指病情严重的病人在常规治疗无效时所采用的一种尝试,作出的诊断治疗。此类试验是建立在受试者充分知情和自愿同意的基础上进行的,不论结果如何,试验者一般不受道德谴责。

5. 强迫试验　是违背受试者意愿,通过非自愿手段强迫受试者参与的试验。可能会给受试者造成伤害,此类试验无论结果如何,其伦理价值是完全被否定的。

二、临床试验的伦理价值

（一）临床试验是探求和改进临床医学知识的必要方法

临床试验是医学存在和发展的必要条件,在人类与疾病作斗争的起始阶段,人们就是通过亲身的尝试和体验来研究各种治病方法的。特别是近代医学产生以后,科学的临床试验成为医学科研的核心和医学发展的关键。

（二）临床试验是医学研究不可缺少的必要环节

临床试验是医学研究成果从动物实验到临床应用的中间环节。临床试验按照医学研究对象不同分为动物实验和涉及人的生物医学研究。动物实验可以给临床医学带来很大的帮助,但由于种属的差异性,动物实验并不能完全替代涉及人的生物医学研究。

（三）临床试验是药物研发的关键环节

临床试验是现代生物医学研究的中心支柱,为了解药物的安全性和治疗效果,比较新旧药物之间的异同,了解药物的最低有效剂量,需要进行临床试验。临床试验是提高人类健康,寻找新的治疗药物和方法安全、快捷的途径。

三、临床试验的伦理矛盾

临床试验的价值是显而易见的,但临床试验的利弊二重性,凸显在以下几组矛盾中:

(一)医学发展和受试者利益的矛盾

这是临床试验中最基本的矛盾。医学科学研究通过试验获取各种新的、有效的药物、技术和方法,以增进人类健康,维护人类生命,为人类谋福祉。从这个意义上来说,临床试验既有利于受试者个人健康利益,也有利于医学科学发展和社会的利益。然而,受试者的个体要承担临床试验失败带来的风险甚至是损伤,导致医学发展与受试者个体利益的矛盾冲突。尽管试验设计者可以想尽一切办法使受试者免受损害,但此类矛盾也不可能完全避免。值得注意的是,医务人员的使命是维护人类健康,所以受试者的健康利益始终是优先的,保证受试者的尊严、权利、安全和福利是伦理规范的首要目的。

(二)权利和义务的矛盾

一方面,每个人是否自愿参加临床试验,这是受试者的权利。而另一方面,每个人都有一定的支持医学科学发展的义务,这是道德义务,不是法律义务。在一个具体的临床试验中,受试者往往需要配合试验作出一些承诺,签署知情同意书,遵守临床试验的要求和纪律,积极主动配合试验的过程。在此过程中,临床试验容易发生受试者权利和义务的矛盾,例如受试者随时中途撤出会对试验进展造成一定的影响,而受试者的承诺往往从一定程度上影响到受试者权利的维护。

(三)自愿和强迫的矛盾

自愿是临床试验道德正当性最基本的前提,体现了对受试者尊严和人格的尊重。临床试验的受试者都是自愿的,但这并不意味着完全消除了强迫的成分。如涉及未成年人的临床试验都是经监护人同意并签字才进行的,这是符合法律程序和国际公约的,但也很难断定参加试验是否符合未成年人本人的真正意愿。此外,有的受试者接受试验是无奈之举,可能出于经济压力或者对自己疾病救治的期望才签字同意的,这种情况在道德上就会出现自愿与强迫的矛盾。

(四)主动和被动的矛盾

在试验过程中,试验者作为整个试验计划的设计者和指挥者,完全明确试验的目的、要求、方法和程序,在一定程度上对试验过程和结果的受益与风险有预期的认识,且对可能出现的危害制定了相应的补救措施,处于主动的地位。而受试者不懂医学知识,只能从试验者那里了解相关研究信息,往往处于被动和弱势地位。

(五)继续与中止试验的矛盾

在受试者对临床试验知情同意的情况下,研究者可以进行并继续研究,但如果研究过程中出现任何不适与危险,研究人员都应首先考虑受试者的利益,立即中止试验。同时,受试者即使自愿签署了知情同意书,也有权在试验任何阶段中止试验,不需任何理由。研究者应该充分尊重中止研究的受试者的意愿,不得进行精神或其他方面的伤害,否则将受到道德的谴责和法律的制裁。

四、临床试验的伦理内容

(一)临床试验的伦理规范文件

国内外一系列重要文献使临床试验的伦理道德体系不断完善,通过伦理的制约和监督,促使临床试验更加有序、规范、合法地开展。

1.《纽伦堡法典》 1946年在德国纽伦堡军事法庭对23名"二战"中的重要医学战犯进行了国际审判,他们在战争中曾经使用大批完全健康的成人甚至是儿童进行了残忍的试验研究。会后诞生了人类社会史上第一个涉及人的生命科学和医学研究的国际道德准则——《纽伦堡法典》。《纽伦堡法典》提出了十条道德要求,其中包括"受试者的自愿同意绝对必要""对社会有利""立足动物实验""避免伤害""保护受试者""研究科学合格"等原则性规定,为以后人类能更好地规范临床试验奠定了基础。

2.《赫尔辛基宣言》 1964 年 6 月,第 18 届世界医学大会在芬兰赫尔辛基召开,制定并通过了《赫尔辛基宣言》,这是第一个由世界医学协会所采用的以人作为受试对象的生物医学研究的伦理原则和规范,它肯定了临床试验在医学研究中的必要性和重要地位,规定在现行医学领域进行涉及人的生命科学和医学研究必须以普遍的科学原理和动物实验为前提,遵循自主原则、有利原则、无伤原则及知情同意原则,它被看作是临床研究伦理道德规范的基石。2024 年新修订的《赫尔辛基宣言》,将受试者改为研究参与者,作为合作伙伴;实施主体增加了其他研究者,要求个人、团队和组织遵守;要求自由和充分的知情同意,维护研究参与者的自主性;为防范风险,需加强生物样本和数据的监管;强调临床试验结束后,应当继续维护研究参与者的福利。

3.《药物临床试验质量管理规范》 为保证药物临床试验过程规范,结果科学可靠,保护受试者的权益并保障其安全,2003 年国家食品药品监督管理局颁布了《药物临床试验质量管理规范》,简称 GCP。该规范明确指出,所有以人为对象的研究必须符合世界医学大会《赫尔辛基宣言》,即公正、尊重人格、力求使受试者最大程度受益和尽可能避免伤害,尤其"伦理审查委员会"和"知情同意书"是保障受试者权益的主要措施,并对此进行详细规定。2020 年 4 月 23 日,国家药监局与国家卫生健康委联合发布了新版《药物临床试验质量管理规范》,于 2020 年 7 月 1 日起正式实施,这是中国的药品注册进入全球化时代的重要一步,同时也对药品产业链提出更高的规范性要求。新版《药物临床试验质量管理规范》参照临床试验质量管理规范指导原则(ICH-GCP)制定,使试验各方责任明确,要求更高,可操作性强,尤其在受试者保护、试验数据电子化和规范审查等方面做出了重要的细化和修订。

知识拓展

《药物临床试验质量管理规范》(2020 版)亮点解读

2020 版的《药物临床试验质量管理规范》(简称 GCP)总体框架和章节内容上较以往 GCP 做出了较大幅度的调整和增补。就总体框架结构而言,章节由原来的 13 章 70 条调整为 8 章 84 条。补充完善术语条款,术语由原来的 19 条增加为 40 条,同时将术语及其定义提前至第二章,便于读者对规范内容的阅读和理解。其中 2020 版 GCP 增加了法律法规依据、限定适用范围、试验药物符合标准,新增了独立的数据监察委员会、弱势受试者、公正见证人等术语,对伦理委员会提出了更高的要求,明确了特殊受试者和儿童受试者的保护措施,明确了申办方两大职责,特别强调临床试验开展的合法合规性等。GCP 不但适用于承担各期临床试验的人员(包括医院管理人员、伦理委员会成员、各研究领域专家、教授、医师、药师、护理人员及实验室技术人员),同时也适用于药品监督管理人员、制药企业临床研究员及相关人员。

4.《涉及人的生物医学研究伦理审查办法》 为保护人的生命和健康,维护人的尊严,尊重和保护受试者的合法权益,规范涉及人的生物医学研究伦理审查工作,我国于 2016 年 12 月 1 日起正式实施《涉及人的生物医学研究伦理审查办法》。此办法适用于开展涉及人的生物医学研究的各级各类医疗卫生机构,根据当前临床研究管理工作要求,统筹规划制度建设,进一步细化伦理审查、知情同意内容和规程,加强涉及人的生物医学研究伦理审查工作的法制化建设,提高伦理审查制度的法律层级,从而进一步明确法律责任,更好地保障受试者的合法权益。

5.《涉及人的生命科学和医学研究伦理审查办法》 由国家卫生健康委、教育部、科技部、国家中医药管理局四部门联合制定的《涉及人的生命科学和医学研究伦理审查办法》经国家科技伦理委员会审议通过,于 2023 年 2 月 18 日正式发布。《涉及人的生命科学和医学研究伦理审查办法》坚持了《涉及人的生物医学研究伦理审查办法》的基本原则和制度框架,主要包括:一是坚持机构主体责任,要求机构建立伦理审查委员会对开展的涉及人的生命科学和医学研究进行伦理审查;二是坚持知情同意和伦理审查两大支柱制度;三是遵循国际公认的伦理准则,坚持基本的伦理要求。与此同时,结合实际情况,进行了优化完善,为不同研究主体开展涉及人的生命科学和医学研究提出了统一的遵循,如扩大了伦理审查适用范围,建立委托审查机制,优化伦理审查规范和细化知情同意程序等。

(二)临床试验的伦理原则

1. 维护受试者利益的原则 临床试验必须以维护受试者利益为前提,始终将受试者的利益置于优先考虑的地位,这是临床试验中首要的、根本的伦理准则。2022 年 3 月,中共中央办公厅、国务院办公厅印发了《关于加强科技伦理治理的意见》,其明确指出,"科技活动应最大限度避免对人的生命安全、身体健康、精神和心理健康造成伤害或潜在威胁,尊重人格尊严和个人隐私"。该原则要求当受试者的健康利益与其他主体或社会利益之间发生矛盾时,应该遵循维护受试者利益的原则,它既包括维护受试者的生命健康,也包括维护受试者的人格尊严、自主权利,平衡试验带来的各类利益,以及维护受试者损伤后获得赔偿的权利。它是"有利"原则和"无伤"原则在试验研究中的贯彻和体现。

2. 医学目的性原则 该原则要求试验研究的目的必须是研究人体的生理机制和疾病的原因、发病机制,通过促进医学科学的发展改善人类生存的环境,造福人类。只有符合医学目的的试验研究才是合乎伦理的,这是临床试验的最高宗旨和终极原则。

3. 知情同意原则 它是临床试验必须遵守的重要伦理准则,要求试验研究人员要尊重受试者的知情权和同意权。任何通过隐瞒、欺骗、诱惑或强迫手段取得的所谓同意,都是违背知情同意原则的。知情同意涉及三种情况:有绝对同意能力的受试者在完全知情的基础上自愿、自主同意参加并履行承诺手续后,方可进行临床试验;对特殊群体的受试者,其不具备有知情同意的能力,需要由他人代理知情同意,在特殊情况下,可以免除知情同意;当研究方案、研究条件等进行任何修改之后,应再次征求受试者的知情同意。

4. 科学性原则 该原则要求试验研究的设计、过程、报告和评价等必须符合普遍认可的科学原理,它是由医学试验是一种科学研究活动所决定的。涉及人的生命科学和医学研究必须以动物实验为前提,这既是维护受试者利益的需要,也是科学性的要求。涉及人的生命科学和医学研究必须有严密科学的试验设计和经过严格的审批程序;试验者应将拟进行的医学研究策划进行完整的报告,其中包括试验的目的、计划、试验的现实意义、受试者的情况和安全保护措施等。在经专家审定、伦理委员会审查、上级部门批准后,才能进行临床试验。报告中要尊重试验所得到的各种事实和数据,实事求是地报告科研成果。任何篡改数据、歪曲事实、主观臆断、捏造试验等学术不端行为都是有悖科学研究伦理的。

5. 公平公正原则 该原则要求临床试验应该公平合理地选择受试者,它是公正原则在涉及人的生命科学和医学研究中的落实和体现。受试者的纳入和排除必须是公平合理的,依据明确的医学标准确定受试者,不允许用非医学标准来选择或排除受试者。受试者参与研究有权利得到公平、合理、适当的补偿和回报。受试者参加研究受到损害时,应当得到及时、免费治疗,并依据法律法规及双方约定得到赔偿,以确保社会公平正义。

6. 伦理审查原则 伦理审查的目的是保护受试者的权利,规范学术行为,所有涉及临床试验的科学研究项目必须经过伦理审查委员会的审查。因此,伦理审查是保证临床试验科学性和伦理性的基本环节,是保证临床试验符合伦理要求的必要程序。伦理委员会依据相关规定,对临床试验的设计、实施及结果进行伦理审核、评判、批准、指导和监控,从而保证研究对象的人权、安全和健康。

开始临床试验之前必须将临床试验方案提交伦理委员会审查,获得伦理委员会审查同意之后方可进行,在试验中接受伦理委员会的监督和检查,试验结束后发表论文也要经过伦理委员会审核。伦理委员会的委员应当从生物医学领域和伦理学、法学、社会学等领域的专家和非本机构的社会人士中遴选产生,人数不得少于 7 人,并且应当有不同性别的委员,少数民族地区应当考虑少数民族委员。

随着医学科研的不断发展,临床试验逐渐增多,必须坚持以医学目的性原则为根本,知情同意原则为前提,维护受试者利益为首要,始终将受试者的利益放在首位,坚持科学性,遵循伦理审查,才能完成发展医学、促进人类健康和社会进步的目的。

第三节　尸体解剖和动物实验伦理

一、尸体解剖伦理

近代,尸体解剖已经成为一门学科——人体解剖学,这不仅体现了医学科学的发展,而且也体现了社会文明和道德水平的提高。

(一)尸体解剖的目的

医学研究不能缺少尸体解剖,只有经过尸体解剖,才能比较有效地分析疾病产生的原因及产生的位置,尸体解剖对于医生正确诊断、治疗疾病以及医学的发展,发挥着十分重要的作用。随着医学科学研究的拓展和深入,尸体解剖的需求量也愈来愈大,要想达到顺利推动尸体解剖的目的,必须协调好研究者与死亡病人和家属之间的关系。

(二)尸体解剖的伦理原则

1. 目的明确,理由正当　不同类型的尸体解剖具有不同的解剖目的和解剖理由。只有出于医学需要、教学需要或司法需要的尸体解剖,方可获得伦理学的辩护,也只有为发展医学科学、培养医学人才、进行器官移植、查明死亡原因目的的尸体解剖,理由才是正当的。其他任何既不符合医学目的,又不出于司法目的的尸体解剖都是不道德的行为。

2. 知情同意,手续合法　尸体解剖应充分尊重死者生前意愿和家属意愿,维护死者的尸体权,并经过有关部门批准方可进行。尸体解剖必须在指定的场所进行,如解剖实验室、法医科或病理科。

3. 态度庄重,尊重尸体　解剖尸体时态度要庄重、严肃,切不可嬉笑、打闹。特别是普通解剖中,死者或亲属能将尸体捐献出来,这一行为已令人肃然起敬,故而尊重尸体,蕴含着对死者的敬意,以及对死者家属的感谢。

4. 严守规程,爱护尸体　作为一种特殊的试验或研究材料,尸体属于有限资源。即使是法医解剖尸体,该尸体也依然承载着家属及亲人的情感与不舍。因而在解剖尸体时一定要严格操作规程,爱惜尸体;尸体解剖结束后要缝好洗净尸体,尽可能恢复尸体原貌或妥善处理尸体及其器官。

二、动物实验伦理

动物实验是临床试验的基础与前提。所谓动物实验是指为了获得有关生物学、医学等方面的新知识或解决具体临床问题而在实验室内使用实验动物进行的科学研究。

(一)动物实验的特点

动物实验以动物为实验对象,目的在于探求对人类健康有利的知识和技术。为避免临床试验给受试者带来的风险,动物实验成为医学科研中必不可少的重要手段和环节。在这里,动物实验仅为实验的手段,而不是实验的目的。

(二)动物实验的伦理原则

1959 年在英国出版了《人道主义实验技术原理》一书,该书提出了有关动物实验的 3R 原则,即替代（Replace）、减少（Reduction）、优化（Refinement）原则。3R原则的提出得到了全世界的普遍认同，该原则的制定为动物实验研究规定了三个目标：一是以试管/试验法代替动物实验；二是借助统计学方法减少实验动物的使用量；三是优化实验室设施，减少动物的痛苦。

所谓替代，就是在不使用活的脊椎动物进行实验和其他科学研究的条件下，采用替代的方法，达到某个确定的研究目的。常用的替代方法分为相对替代和绝对替代。相对替代是使用比较低等的动物或者动物的细胞、组织、器官替代动物；绝对替代就是不使用动物，而是使用数理化方法模拟动物进行研究和实验。其中最常见的是计算机模型。

所谓减少，就是尽量减少动物的使用量。具体的方法包括：一是一体多用，使用低等动物，以减少高等动物的使用量；二是尽量使用高质量的动物，用质量换取数量；三是使用正确的实验设计和统计学方法，减少动物的使用量。

所谓优化，就是通过改善动物的生存环境，精心地选择设计路线和实验手段，优化实验操作技术，尽量减少实验过程对动物机体和情感造成伤害，减轻动物遭受的痛苦和应激反应。

知识拓展

国际公认的动物福利

国际上公认的动物福利包括五个方面，又被称为动物享有的五大自由：①生理福利，即无饥渴之忧虑；②环境福利，也就是要让动物有适当的居所；③卫生福利，主要是减少动物的伤病；④行为福利，应保证动物表达天性的自由；⑤心理福利，即减少动物恐惧和焦虑的感受。

（张 樧）

思考题

1. 医学科研工作应遵守哪些基本伦理原则？
2. 临床试验中应遵循的伦理原则有哪些？

ER 9-3

练习题

第十章 | 生命与死亡伦理

教学课件 思维导图

学习目标

1. 掌握:安宁疗护的伦理原则;人工授精的伦理原则;体外受精的伦理问题。
2. 熟悉:脑死亡判定标准及其伦理意义;人类辅助生殖技术的伦理原则。
3. 了解:生命伦理学的含义。
4. 能真正领会生命伦理的内涵,进行科学生命观的宣传教育;能严格遵守人类辅助生殖技术的伦理规范;能对病人及家属做好安宁疗护的相关工作。
5. 确立正确的生命价值观,树立成为德才兼备、服务社会的医务人员的职业理想。

情境导入

75岁的李先生,处于胃癌晚期,无法进行手术和化疗,身体和心理承受巨大的压力。在其清醒时提出不实施抢救的要求后,经家属申请,该医院肿瘤医学中心安宁疗护团队为其提供服务。医护人员全面评估并制订了个性化照护计划,提供止痛药物和缓解症状的治疗,护士们不仅细心照料他的生活起居,还安排心理咨询师与他交流,给予李先生精神支持。李先生的子女们也在医护人员的鼓励下,常陪伴在侧,在生命的最后时光,李先生能平静地与家人相处,表达对他们的爱与牵挂。最终,李先生安详地离开了人世。

请思考:
面对无法挽救的疾病终末期病人,怎样做才是更好的选择?

生与死是人的生命两端,也是关乎人类生命诞生、生存、延续的重大问题。由于生命科学和现代医学技术的介入,与生命相关的伦理道德问题正受到人们的关注,需要认真思考和对待。

第一节 生命与死亡伦理概述

一、生命伦理

(一) 生命伦理学的含义

生命伦理学一词最早由美国威斯康星大学生物学家范伦·塞勒·波特(V.R.Potter)提出,他将生命伦理学定义为:"生命伦理学是利用生命科学以改善人们生命质量的事业,同时有助于我们确立目标,更好地理解人和世界的本质,因此它是生存科学,有助于人们对幸福和创造性生命开出处方。"或者说,生命伦理学是根据道德价值和原则对生命科学和卫生保健领域内的人类和行为进行系统研究的科学。其研究内容主要是生物医学和行为研究中的道德问题、环境与人口中的道德问题、动物实验和植物保护中的道德问题,以及人类生殖、遗传、优生、死亡和器官移植等方面的道德问题。

（二）生命伦理学的兴起和发展

在科学技术和社会人文的推动下，20世纪50至60年代生命伦理学首先在北美兴起，并迅速发展。在日本、欧美国家和中国，生命伦理学都已进入大学课堂，有了硕士、博士学位和专门的研究机构、刊物和学术会议。很多医院或研究中心建立了专门审查人体研究方案的机构审查委员会或伦理委员会。2000年8月卫生部还成立了专门的"医学伦理学专家委员会"，就重要医学伦理问题向卫生主管部门提出咨询建议作为决策基础。

生命伦理学是在生命科学和医学科学技术迅猛发展的基础上产生的。基因重组技术、克隆技术、人体胚胎干细胞研究取得的突破性进展，医学技术上器官移植、试管婴儿获得的成功，脑死亡判定标准的制定等，引发了诸多伦理难题。比如如何保护基因隐私、避免基因歧视？该如何对待胚胎和胚胎研究？移植器官从何而来？怎样建立精子库、卵子库？能否对人的生殖权利进行干涉？这一系列崭新又棘手的伦理问题推动着生命伦理学的兴起和发展。

（三）生命伦理的实质

生命伦理作为一种道德观念和道德规范，是一定社会经济关系的产物，具体表现为生命道德观念可以随着时代的变迁和人类利益关系的变化而变化。例如在人口稀少、医疗技术水平低下的古代社会，人们自然推崇生命神圣论；在人口激增、人均资源减少的现代社会，人们又提出生命质量论；在社会利益关系日益复杂化、多元化的当代社会，生命价值论又应运而生。同样，在古代科学技术不发达、生产力水平低下的情况下，人类匍匐在大自然的脚下，表现出对大自然和生命的敬畏；随着近代科学技术的发展，生产力水平大大提高，出现了人类中心主义；当生态环境恶化，需要重新调整生命利益关系时，又诞生了生态主义伦理观。因此，生命伦理的实质可以理解为涉及生命问题的物质利益关系的反映。

二、死亡伦理

死亡是人的本质特征的消失，是机体生命活动过程和新陈代谢的终止。死亡的实质是人的自我意识的消失，它是生命过程的一部分，也是一切生命的必然归宿。在走向死亡的过程中，我们都将会面对死亡以及死亡带来的各种伦理问题。但关键是以什么标准来界定死亡？人们对这个问题的认识是随着医学科学的发展，以及人们对生命本质特征不断深化的认识而逐步深入的。

（一）心肺死亡标准

在传统死亡标准中，人们一直把心肺功能作为判断生命存在的最基本、最重要的特征，认为心跳、呼吸停止就意味着人的生命的终结。因此，传统的死亡概念是以心跳和呼吸停止、反射消失作为标准的。

随着现代医学科学技术的发展，心肺复苏术、体外循环机和器官移植手术越来越广泛地运用到临床工作实践中，传统的心肺死亡标准在实践中屡次遭到动摇。如一些大脑已经受到不可逆损伤的病人，因应用心脏起搏器、人工呼吸机而能够维持心跳和呼吸；一些心脏停止跳动的病人通过心脏移植而重新复活，这都说明心肺死亡标准具有一定的局限性，促使人们不得不重新去思考和探讨死亡的新概念和新标准。由此人们提出了"脑死亡"的概念。

（二）脑死亡判定标准

现代病理生理学研究已经证明，大脑是人体生命的主宰器官，大脑功能不可逆地停止，也就意味着作为人的生命本质特征——自我意识不可逆地丧失。所以说，所谓的脑死亡（brain death）是某种病理原因引起脑组织缺氧、缺血或坏死，致使脑组织功能和呼吸中枢功能达到了不可逆转的消失阶段，最终导致病理性死亡。也就是说，脑死亡是指大脑、中脑、小脑和脑干的不可逆的死亡（坏死）。一旦确定为不可逆地丧失功能的脑死亡者，即使继续使用人工心肺机和心脏起搏器维持生理体征,也不可能复活了。

"脑死亡"概念首先产生于法国。1959年,法国学者们在第23届国际神经学会上首次提出"昏迷过度"的概念,同时报道了存在这种病理状态的23个病例,并开始使用"脑死亡"一词。他们的报告提示:凡是被诊断为"昏迷过度"的病人,苏醒可能性几乎为零。医学界接受并认可了该提法,使对"脑死亡"的认识和理解开始进入医学科学视野。1968年,美国哈佛大学医学院特设委员会提出了相应的脑死亡判定标准:①对外部刺激和身体内部需求毫无知觉和完全没有反应。②自主运动和自主呼吸消失。③诱导反射消失。④脑电波平直或脑电图呈等电位。排除体温低于32℃及刚服用大量巴比妥类中枢神经系统抑制药物后,经过24小时连续监测脑电波无变化即可判定为脑死亡。同年,世界卫生组织也公布了类似的标准,强调脑死亡包括大脑、小脑和脑干在内的整个脑功能不可逆的丧失,即使此时心跳仍然存在或心肺功能在外界动力维持下存在,也可判定为脑死亡。

目前,由于世界各国思想、文化等方面的差异,脑死亡判定标准接受程度不尽相同。世界上许多国家还是采用"哈佛标准"或与其相近的标准;有近30个国家立法通过了脑死亡判定标准,80多个国家陆续建立了脑死亡判定标准。

我国脑死亡研究起步较晚,但是由于文化传统的差异,国内对脑死亡尚未形成统一的认识。1986年6月在南京召开的"心肺脑复苏座谈会"上,参会的急救、麻醉以及神经内科、神经外科的医学专家们倡议并草拟了我国第一个《脑死亡诊断标准》(草案)。2003年由卫生部脑死亡判定标准起草小组起草,由中华医学会组织专家讨论并通过了《脑死亡判定标准(成人)(征求意见稿)》和《脑死亡判定技术规范(征求意见稿)》。2009年卫生部发布了《脑死亡判定标准(成人)》(2009年版),对脑死亡的判定标准和技术规范做了详尽的规定。文件规定了脑死亡判定的先决条件、临床判定、确认试验和判定时间等,明确了判定三步骤:脑死亡临床判定、脑死亡确认试验和脑死亡自主呼吸激发试验,三步骤均符合判定标准才能确认为脑死亡。为了相关工作更加科学、严谨,更加具有可操作性和安全性,国家卫生健康委员会脑损伤质控评价中心以临床实践为基础,以病例质控分析结果为依据,以专家委员会、技术委员会和咨询委员会意见为参考修改完善了脑死亡判定标准,2019年发布了《中国成人脑死亡判定标准与操作规范(第二版)》。

知识拓展

脑死亡与植物人

对于普通大众而言,"植物人"和"脑死亡"确实是一对容易被混淆的概念。植物人与脑死亡病人的关键区别在于,植物人的脑干是活着的,因此通常不需要呼吸机的维持,家属可以把病人带回家自行照顾。而脑死亡病人却只能靠呼吸机来维持"活着"的假象。而植物人因为处于类似冬眠的特殊生理状态,新陈代谢功能极低。另外,植物人即使在床上一躺几年甚至十几年,但他仍存在着醒来的可能。但实际上,脑死亡病人的呼吸只是连上呼吸机后所产生的一种机械性的被动呼吸动作,而不是自主行为,就像电风扇只有在通了电的情况下才能转动,拔除电源后,电风扇就不能自己转动。而且由于脑死亡病人的生命"中枢司令部"已经完全罢工,即使有各种医疗器械的保驾护航,通常也并不能维持多久的心跳。所以说脑死亡是一个不可逆的过程,即使给予再多的医疗救治,病人也不会恢复。

第二节 人类辅助生殖技术伦理

一、人类辅助生殖技术概述

（一）人类辅助生殖技术概况

人类辅助生殖技术是指运用现代医学科学技术和方法对人的卵子、精子、受精卵或胚胎进行人工操作，来代替自然生殖过程的某一环节或全部环节，以达到受孕目的的技术。最基本的辅助生殖技术有三种：人工授精、体外受精-胚胎移植、无性生殖及各种衍生技术。

20 世纪 50 年代，科学家开始尝试通过人工方式帮助不孕不育的夫妇实现生育。此阶段的技术手段较为简单，成功率也相对较低。70 年代后，随着科学技术的发展，人类辅助生殖技术逐步成熟。体外受精技术开始广泛应用，大大提高了不孕不育夫妇的生育成功率。进入 21 世纪，人类辅助生殖技术更加先进和多元化。各种衍生技术不断涌现，为不孕不育夫妇提供了更多的生育选择。尽管辅助生殖技术取得了显著的进步，但随着技术的进步，伦理问题也逐渐凸显。

（二）人类辅助生殖技术伦理原则

为安全、有效、合理地实施人类辅助生殖技术，保障个人、家庭以及后代的健康和利益，维护社会公益，我国目前的相关规范为 2001 年卫生部发布的《人类辅助生殖技术管理办法》《人类精子库管理办法》及 2003 年修订的《人类辅助生殖技术规范》《人类精子库基本标准和技术规范》《人类辅助生殖技术和人类精子库伦理原则》，这些文件是指导我国相关辅助生殖技术的主要依据。实施人类辅助生殖技术应遵循以下伦理原则：

1. 维护社会公益的原则 人类辅助生殖技术的应用，不仅是为当事人及其家庭造福，而且应该利国利民，体现社会公益效应。坚持为优生工作服务，这是实施人类辅助生殖技术的宗旨。

2. 知情同意的原则 知情同意是医学伦理学的重要原则，也是生命伦理学的根本原则之一。人类辅助生殖技术必须在夫妇双方自愿同意并签署书面知情同意书后方可实施。医务人员对符合人类辅助生殖技术适应证的夫妇，必须使其了解以下内容：实施该技术的必要性、实施程序、可能承受的风险以及为降低这些风险所采取的措施，该机构稳定的成功率，每周期大致的总费用及药物选择等与病人作出合理决定相关的实质性信息；接受人类辅助生殖技术的夫妇在任何时候都有权终止该技术的实施，并且不会影响其以后的治疗；医务人员必须告知接受人类辅助生殖技术的夫妇及其已出生的孩子随访的必要性；医务人员有义务告知捐赠者对其进行健康检查的必要性，并获取书面知情同意书。

3. 保密的原则 人类辅助生殖技术有着特殊的敏感性，关系到当事人和相应后代的隐私，为了维护双方当事人的正当权益，除了加强道德宣传外，还必须坚持保密原则、互盲原则：一是为受者保密，不向他人透露他们的隐私；二是为供者保守秘密，不透露他们的姓名，为防止泄密，做手术记录时不记录供者姓名，用代号代替；三是采取"互盲法"，凡是利用捐赠精子、卵子、胚胎实施的辅助生殖技术，受者和供者保持互盲，手术者和供者保持互盲，供者与出生的后代保持互盲。

4. 防止商业化的原则 《人类辅助生殖技术规范》等文件中规定，配子和胚胎在未征得相关人员知情同意情况下，不得进行任何处理，更不得进行买卖。此外，医务人员不得进行各种违反伦理、道德原则的配子和胚胎实验研究及临床工作。医疗机构和医务人员不能受经济利益驱动而滥用人类辅助生殖技术；供精、供卵、供胚胎应以捐赠助人为目的，禁止买卖，但是可以给予捐赠者必要的补助；对实施辅助生殖术后剩余的胚胎，由胚胎所有者决定如何处理，但禁止买卖。

二、人工授精的伦理原则

（一）人工授精

人工授精是指用人工技术将男性的精子注入排卵期女性的子宫内，促使精子与卵子结合以达到受孕目的的生殖技术。这一技术实际上是代替自然生殖过程中性交这一环节，主要用于解决由于男性精子质量差而导致的不育症。

人工授精按精子来源不同可分为夫精人工授精（也称同源人工授精）和供精人工授精（也称异源人工授精）两类。前者选用的是丈夫的精液，后者选用的是他人（捐精者）的精液。夫精人工授精主要适用于男性少精、精子液化异常、性功能障碍、生殖器畸形等所致不育；女性宫颈黏液分泌异常、生殖道畸形，以及心理因素导致不能性交等所致不育；免疫排斥反应所致不育等。供精人工授精主要适用于男性无精、严重少精、弱精和畸精等症，输精管结扎绝育术后期望生育而输精管复通失败者以及存在射精障碍者；男方有严重的遗传病或遗传病家族史等。

同源人工授精的精子来源于丈夫，符合传统的性道德观念，人们对此没有太多的争议。主要的道德争论集中于异源人工授精。异源人工授精的精子来自丈夫以外的第三人，切断了婚姻与生育的必然联系会不会破坏婚姻；异源人工授精可能会造成同父异母的后代，孩子自己并不知情，是否会增加近亲婚配的危险性；非婚妇女能否通过人工授精而获得做母亲的权利等。

（二）人工授精的伦理原则

针对以上问题，在人工授精技术的应用上，应遵循相应的伦理道德规范。

1. 遵循知情同意的原则　在确认丈夫的精子有问题的情况下，或者丈夫患有严重的遗传性疾病，或者丈夫是遗传病基因的携带者，并在夫妻双方一致同意的前提下方可申请获得他人的精子。

2. 确保精子质量的原则　做好捐赠者精子的检查、筛查和保存，避免在供精者中有肝炎病人、性病病人或人类免疫缺陷病毒感染者。同时，还要严格控制同一捐赠者的供精次数，避免发生后代血亲通婚的可能。

3. 规范管理精子库的原则　国家应设立正规合法的精子库，并严格按精子库管理的程序操作，杜绝捐赠者在不同地点重复供精。

4. 坚持保密和互盲原则　在捐赠者与医生、捐赠者与受精者、捐赠者与人工授精后代之间保持互盲，维护供受双方及后代的正当权益。

5. 坚持维护社会公益的原则　医务人员不得对单身妇女实施人工授精，不得实施非医学需要的性别选择。一个供精者的精子最多只能供给五名妇女受孕。

三、体外受精与代孕的伦理问题

（一）体外受精

体外受精也称试管婴儿，它是用人工技术分别提取精子和卵子，在试管中使二者结合并将受精卵培育成胚胎，再将胚胎植入子宫，让其在子宫内继续发育的医学生殖技术。它代替了自然生殖过程中的性交、输卵管运输和自然植入子宫等过程，主要用于解决输卵管堵塞或异常导致的不孕、排卵障碍、子宫内膜异位症、女性免疫性不孕等。1978年，"试管婴儿之父"罗伯特·爱德华兹（Robert G.Edwards）博士完成了第一例成功的体外受精（IVF）。

（二）体外受精的伦理问题

体外受精带来的伦理问题主要集中在：丈夫的精子与第三者的卵子结合、妻子的卵子与第三者的精子结合以及代孕的问题上。对于由丈夫的精子与第三者的卵子结合，或妻子的卵子与第三者的精子结合后再将胚胎植入妻子的子宫，由妻子完成孕育和分娩过程的体外受精，遵循与异源人工授精相同的伦理原则。

(三)代孕的伦理问题

代孕可能引起的伦理问题包括:为了获利而出租子宫导致生育商业化;代孕母亲与自己十月怀胎生育的孩子产生感情,决意自己抚养而导致的纠纷;选择自己的近亲作为代孕母亲而引起的人伦关系上的混乱等。

卫生部2001年2月20日发布并于2001年8月1日起施行的《人类辅助生殖技术管理办法》明确规定,医疗机构和医务人员不得实施任何形式的代孕技术,即一切代孕技术在我国目前均属违法行为。

第三节　安宁疗护与安乐死伦理

一、安宁疗护的伦理问题

(一)安宁疗护的含义与历史发展

1. 安宁疗护的含义　安宁疗护是指以终末期病人和家属为中心,以多学科协作模式进行实践,为病人提供身体、心理、精神等方面的照料和人文关怀等服务,缓解病人的痛苦和不适症状,提高生命质量,帮助病人舒适、安详、有尊严地离世。这种治疗方法所倡导的是一种人性化的关怀理念,通常涉及一个多学科团队成员的合作,团队成员包括医生、护士、社会工作者、志愿者、物理治疗师和心理咨询师等。

2. 安宁疗护的历史发展　安宁疗护的概念可以在历史的长河中找到早期形态。例如,中国古代有专门为老人设立的养老场所,如唐朝的悲田院、宋朝的福田院等,它们提供了一定的养老服务和救助。在中世纪的欧洲,教堂设立了一些临终关怀性质的机构,如英国威林附近的圣约翰慈善院,它被认为是近代救济院的开始。现代安宁疗护主要起源于英国,它的奠基人是英国的西塞莉桑德斯博士,1967年她在英国创立了"圣克里斯多弗临终关怀院",并因此被誉为"点燃了世界临终关怀运动的灯塔"。安宁疗护在欧美等国家称为"hospice care",在新加坡等地译为"慈怀疗护""善终服务""安宁疗护"等,我国大多译为"临终关怀",直至2017年,国家卫生计生委颁布的《安宁疗护实践指南(试行)》中确定用词"安宁疗护",我国将临终关怀、舒缓医疗、姑息治疗等统称为安宁疗护。安宁疗护就是为疾病终末期病人及其家属提供医疗、护理、心理、伦理和社会全面的支持和照护的医疗保健服务。

(二)安宁疗护伦理

1. 安宁疗护的伦理原则

(1)**照护为主的原则**:对于处于多重痛苦折磨下的疾病终末期病人,转移原有的治疗目标是很有必要的。医生的积极性应当放在援助、照料上,应当把医疗从"治愈病人"转向"安慰和关心照料病人",增加病人的舒适感和快乐,目的在于提高病人在临终阶段的生命质量,维护病人死亡的尊严。

(2)**适度治疗的原则**:疾病终末期病人(尤其是晚期癌症病人)的躯体症状中,最难以忍受的是疼痛。病程越长,痛苦越大。因此,安宁疗护应该以控制病人的症状、减轻他们的痛苦为重点,强调适当地治疗,而不是不惜代价地抢救。如对晚期癌症病人进行不间断的放疗、化疗或进行多余的检查等,都可能增加病人的痛苦。

(3)**满足心理需要的原则**:疾病终末期病人的心情是复杂的,一般来说疾病终末期病人都会经历否认、愤怒、协议、郁闷和接受五个心理阶段。加强对病人的心理治疗和护理,满足其心理需要,帮助病人尽快从否认期过渡到接受期,是减轻其精神痛苦的必要过程。

(4)**人道主义的原则**:疾病终末期病人是一个特殊的人群,与普通病人相比,他们需要得到更多的同情、关心和理解。这就要求医务人员必须有更多的爱心、同情心和耐心,能够理解病人和家属的身心痛苦,给予他们全面的照护和帮助,始终维护病人在疾病终末期的生命价值与尊严。

2. 安宁疗护的伦理意义

(1)**安宁疗护是人道主义在医学领域中的集中体现**:人道主义精神在生命问题上,不仅表现在人们肉体痛苦的解除和物质生活的改善,而且还应该充分体现在精神危机的解除和对死亡的尊重。安宁疗护满足了疾病终末期病人解除肉体的痛苦和面对死亡的精神恐惧的需求,体现了对疾病终末期病人的尊重、同情和关怀,符合医学人道主义的要求。

(2)**安宁疗护体现了生命神圣观、生命质量观和生命价值观的统一**:每个人创造奋斗了一生,在其生命的最终阶段理应受到关心和照顾,体现了生命的宝贵;通过安宁疗护使病人在无痛苦和安然、舒适的环境中度过人生的最后阶段,提高了生命的质量;病人安详、坦然地告别人世,维护了其生命的尊严,提高了生命的价值。这就达到了生命神圣观、生命质量观和生命价值观的统一。

(3)**安宁疗护是社会进步的一个标志**:安宁疗护是一种全面、整体的医疗服务,它既包括对疾病终末期病人的医疗照顾、心理支持,也包括对病人家属的同情、关心和居丧照护,体现了关心人、尊重人、注重人的全面发展、“以人为本”的科学发展观。

二、安乐死的伦理问题

安乐死一词源于希腊文 euthanasia,原意为“无痛苦的死亡”。从医学伦理的角度讲,安乐死是指患有不治之症的病人在垂危状态下,由于精神和躯体的极端痛苦,在其本人或其亲友的要求下,依据法律规定,经过医生认可,用人道的方法,使其安宁地进入死亡阶段,在无痛苦状态中结束生命的过程。

我国在 20 世纪 80 年代初期开始有关于安乐死的讨论和研究。由于安乐死关乎人的生命,而生命对于任何人来说都只有一次,因此在这个问题上应当格外慎重。对于安乐死的问题我们不能持绝对肯定或绝对否定的态度,必须用科学的立场,以人道主义的道德观,按医学伦理学的原则来研究和探讨。由于安乐死涉及复杂的医学、社会、伦理和法律等问题,所以安乐死至今未能在世界范围内得到普遍一致的认同,支持方和反对方的观点截然不同,我国还没有对安乐死进行相关立法。

(傅伟韬)

思考题

1. 简述人类辅助生殖技术的伦理原则。
2. 简述安宁疗护的伦理原则和伦理意义。

练习题

第十一章 | 现代医学科学发展中的伦理问题

教学课件　　　思维导图

学习目标

1. 掌握：基因诊断及治疗的伦理原则；器官移植应遵循的伦理原则；人体干细胞研究的伦理规范。

2. 熟悉：现代生命医学科学发展带来的基因诊断与治疗中的伦理问题；器官移植、克隆技术、人体干细胞研究的伦理问题。

3. 了解：人类基因组计划；克隆技术与人类生活。

4. 能运用正确的伦理规范指导人类的生活，进行有效的宣传教育；能严格遵守基因诊断治疗、器官移植、人体干细胞研究的伦理原则和道德规范；能全面了解医学发展中的各种伦理问题，能用正确的思维分析和解决问题，寻求正确的答案。

5. 树立以伦理为导向的现代医学科学发展观，发扬以人为本的现代医学科学发展精神，具有以责任为己任的现代医学科学服务意识。

科学技术的快速发展促进了医学技术的进步。但在生命面前，科技必须符合人类的长远利益。作为生命科学中的前沿技术如基因工程、器官移植、克隆技术、人类干细胞技术等，要符合国家的法律、法规和医学伦理学的基本规范，这样才能更好地促进生命科学的健康发展。

第一节　基因工程中的伦理道德

一、人类基因组计划

（一）人类基因组计划概述

人类基因组计划（human genome project，HGP）是由美国科学家于 1985 年率先提出，并于 1990 年正式启动的。美国、英国、法国、德国、日本和我国科学家共同参与了人类基因组计划。这一计划旨在为 30 多亿个碱基对构成的人类基因组精确测序，发现所有人类基因并搞清其在染色体上的位置，破译人类全部遗传信息。

从 1985 年美国科学家提出人类基因组计划（HGP）开始，基因医学技术的研究成果层出不穷，人类生命的蓝图——基因组序列"工作框架图"已绘制完成，世界各国科学家正在就基因的结构、功能和基因在细胞内的表达进行更深入的研究，未来人们可以通过检查而获悉自己的基因型，基因筛查、基因诊断和基因治疗也将越来越广泛地开展起来。基因的研究与应用蕴涵着巨大的价值，同时也给人类带来了一些新的伦理问题。

（二）人类基因组计划的价值

1. 鉴定人类全部基因，揭开人类生命的奥秘　基因组学是研究物种基因结构和功能的科学，能够揭示生物活动规律。人类基因组 DNA 序列包含 30 多亿个碱基对，其中基因仅占 3%~5%（约 6 万~10 万个）。科学家在碱基测序基础上，研究基因的组成、位置、结构和功能，解读人类 DNA 核苷酸序列,建立遗传物质信息数据库,为多领域提供解决方案。

2. 将把人类带入基因医学的新时代 人类基因组计划以疾病基因的定位、克隆和鉴定为核心,推动基因医学发展。其目标是通过基因手段治疗与基因异常相关的疾病,并开展基于基因的新药研制。

知识拓展

靶向药物基因检测的临床应用规范

2020 年,国家卫健委印发《抗肿瘤药物临床应用管理办法(试行)》,明确提出,国家卫生健康委发布的诊疗规范、临床诊疗指南、临床路径或药品说明书规定需进行基因靶点检测的靶向药物,使用前需经基因靶点检测,确认患者适用后方可开具。

---

3. 人类基因组"工作框架图"的建立推动了模式生物基因组研究 模式生物基因组研究在功能基因组学中作用重要。例如,利用小鼠模型研究人类致病基因的定位、克隆和功能,为疾病机制研究提供工具。

4. 人类基因组计划将带动生物制药产业、相关生物技术产业的迅速发展 基因组计划推动了生物制药及相关产业的发展。新技术如基因诊断和基因治疗已对人类健康等产生了一定的影响。

二、基因诊断与治疗中的伦理问题

(一)基因诊断与基因治疗

基因诊断通过特异 DNA 或 RNA 探针检测基因缺陷,判断健康状况和疾病,具有前瞻性。基因治疗通过纠正或取代有缺陷的基因,使正常基因表达以治疗疾病,未来有望成为多种疾病的主要治疗手段。

(二)伦理问题

1. 基因治疗的必要性 反对基因治疗者认为基因治疗可能破坏遗传平衡,影响人类进化和适应能力,违背自然规律,其必要性值得商榷。

2. 基因治疗的公平性 基因治疗费用高昂,可能导致医疗资源分配不均,违背医学的公益性和初衷,给医疗资源分配带来难题。

3. 基因治疗的安全性 基因治疗存在技术风险,需慎重对待。

4. 维护人类尊严的问题 生殖性基因治疗虽可根除部分疾病的垂直传播,但可能改变人类生命的多样性,已被普遍叫停。

(三)基因诊断与治疗的伦理原则

1. 尊重病人的原则 随着人类基因组计划的完成,理论上可依据个人基因谱对个体基因状况进行检测,并且在技术支持下,自出生起就具备检测的可行性。这意味着人们在出生时便能对未来疾病倾向、发育状况等进行预测。面对携带缺陷基因或疾病基因的个体,如何对待成为关键问题,基因诊断引发了深刻的伦理思考。当医务人员通过基因诊断发现基因缺陷病人时,应从病人的生命健康出发,全力维护病人的利益,尊重其人格与权利,坚决杜绝歧视行为。未经病人本人同意,绝不可将检测结果透露给第三方,更不能因利益诱惑或外部压力而损害病人的权益。

2. 知情同意的原则 基因诊断是一项全新的科学技术,目前还处于试验阶段。在探索的过程中,临床应用前应详细告知受试者、病人或其家属该技术可能的利弊、风险、效益等信息,使其认识到即将进行的方案对本人有何影响,然后作出是否接受基因诊断的决定。如果在病人或其家属不知情、未同意的情况下进行基因诊断,是不合乎道德要求的。

3. 保密的原则　基因信息作为一个人的遗传信息,是其生命的全部秘密,属个人隐私范畴,每个人都有对自己的基因信息保密的权利。为接受基因诊断的病人保守秘密是医务人员的道德义务。做基因诊断时如果发现基因缺陷,应早期预防以获得最大限度的康复。为研究或其他任何目的而获得的个人基因信息,未经当事人许可,不得擅自公开。

4. 有益于病人的原则　基因治疗时必须保证病人不会受到伤害并对其有利,方可进行基因治疗。基因治疗虽具有独特的优势,但技术上的难度、复杂性与不确定性是普遍的。因此,基因治疗应坚持作为最后的选择,即对某种疾病在所有疗法都无效时,才考虑使用基因治疗。目前基因治疗的主要病种有恶性肿瘤、神经系统疾病、遗传病、感染性疾病(如艾滋病)和心血管疾病。

第二节　器官移植的伦理道德

器官移植从 20 世纪 50 年代开始,经过多年的发展已经成为临床上挽救危重病人生命的有效手段。我国器官移植近年来发展较快,先后开展了心、肝、肾等多种器官的移植手术,已经达到了世界先进水平。但这一技术涉及病人之外的他人器官,自诞生之日起就带来了相应的伦理争议,在进行人体器官移植时应遵循相应的伦理原则。

一、器官移植技术概述

器官移植是指用健康的器官置换功能衰竭或丧失的器官,以挽救病人生命的一项高新医学技术。目前,器官移植是治疗某些疾病的一种有效方法,如尿毒症、白血病、肝癌等。

广义的器官移植包括细胞移植和组织移植。在组织移植中,除皮肤移植外,其他类型的移植均属于非活性组织移植。在同种异体组织的移植中,所用组织通常要通过灭活处理,因此不包括细胞,自然也就不会产生免疫排斥反应。所以说,非活性移植只要手术成功,效果通常都比较好。角膜移植就是典型的非活性移植,它的成功率可达 95% 以上。医学界在移植肾、心脏和肝脏方面也积累了丰富的经验。有的接受肾移植的病人存活时间已超过 15 年并且已生儿育女。这些事实充分表明器官移植已给许多病人带来了福祉。

器官移植根据移植对象的不同,可分为自体移植和异体移植。若献出器官的供者和接受器官的受者是同一个人,则这种移植称为自体移植;供者与受者虽非同一人,但供受者(即同卵双生子)有着完全相同的遗传素质,这种移植叫作同质移植。人与人之间的移植称为同种(异体)移植;不同物种的动物间的移植属于异种移植。根据移植位置的不同,器官移植又可以分为原位移植与异位移植。所谓原位移植是指切除有病的器官而将移植物植入原来的部位,而异位移植则是指将移植物植入其他部位。

二、器官移植的伦理与法律问题

世界各国器官移植供体的来源有两种:一种是活体器官,另一种是从尸体上获得的健康器官。无论哪种供体来源都存在着伦理道德问题。活体器官移植,无论是对受体还是对供体都存在着一定的风险,救治病人与维护其他健康人的利益存在着矛盾,因此应该先考虑有遗传关系的亲属之间的相互移植。我国自 2024 年 5 月 1 日起施行的《人体器官捐献和移植条例》明确规定:活体器官的接受人限于活体器官捐献人的配偶、直系血亲或者三代以内旁系血亲。

尸体器官捐献与活体器官捐献相比较,不存在对供体生命与健康的威胁,易于被人接受,但尸体器官捐献存在的伦理问题主要是安慰死者家属与救治移植病人生命的矛盾。在死者家属处于极度悲伤的情况下,医务人员提出摘取器官的要求不符合情理,易伤害死者家属的感情。如果等家属情绪好转再商量,则摘取的器官过了最佳时间,很难移植成功。《人体器官捐献和移植条例》规定:

公民生前表示不同意捐献人体器官的,任何组织或个人不得捐献、摘取该公民的人体器官;公民生前未表示不同意捐献其人体器官的,该公民死亡后,其配偶、成年子女、父母可以书面形式共同表示同意捐献该公民的人体器官的意愿。

我国《人体器官捐献和移植条例》明确规定:任何组织或者个人不得以任何形式买卖人体器官,不得从事与买卖人体器官有关的活动。

三、器官移植的伦理原则

随着器官移植在临床的广泛应用,人们对器官移植中的伦理道德问题越来越关注。医务人员从事人体器官移植,应当遵循伦理道德原则和人体器官移植技术管理规范,并应承担相应的道德责任。

(一)坚持病人健康利益至上原则

该原则要求在人体器官移植技术的应用中,必须把是否符合病人利益作为医生行为是否合乎伦理的第一评判标准。

(二)坚持自愿无偿原则

器官移植时医务人员首先要考虑的是病人的生命健康需求,只能把恢复病人的健康作为器官移植的首要动机。人体器官捐献应当遵循自愿、无偿原则。公民享有捐献或拒绝捐献的权利。任何人不得利诱、欺骗、强迫他人捐献器官。

(三)坚持知情同意原则

在器官移植的过程中,应尽最大可能保护活体供者的健康利益,慎重选择活体供者。对所有捐献者都应告知实情,做到知情、自愿、同意。医务人员应向活体器官捐献人说明器官摘取手术的风险、术后注意事项、可能发生的并发症及预期措施等,并与捐献者签署知情同意书。

(四)坚持保密原则

该原则要求从事人体器官移植的医务人员应当对人体器官捐献者、接受者和申请人体器官移植手术的病人的个人信息保密。

(五)坚持公正、公平的分配原则

由于供体短缺,医务人员在器官移植时应坚持公平、公正、公开的原则。在器官分配时病人的排序应当符合医疗需要,遵循公平、公正、公开的原则。医务人员应审慎地选择每一个受体,使有限的器官资源得到最佳利用。

(六)坚持非商业化原则

医务人员在器官移植的过程中要坚决反对器官买卖行为,尊重生命的价值,不得参加有商业化行为的器官移植活动。医生应本着对供者、受者和社会负责的态度,切实履行自己的道德责任,努力减少因器官移植而引发的道德冲突和医疗纠纷。

第三节　克隆技术的发展及其伦理道德

当苏格兰罗斯林研究所的伊恩·维尔穆特向人们宣布,他们成功地克隆出世界上第一头小羊多利时,全世界为之惊叹,人类取得了生物技术上的重大突破,打破了生物学中历来认为的高等动物不可能无性生殖的理论禁区。高度分化的体细胞成功克隆给人类带来了无限的设想,也引起了全世界的关注并引发了伦理争议。

一、克隆技术与人类生活

所谓克隆技术是指生物体通过无性繁殖方式产生与自己有相同遗传性状的后代,也简称为复制。20世纪中期以来,克隆技术有了突飞猛进的发展,从微生物克隆到动植物的克隆,经历了一个不断向前发展的过程。科学家又逐渐将这一技术应用于细胞生物学、动物学和医学等。今天,克隆技术对医学、生命科学和农学产生着越来越重要的影响。克隆技术在医学中的应用也越来越广泛,科学家从动物克隆开始,已经取得了个体细胞克隆的成功。

科学家利用克隆技术建立与人类基因型完全一致的动物模型,探索人类疾病发生的机制并进行发育生物学的深入研究。各国科学家正积极探索怎么使成人体细胞恢复全能性,并进一步揭示基因诊断和基因治疗,开辟医学科学的新动向。科学家又将治疗疾病所需的蛋白质相应基因导入动物细胞中,克隆出转基因动物,生产出大量的有治疗作用的物质,如治疗糖尿病所需的胰岛素等和一些新的生物制品。

二、克隆技术的伦理问题

"多利羊"的诞生标志着克隆技术在动物的无性繁殖上取得了成功,这也为人们带来了伦理的争议。由于与人类有关的克隆涉及技术、伦理和道德等复杂问题,涉及人类自身发展的根本利益,世界各国对克隆技术引发的伦理问题十分关注。

由于医学的全人类性,世界各国科学家在使用克隆技术进行医学研究时应遵守国际的道德原则。1997年联合国教科文组织通过了《世界人类基因组与人权宣言》,该宣言规定,基于相互尊重人的尊严、平等这一民主原则,不允许进行与人类尊严相违背的做法,比如生殖性克隆。国际人类基因组组织的《关于遗传研究正当行为的生命》及其伦理委员会制定的《关于克隆声明》都给克隆技术的应用以道德的指导。关于与人类相关的克隆问题上,世界多数国家表示反对生殖性克隆,并通过法律禁止这一行为。欧洲多国签署了一项严格禁止生殖性克隆的协议。我国也明确表态,对任何人以任何方式开展生殖性克隆的研究不赞成、不支持、不允许、不接受。

第四节　人体干细胞研究的伦理道德

人体干细胞是人体形成时起主干作用的细胞,它具有多向分化潜能和自我复制功能,人类胚胎早期的干细胞可分化为人体的多种类型的细胞。人类胚胎干细胞的研究有可能再造人体的各种组织和器官,使人类的病变组织和器官得到修复或代替,以达到治疗癌症、心肌梗死、自身免疫疾病等疑难疾病的目的,它的研究和应用对于器官移植是很有前途的。但由于这项研究关系到人体胚胎的使用,因而涉及多个学科的不同领域,从而成为国际医学科学关注的热点,也引发了伦理道德问题的大讨论。

一、人体干细胞研究概述

人体干细胞是在生命的生长发育中起"主干"作用的原始细胞,它的神奇之处就是这些原始细胞具有自我更新、无限增殖扩容及多向分化的潜能。

干细胞按它的分化潜能大小可分为全能干细胞、多能干细胞和专能干细胞三类。全能干细胞是指人类精子与卵子结合形成的受精卵,这就是初始的全能干细胞,受精卵继续分化为许多全能干细胞(又称胚胎干细胞),这些全能干细胞可以分化成人体200多种类型的细胞,能形成机体的任何细胞和器官,取一个全能干细胞植入子宫,就可生长发育成一个完整的个体。多能干细胞是由胚胎干细胞进一步分化形成的。受精卵分裂的早期,会形成多个细胞组成的囊胚结构,在囊胚内部有胚胎干细胞集群,它具有分化为各细胞组织的潜能,如发育成骨髓造血干细胞、神经干细胞等,但它失去了发育成完整个体的能力。专能干细胞是由多能干细胞进一步分化而来的,它的功能只能向一种类型细胞或两种相关类型细胞分化,例如造血干细胞可分化成红细胞、白细胞等。

干细胞按其来源可分为胚胎干细胞和组织干细胞两大类。胚胎干细胞是指胚胎发育早期即受精卵发育分化初始阶段的一组细胞,它是全能干细胞的主要来源,其最大特点是具有发育的全能性和通用性,并能参与整个机体的发育。胚胎干细胞是当前干细胞研究的重点与难点,科学家在人类胚胎干细胞的研究方面由于受伦理道德与法律的约束,进展十分缓慢。组织干细胞是指机体某种组织的专能干细胞,随着细胞生物学的发展,科学家发现在人体的各种组织和器官中仍然存在着生长发育早期保留下来的未分化细胞,这些细胞就是存在着一些发育潜能的组织干细胞,它不但能再生某些组织,而且还可以衍生成为与其来源不同的细胞类型。

人类干细胞的这些神奇功能和新特点,对人类健康有着巨大的潜在价值和促进意义。一方面,随着克隆技术的发展,人类胚胎可经体细胞克隆产生,使人类胚胎干细胞的获得更为容易;另一方面,研究者发现了人类干细胞的许多新特点,不仅可以使体外培养不断扩容,而且经诱导分化可以定向培育成神经细胞、血液细胞、心肌细胞等,这就可以为人类疾病的细胞治疗、器官移植提供基础条件,组织干细胞具有再生功能的新发现和可能带给人类疾病治疗的新方法、新思路,使医学领域产生革命性的变革,掀起了世界范围内人类干细胞的研究热潮。

二、人体干细胞研究的伦理问题

在人体干细胞研究的过程中,由于从成年人的组织中获得的干细胞可塑性低,从胚胎中获得的干细胞潜能大而具有更大的研究价值,所以科研人员在研究中自然要进行胚胎试验或损害胚胎,这必然引起伦理争议。

一种观点认为,人体干细胞研究有助于战胜现代医学中的许多疑难杂症,是一种挽救生命的人道行为,是医学进步的表现。一些科学家深知人类胚胎干细胞的研究价值,他们认为只要研究人员坚持尊重生命的道德原则,在严格的管理条件下可利用胚胎进行治疗研究。

另一种观点则认为,进行胚胎干细胞研究自然要破坏胚胎,而胚胎是人在子宫内的生命形式,因此反对利用人类胚胎进行干细胞研究和应用,并坚持胚胎就是生命,用其研究和应用都是对生命尊严的践踏。

三、人体干细胞研究的伦理道德规范

(一)遵循国家伦理指导原则

我国于 2003 年颁布了《人胚胎干细胞研究伦理指导原则》,因此在人类胚胎干细胞的研究和应用中,应遵循国家伦理指导原则。如原则明确规定:禁止进行生殖性克隆的任何研究,允许进行人类胚胎干细胞的研究。为规范并促进我国干细胞临床研究,2015 年 3 月国家卫生计生委和国家食品药品监管总局联合发布了《关于征求干细胞临床研究管理办法(试行)意见的函》,规定干细胞临床研究必须遵循科学、规范、公开、符合伦理、充分保护受试者权益的原则,并对干细胞临床研究的概念及范围予以明确。

(二)尊重胚胎和捐献者

胚胎干细胞研究对于治疗人类多种疾病具有潜在的价值,我国允许和支持利用胚胎进行干细胞研究,但在研究中应贯彻尊重的原则。研究者应尊重胚胎和捐赠者,因为胚胎是人类的生物学生命,没有胚胎便没有人的生命,任何人都不能随意操纵和毁掉胚胎。

(三)知情同意

胚胎干细胞研究应认真贯彻知情同意与知情选择原则,保护受试者的隐私。研究人员应在试验前,用准确、清晰、通俗的语言向受试者如实告知有关试验的预期目的和可能产生的后果、风险等相关研究的信息,得到他们的同意,签署知情同意书并给予保密。

(四)安全有效

在使用人类胚胎干细胞进行研究和治疗疾病时,必须先经动物实验验证是安全有效的,并设法避免给病人带来伤害；如果出现了意外，应立即停止试验；同时研究者有着不可推卸的社会责任，决不能为了个人利益和兴趣而把一些不成熟的技术应用于人类。

（五）防止商品化

为做好人类胚胎干细胞研究，提倡捐赠人类胚胎干细胞研究所需的组织和细胞，严禁商业行为。一切形式的贩卖胚胎和胎儿组织的行为都是不道德的。

（聂春莲）

思考题

1. 在基因治疗中应该如何保护病人的权益和利益？
2. 器官移植中的伦理问题是什么？

ER 11-3

练习题

第十二章 | 医学伦理素养的培育

教学课件

思维导图

学习目标

1. 掌握:医学伦理教育、修养、评价和监督的概念。
2. 熟悉:医学伦理教育的意义及过程;医学伦理修养的方法;医学伦理评价的标准与依据。
3. 了解:医学伦理教育的方法;医学伦理修养的意义;医学伦理评价的方式;医学伦理监督的作用、方式与原则。
4. 通过学习医学伦理素养培养的四个过程,学会使用医学伦理教育、修养、评价与监督的基本理论与方法。
5. 确立正确的医学职业价值观,提升医务人员对医学行为中的美与丑、善与恶、是与非的判断能力,树立医务人员良好的医德医风,加强社会主义精神文明建设。

情境导入

2023 年被中央电视台评为 "最美医生" 的陕西省乡村医生刘永生,以一袭白褂走村串户,守护乡邻百姓,被乡亲们亲切地称为 "乡村里的 120"。1976 年高中毕业后,刘永生回到村里成为一名 "赤脚医生",经过多年的学习钻研,他成为了一名正式的乡村医生。从医 47 年来,刘永生读过的医学书籍、做下的学习笔记数不胜数。他先后接诊病人近 12 万人次,出诊 1 万余次,用仁心仁术守护基层群众健康。为了取得更好的治疗效果,他亲身试验中草药和针灸,更是多次自费参加全国各地知名专家教授举办的特色医疗技术培训,力求使医疗过程方便快捷,疗效最好,病人痛苦最小,花钱最少。曾有不少人劝他离开村子,搬到县城开诊所,都被他婉言谢绝;也曾有几个人想利用他的名气推销药品,有的利润还很丰厚,但都被他挡了回去。他说,家乡就是他的根,是他人生的舞台,"为了村民的健康,我愿做一辈子的村医!"

请思考:

1. 一位好医生的医学伦理素养是如何养成的?
2. 医务人员医学伦理修养的途径与方法有哪些?

好医生的素养不是天生的,多数都要经过医学伦理培育过程。医学伦理素养的培育是通过医学伦理的教育、修养、评价与监督将外在的医学伦理原则、医学伦理规范内化为自身信念的过程。掌握医学伦理教育、修养、评价与监督的基本理论与方法,对于医务工作者树立良好的医德医风、更好地履行医德义务具有十分重要的意义。

第一节　医学伦理教育与修养

一、医学伦理教育

（一）医学伦理教育的含义

医学伦理教育是指医学院校和医疗卫生单位为了使医学生和医务人员更好地履行医德义务，而有组织、有计划、有目的地对其进行系统的医学伦理基础理论和基本知识的教育，同时在医疗实践过程中施加良好医学道德影响，使医学伦理的基本原则和规范内化为医学生和医务人员的医德品质的过程。

（二）医学伦理教育的意义

医学伦理教育是培养德才兼备医务人员的重要基础，医务人员的培养和成才主要取决于医学技术和医学伦理两个方面，这两个方面是紧密联系、相辅相成的。

1. 医学伦理教育是形成良好医德医风的重要环节　医德医风是一种无形的力量，它直接关系到医疗工作水平和服务质量。坚持不懈地进行医学伦理教育有助于使医学伦理基本原则和规范转化为医务工作者的个人品质，增强医务工作者的道德意识，激发医务工作者的道德情感，从而提高医疗质量，改善医患关系，在整个医疗工作中形成一种良好的医德风尚。

2. 医学伦理教育是促进医学科学健康发展的重要措施　医务工作者要攻克癌症、传染病、心脑血管疾病这些困扰人类健康的难题，需要有以人为本、全心全意为人类健康服务的献身精神，不畏困难、顽强拼搏的毅力，以及团结合作的团队意识。加强医学伦理教育有助于推动医学科学沿着有利于整个人类生存和发展的方向前进。

3. 医学伦理教育是塑造医务人员人文精神的重要途径　医学伦理教育的目的不仅在于提高医务人员的认知能力、判断能力和选择能力，更重要的是要塑造医务人员的医学人文精神和提高其人文关怀能力。人文素养的培养和积淀，有助于医务人员把"以救死扶伤为天职"的精神落到工作实处。

（三）医学伦理教育的过程

构成医德品质的基本要素包括医德认识、情感、意志、信念、行为与习惯五个方面，它也是医德教育的五个环节，即从提高医德认识开始，进而培养医德情感、锻炼医德意志、树立医德信念，最终践行良好的医德行为与习惯。这五个教育环节既是独立的，又是在统一的过程中实现的。各要素之间相互促进、相辅相成。

1. 提高医德认识　医德认识是指医务人员对医学伦理、原则和规范的感知、理解和掌握。认识是行动的先导，有了正确的认识，才有可能逐步形成良好的医德行为和医德习惯。通过各种途径和方式帮助医务人员提高医德认识水平是医德教育的首要环节。

2. 培养医德情感　医德情感是指医务人员对自己所承担的医德义务所产生的喜欢或厌恶、崇敬或鄙弃、赞赏或批评等心理体验和态度倾向。一个医务工作者对自己的工作是否热爱，是否有感情，直接关系到对病人采取什么样的态度和行为。可以通过讲座、参观、实地考察等形式，培育医学生和医务人员对医学事业的深厚情感，激发他们的责任感和使命感。

3. 锻炼医德意志　医德意志是指医务人员为了履行医德义务而克服内心障碍和外部困难的毅力和能力。医务人员在工作中会遇到很多意想不到的困难和阻碍。意志坚强者能够排除各种阻力和困难，而意志薄弱者在医疗实践中遇到危险和艰难常常会畏缩不前，优柔寡断，动摇医德信念。锻炼医德意志是关系到医务人员能否达到一定医德水平的重要条件。

4. 树立医德信念　医德信念是指医务人员在医德活动中所建立起来的对医德义务发自内心的真诚信念和强烈责任感。医德信念是帮助医务人员产生良好医德行为的动力，是促使医德认识转化为医德行为不可或缺的重要因素。医务人员一旦树立起坚定的医德信念,就会自觉地依照自己的信念选择医德行为,会在困难面前坚忍不拔、百折不挠,顽强地履行自己的医德义务。医务人员医德信念的树立是医德教育的中心环节。

5. 践行良好的医德行为与习惯 医德行为是指医务人员在医德认识、情感和信念的支配下所采取的行动,践行良好的医德行为与习惯是医德教育的最终目的,它是衡量医务人员医德水平高低与好坏的客观标志。医德习惯是一种无须施加任何意志力和外界监督的经常化行为。只有从医德认识到医德行为再到医德习惯,医德品质的形成才能达到比较完善的地步。医务人员良好的医德行为与习惯是医德教育的最终环节。

(四)医学伦理教育的方法

医学伦理教育的方法是人们在医学伦理教育实践中不断摸索总结出来的。运用多种有效形式,选择符合时代特点、灵动、有趣的方法,这对医学伦理教育目的的实现有重要的作用。

1. 理论教育与实践活动相结合 通过课堂讲授、专题讲座、多媒体教学、案例分析、参观访问等形式进行医德基本原则和医德规范的理论讲解,使受教育者获取医德知识,提高医德认识,增强其道德判断能力;通过实践锻炼,帮助医务人员更牢固地掌握医德知识,在实际医疗活动中培养其良好的医德行为和医德习惯。

2. 榜样示范与舆论扬抑相结合 利用人们对榜样的仰慕崇拜心理和模仿天性来进行医德教育,这是一种很有效的方法。不同时代、不同时期所涌现出的医德先进人物,他们的感人事迹和模范行为给人们树立了光辉的榜样,这是对医务人员进行医德教育最有说服力、最具感染力的教材。

3. 集体影响与自我教育相结合 受教育者都生活在一定的集体环境中,大家相互影响,相互仿效。教育者要努力创建优秀集体,充分利用集体的力量,发挥集体的积极影响作用。同时还要充分调动受教育者的主观能动性,鼓励他们通过自我反省、自我学习、自我改造等方式提高自己的医德认识和医德觉悟。

二、医学伦理修养

医学伦理修养是指医务人员为实现一定的医德理想而在医德意识和医德行为方面所进行的自我锻炼、自我改变、自我提高的行为活动,以及经过这种努力所形成的相应的医德情操和达到的医德境界。医德修养是一种重要的医德活动形式,它不仅对个人医德品质的形成具有重要的意义,而且对整个行业的医德医风建设起着关键性的作用。

(一)医学伦理修养的含义

医学伦理修养又称医德修养,是指医务人员在医学伦理方面所进行的自我教育、自我陶冶、自我锻炼以及在此基础上所达到的医德境界。"修",是整治、提高、完善的意思;"养",是养成、培育的意思。医学伦理修养的含义包括两方面:一是指医务人员在医德意识方面进行的自我教育和自我改造的过程;二是指医务人员在医德实践中经过长期努力和锻炼所达到的医德境界和医德水平。

(二)医学伦理修养的意义

医德修养的目的是提高医务工作者的社会主义医德水平,培养社会主义医德品质,造就合格的社会主义新型医务工作者。因此,医德修养不仅对个人医德品质的形成具有促进作用,而且对整个医疗行业的医德医风建设起着推动作用。对于整个社会而言,医务工作者医德品质的优劣直接关系到医疗卫生事业的健康发展,关系到健康中国战略的实施与实现。

1. 有利于提高医务人员的医德素质 医德素质不是与生俱来的,是在后天的医学实践中不断学习得来的。医德教育的效果如何,归根到底要通过个体自身的医德修养表现出来。在医德素质的形成过程中,医德教育起着外在条件的推动作用,医德修养则起着内在动因的决定作用。医德素质的提高关键在于内因的影响,在于从内心深处进行自我教育,将医德意识内化为医德信念,进而转化为医德行为和习惯。通过加强医务工作者自身的医德修养,将医德教育变为自身修养提高的有效方法,才能充分发挥医德教育的功能和效用。

2. 有利于提高医疗服务质量 现代医学心理学和行为科学研究表明,躯体与心理活动相互影响,躯体器官的障碍和精神活动的异常紧张密切相关。精神因素既可致病,也可以治病。医务人员的医德状况就是一种重要的精神因素。大量医疗实践证明,医务工作者和医疗单位的医德医风好,有助于清除病人的不良情绪,消除不良心理因素对病人的有害影响。同时,医生的医德修养提高后,可以更好地获得病人的信任,缓解日益紧张的医患矛盾,形成和谐的医患关系,进而提高医疗服务质量。因此,医务工作者除了对专业知识的精益求精外,还必须加强医德修养。

3. 有助于医疗卫生事业的健康发展 道德修养一直是医疗技术的重要组成部分。改革开放以来,医疗卫生体制改革不断深化,医务人员的医德观念也发生了很大的变化,医务人员不同的价值理念,使医务人员与病人之间的关系更为复杂。在加强以法治医的同时还要大力加强以德治医,不断提高医务人员的医德修养水平。广大医务人员要自觉树立正确的价值观、实践观、自律观、他律观,学会用义务论、美德论、公益论和价值论的观点正确处理医学实践中个人利益与社会利益、眼前利益与长远利益、局部利益与整体利益的关系,为医疗卫生事业的发展,为健康中国战略的实施做出贡献。

4. 有利于促进整个社会的精神文明建设 医疗卫生工作关系到每一个人的生老病死,联系到社会的千家万户,是社会系统中的一个重要组成部分。医务人员医德修养水平的高低对社会其他成员的道德认识有极大的影响。提高医务人员的医德修养,对于推动各行各业职业道德建设、促进社会风气良性循环、加强社会主义精神文明建设有着重要的意义。

(三) 医学伦理修养的方法

医学伦理修养的提高不是自发产生的,而是要经过后天的教育培养才能逐步形成。加强医学伦理修养的方法主要有以下三方面:

1. 勤于学习,掌握理论 人的道德修养是与认知联系在一起的,医务人员应把学习作为医德修养的基本方法。学习包括多方面的内容。一是理论学习。医务人员应系统学习医学伦理学,了解和掌握医德基本理论、原则和规范,明辨善恶,并将其转化为自己的内心信念,指导自己的医疗和生活实践。此外,还要认真学习人文医学知识,如医学美学、医学心理学、医学社会学等,以适应新形势的需要。二是思想学习。学习古今中外优秀的医德思想,学习同行优秀的医德品质,完善自己的人格,向医德理想境界迈进。三是榜样学习。利用人们对心目中道德楷模的仰视崇拜心理来影响和引导医务人员向榜样学习,达到感染和激励的效果。在运用榜样示范时,应注意用现实生活中的典型案例进行引导,使受教育者既感到亲切,又乐于接受。

2. 躬亲实践,践行医德 参加社会实践是医学伦理修养的主要方法,是培养医务人员良好医德品质,达到高层次医德境界的根本途径。注重医德修养、培养良好医德品质,从方法上讲,不能纸上谈兵,只有在长期的医疗实践活动中不断历练。应该用实践来检验自己对理论的掌握程度,进一步完善自身的医学道德修养,做到身体力行,并以此不断对照自己的言行,克服自己的不足,以医疗上的反面事例作为教材,时常对自己进行警示教育,提醒自己引以为戒,警钟长鸣,增强自己的责任感。医德修养的目的就是通过掌握医德原则和规范,更好地指导医疗实践。

3. 坚持内省,慎独自律 所谓内省,就是自己经常对自我内心世界进行反省。这种反复的自省过程,可使自己的行为符合道德要求。医德修养离不开内省、检查、解剖等"自识"的修养功夫,必须通过经常地、自觉地解剖自己、评价自己、分析自己、调控自己,对自己的差错和过失绝不能听之任之,使自己的医德境界不断地向更高目标前进。医务人员的内省绝不是脱离实践的修身养性和"闭门思过",而是联系自身实际、病人实际和社会实际而进行的积极地自我解剖,以不断求得新的进步。医德中的"慎独",是指医务人员在单独工作、无人监督时,仍能坚守医德信念,履行医德原则和规范。"慎独"既是一种医德修养方法,也是一种高尚的医德境界。医疗卫生工作直接关系到人的生命,而医务人员的工作常常是在独立操作的情况下进行,而且专业性强,其他人员很难进行监督,因此很大程度上需要依靠医务人员的自觉性和责任感。"慎独"在医德修养中有着极为重要的作用。

知识拓展

慎 独

"慎独"是我国古代儒家创造出来的自我修身方法。它指的是人们在个人独自居处的时候,也能自觉地严于律己,谨慎地对待自己的所思所行,讲究个人道德水平的修养,看重个人品行的操守。

《大学》第一次出现"慎独",原文示:"所谓诚其意者,毋自欺也。如恶恶臭,如好好色,此之谓自谦。故君子必慎其独也。"

"慎独"作为自我修身方法,不仅在古代的道德实践中发挥过重要的作用,而且对今天的社会主义道德建设仍具有重要的现实价值。

第二节 医学伦理评价与监督

一、医学伦理评价

医学伦理评价是医学伦理学不可或缺的重要组成部分。医务人员的医疗行为是一种自觉的社会行为,既应合乎科学规律,又应合乎价值目的。医务人员在医学实践活动中总是自觉或不自觉地在用一定的道德标准衡量自己或他人的医疗行为,并用这样的道德标准来规范和评价自己和他人的行为。

(一)医学伦理评价的含义

医学伦理评价是医德实践活动的重要形式,是指人们依据一定的医学伦理标准对医务人员或医疗卫生部门的职业行为所作出的道德价值和善恶判断。医学伦理评价的主体是社会上的人或者医务人员自己,医学伦理评价的客体是医务人员的职业行为。医学伦理评价有两种类型,一种是社会评价,另一种是自我评价。医学伦理评价把医德理论、医德规范和医德实践三者有机地联系起来。正确开展医学伦理评价,有助于医务人员避恶从善,择善而行,对树立良好医德医风、促进医德水平的提高、推进社会主义精神文明建设具有十分重要的意义。

(二)医学伦理评价的标准

医学伦理评价的标准,即在医学伦理评价中用来衡量被评价客体时,评价主体所运用的参照体系或价值尺度。由于人们所处的地位和世界观不同,人们对道德是非评判的标准也不同。医学伦理评价的标准受社会、时代、环境、民族等综合因素的影响。目前,我国医学伦理学界一般认为,医学伦理评价的客观标准主要有以下三条:

1.疗效标准 即医疗行为是否有利于病人疾病的缓解或痊愈。这是评价和衡量医务人员医疗行为是否符合道德以及道德水平高低的主要标准。医生对病人负责是指对病人的生命健康负责,医生应对症下药,严格按照医疗规定,遵循科学的医治原则,尽量减少病人的痛苦,缓解疾病,挽救生命,时时处处把维护病人身心健康利益放在首位。这就要求医生业务上要精,要善于学习和掌握先进的医疗技术。在医疗实践中,医务人员采取有利于病人疾病缓解和健康恢复的行为,是合乎医学伦理的。如果医务人员采取某些可以预见的对病人不利的措施或行为,不论其主客观原因如何,都是违背医学伦理的。

2. 科学标准　即医疗行为是否有利于人群的健康和可持续发展。当今科技发展日新月异,以高新技术为标志的现代科技正日益深刻而广泛地影响着我们的生活,医学科学在许多新技术的运用推广下得到很大的发展,人们的健康水平普遍得到提高。但生命科学和医疗保健领域先进技术的应用与某些传统观念发生了冲突,如基因工程、辅助生殖技术、克隆技术等带来的挑战。因此,应立足人类长远发展来评价医疗行为的价值,如果这种医学技术对挽救病人的生命、发展医学科学有价值,那就应该认为是道德的。与此同时,新的医学模式要求医院不再是单纯的治病救人的机构,同时还担负着预防疾病、提高人口素质、改善人类生存环境的责任。

因此,某些医疗措施的使用,如放射治疗、核医学检查等,必须考虑对社会、对环境、对人群可能产生的影响。医疗单位的废水、废气、废物等均须按照相关要求妥善处理,不能对人类生存环境造成污染,从而影响人群健康。

3. 社会标准　即医疗行为是否有利于医学科学的发展和进步。医学是保护人的生命、增进人类健康的科学,其任务是揭示人类生命运动的规律及其本质,揭示疾病发生、发展的客观过程,探索战胜疾病、增进人类健康的途径和方法。人类对医学的期望,已不仅仅满足于消除疾病,而且还希望保持健康、延年益寿和提升子孙后代的身体素质。这就需要医务人员辛勤劳动,不辞风险,不图名利,团结协作,积极进行医学科学研究,以促进医学科学的发展。所以,医疗工作应该从社会利益的需要出发,面向社会未来的发展。

(三) 医学伦理评价的依据

医务人员的行为总是在一定的动机和目的支配下采取相应手段进行,并产生一定的效果。医学伦理学把医务工作者在医学行为中的动机与效果的统一、目的与手段的统一作为医学伦理评价的依据。

1. 动机与效果的统一　动机是指行为主体去实施一定具体行为的主观愿望和意图。医务人员在行为之前,有不同的主观愿望,也就有了不同的动机。动机是千差万别的,有符合医学伦理的动机,如救死扶伤;也有不符合伦理原则的动机,如图谋私利。效果是指行为主体的行为所造成的客观后果。医疗效果是指医务人员的医疗行为所产生的结果。效果可分为直接的效果和间接的效果、眼前的效果和长远的效果、局部的效果和整体的效果。对医务人员进行道德评价究竟是依据动机还是依据效果,还是把二者结合起来加以评判,历来是伦理学家争论的问题。

一般情况下,动机和效果是一致的。好的动机带来好的效果,坏的动机带来坏的效果,这种情形下容易对医德作出判断。但由于多种因素的影响和制约,动机和效果也会出现不一致的情况,即好的动机可能达不到好的效果,而违背道德的动机却有可能产生较好的医疗效果。有时还会出现相同的医学动机产生不同的效果,或相同的效果却可能由不同的动机所产生。这种复杂情况下进行医德评价,我们一方面既要看动机,又要看效果,从动机上看待效果,从效果上检验动机,坚持动机与效果的统一,反对唯动机论或唯效果论;另一方面,在坚持动机和效果辩证统一的前提下,根据医疗实践中的具体情况,应区别对待,有所侧重。一般来说在医疗行为的动机与效果十分明确时,应侧重考查动机。而在二者情况都不明确时,应侧重考查效果。另外,对于不同场合下的医学行为,也应区别对待。如对于临床急症病人,评价医学行为时一般应偏重效果;对医学科研中的医学行为进行评价时,多偏重动机。

2. 目的与手段的统一　医学目的是指医务人员期望达到的一定目标。医学活动的目的可分为道德的目的和不道德的目的。为了防病治病、保障人民的身体健康是符合道德目的的。追逐个人名利是不符合道德目的的。医学手段是指医务人员为达到某种目的所采取的措施、办法、途径等。在进行医疗行为评价时,要从目的与手段相统一的观点出发,不但要看医务人员是否有正确的医学目的,还要看其是否选择了恰当的医学手段来实现预期的医学目的。

在医疗实践中,目的与手段的一致性是医德行为选择的要求。在现实生活中,医学手段一般能体现医学目的,实现二者的统一,但有时也会出现不一致的情况,大多数是因为手段选择不当,未达到理想的目的,事与愿违。从医德要求出发,选择正确的医疗手段是十分重要的,这就需要医务人员在医疗活动中遵循协同一致原则、安全原则、最佳原则及社会原则。

(四)医学伦理评价的方式

进行医学伦理评价行动,不仅要掌握正确的评价标准和依据,还需要借助于一定的载体,运用一定的方式、方法。在实践中,医学伦理评价的方式是多种多样的,主要有社会舆论、传统习俗和内心信念。社会舆论和传统习俗是医学伦理评价的客观形式,内心信念是医学伦理评价的主观力量。

1. 社会舆论　是指公众对某种社会现象、事件或行为的看法和态度。社会舆论可分为两类。一类是以国家组织、新闻媒体为依托,有领导有目的地营造出来的正式社会舆论。它通过各种宣传工具,广泛宣传某种思想和行为,是自觉形成的,具有权威性强、覆盖面广等特点。另一类是所谓的街谈巷议,是在小范围内自发形成的非正式社会舆论,是人们根据传统习俗和经验自发形成的,是社会人群对周围的人或事发表的言论,具有分散性和随意性等特点,传播范围有限。

社会舆论是医学伦理评价的主要方式,对于敦促医务人员履行医学道德义务具有特殊作用。首先,社会舆论是社会对医疗职业行为提出的善恶判断和褒贬态度的表达方式。通过社会舆论对医疗行为作出善恶判断,给予肯定、赞扬、否定、批评的评价,表明社会的倾向性态度,促使医务人员按照医学伦理原则、规范支配自己的思想和行为,具有指导功能;其次,社会舆论可以将某一医学道德行为的善恶价值及时传达给当事人,使医务人员了解社会所要求的行业准则及自己行为所产生的社会后果,在某种意义上发挥着"道德法庭"的"强制"作用;再次,社会舆论是外在的力量,反映了社会的意愿和呼声,在舆论的赞扬、规劝或谴责下,无形地控制和影响着医务人员的言行,具有很强的"威慑"作用。

但是,社会舆论并不都是正确的,特别是非正式舆论,由于受旧思想、旧观念的影响,有许多不符合现代社会道德要求的内容。尤其是在不了解具体事件背景的情况下,有时高尚的医学道德行为会遭到非议,恶劣的行为反而会被赞扬或宽容,这样的情况时有发生。因此在运用社会舆论作为医学伦理评价方式时要注意识别正误,区别对待,做到具体情况具体分析。应建立科学的社会舆论评价机制,宣传和弘扬高尚的医学道德行为。同时医务人员也应保持清醒的头脑,面对错误的舆论,应坚持正确的医学道德观念。

2. 传统习俗　指人们在长期的社会生活过程中逐渐形成和沿袭下来的一种稳定的、习以为常的行为倾向。它具有普遍性、稳定性和悠久性等特点,对医务人员的医疗行为具有重要的影响。传统习俗对医学伦理行为具有很大的约束作用和评价作用。首先,医学道德传统是医学道德原则和规范的补充。在医疗过程中,医务人员本身总是在自觉或不自觉地用自己头脑中的传统习俗来对医疗行为进行评价,把自己的行为限制在传统习俗许可的范围之内。医疗行为符合传统习俗,就会得到肯定和赞扬;不符合传统习俗,就会受到批评和谴责;其次,医学道德传统在医学道德评价时,能简明可行,无须讲更多的道理。合乎医学道德传统的即为善,反之即为恶,具有特殊的褒贬力量。

传统习俗的评价方式影响深远,渗透广泛,我们应该积极发挥它的正效应。但是,传统习俗具有历史性和新旧并存等特点,所以传统习俗也存在着积极和消极两方面的作用。因此要注意区别对待,取其精华,去其糟粕,在医学道德评价中必须具体情况具体分析,要注意克服依据传统习俗评价的负效应。同时还应大力提倡新的风俗习惯,以促进社会主义医德的发展。

3. 内心信念　医务人员的内心信念是指医务人员发自内心地对医德原则、规范和医德理想的正确性和崇高性的笃信,以及由此产生实现相应医德义务的强烈责任感。在医疗实践中,并不是医务人员的所有医疗行为都能得到病人和社会的监督,也不是每一种行为都能受到社会的公正评价。一个具有强烈内心信念的医务工作者,能够自觉按照医德要求对自己的医德行为进行自我评价、自我调整和自我完善,在工作中坚持道德行为,避免和改正不道德行为。内心信念相对于社会舆论和传统习俗来说,是更为重要的医学道德评价力量。首先,内心信念是建立在自己的医学道德认识和修养基础上的内心认识。其次,它是对医务人员对自己的职业行为进行善恶判断的最直接的内在动力。一个医学道德信念很强的医务人员,无论是有人监督还是无人监督,都不会去做那些违背自己信念的事。第三,内心信念作为一种精神力量,它能使医务人员慎重选择自己的职业行为。医务人员对医学道德行为及后果有自我监控作用,不允许自己的职业行为违背自己的医学道德责任感。最后,内心信念也是一种"精神法庭",对医学道德行为及后果有审视、评判和自我校正的作用,对于合乎医学道德的行为,会使人感到自豪、愉悦,促使自己继续这种行为,而对不符合医学道德的行为,行为人就会自觉加以纠正。

二、医学伦理监督

医务人员高尚医德品质的形成,离不开一定的约束和监督。在加强社会主义医德医风建设中,医学伦理监督是不可缺少的重要因素。

(一)医学伦理监督的含义

医学伦理监督是指通过各种有效的途径和方法,去检查、评估医疗机构及医务人员的医疗卫生行为是否符合医学伦理原则和行为规范,从而监督其树立良好医德医风的活动。

(二)医学伦理监督的作用

在医疗卫生部门广泛持久地开展医学伦理监督活动具有重要的意义和作用。

1. 医学伦理监督是培养医务人员良好医德品质的重要条件 医务工作者医德品质的形成是一个由他律向自律的转化的过程,由外化向内化演进的过程。实现这个转化和演进,需要一定的主客观条件。主观条件是医务人员进行医德修养的自觉性,客观条件则是对医务人员进行医德教育和医德监督。医务人员要培养良好的医德品质,必须在一定的约束和监督下,通过不断学习、体会,用医学伦理规范时时对照督促自己,才有可能完成。医学伦理监督是培养医务人员良好医德品质不可缺少的重要条件。

2. 医学伦理监督是搞好医德医风建设的重要保证 开展医学伦理监督是纠正医疗行业不正之风、提高医学伦理教育效果的一种有力手段。通过各种有效途径和方法对医务人员的行为进行检查和督改,有利于在医务人员中形成遵守医德光荣、违反医德可耻的风尚,营造一种良好的医德氛围和集体舆论环境,有利于促进良好医德医风的形成。

(三)医学伦理监督的方式

1. 舆论监督 是一种直接、快捷、震慑力大、影响面广的医德监督实施方式。在我国有组织、有领导、有目的地形成舆论监督,是构成医德监督的主要组成部分,对医务人员的行为起着积极的导向作用。人们自发形成的舆论监督经常成为医德监督的必要补充,并受其支配、影响和制约,同样对医务人员的医德发展起约束和导向作用。在多元化价值观念并存的现代社会,加强舆论监督与引导对促进社会主义医德医风建设有着越来越重要的作用。

2. 制度监督 依据医德原则和规范,建立健全有关医德医风建设的规章制度,使医务人员的行为有章可循,违章必究,奖惩有据,奖罚分明,这是强化约束机制、规范行业行为、加强医德监督的重要措施。目前,不少医院及上级行政领导部门都建立了一系列具体的规章制度,如医疗质量评估考核制度、医德医风考评制度等。这些制度反映了医德建设的要求,为医务人员提供了正确的行为导向,有利于医务人员在规章制度的正确导向和有效约束下,强化医德观念,履行医德义务。

3. 社会监督 又称群众监督。动员广大人民群众直接参与医学伦理监督,这是近年来医疗卫生部门实施医学伦理监督改革的重要举措。建立完善的监督机制以强化社会监督,是当前搞好医德医风建设的一个重要渠道。各级医疗卫生机构应增加管理的透明度,推行挂牌服务等公开服务承诺制度,建立投诉制度,成立社会监督员等监督组织,建立与社会监督相配套的约束机制,完善社会监督的各项制度。

4. 自我监督 是医务人员以医德原则和规范为标准,自我检查、自我约束、自我改造的过程。在医疗实践中,医务人员的许多工作是在没有他人监督下进行的,社会舆论、规章制度等监督手段是很难直接发生作用的。在这种环境下工作的医务人员主要靠自己的职业良心,靠自己的自控、自律能力来处理各种医德行为。自我监督是医德监督的一个重要方面,是医务人员发挥主观能动性、加强自身修养的重要方式。

(四) 医学伦理监督的原则

1. 综合监督原则 即舆论监督、制度监督、社会监督和自我监督相结合的原则。其中,自我监督属于内部监督,其他三种形式属于外部监督。医学伦理监督与一般意义上的监督活动相比较,要重要得多和复杂得多,只有坚持以自我监督为主,兼顾综合监督的原则,才能取得满意的监督成效。

2. 坚持标准原则 医学伦理监督的标准就是人民群众的健康利益,即医疗标准、科学标准和社会标准。只有坚持标准原则,才能避免犯主观主义,取得良好的效果。

3. 民主监督原则 医学伦理监督必须注重发扬民主,动员人民群众和社会各界广泛参与,对涉及医务人员违反医学伦理规范的群众来信来访和新闻媒体批评要妥善处理。否则,医学伦理监督就难以真正落实和推进。

4. 教育引导原则 医学伦理监督的目的归根到底是为了使医务人员树立正确的医德观念。对医务人员的医学伦理过失不能简单地惩处了事,最重要的是要从积极方面给予疏导、教育和引导,使医务人员从过失中吸取教训,积极遵守医学伦理规范。在医学伦理监督中既要坚持教育原则,又要严格要求,不姑息迁就,正确引导,这是取得良好监督成效的重要保证。

(邓 蕊)

思考题

1. 简述医学伦理教育的意义。
2. 什么是医学伦理评价? 医学伦理评价的方式有哪些?

ER 12-3

练习题

［1］孙福川,王明旭.医学伦理学［M］.4 版.北京:人民卫生出版社,2013.

［2］张清平.万婴之母——林巧稚传［M］.北京:团结出版社,2017.

［3］王明旭,尹梅.医学伦理学［M］.北京:人民卫生出版社,2015.

［4］王明旭,赵明杰.医学伦理学［M］.5 版.北京:人民卫生出版社,2018.

［5］高树中,杨继国,贾国燕.医学伦理学［M］.北京:科学出版社,2018.

［6］傅华.预防医学［M］.7 版.北京:人民卫生出版社,2018.

［7］王柳行,夏曼.医学伦理学［M］.3 版.北京:人民卫生出版社,2019.

［8］边林.医学伦理学［M］.北京:人民卫生出版社,2020.

［9］曾渝,王中男.社区健康服务与管理［M］.北京:人民卫生出版社,2020.